ABITUR-TRAINING

FOS · BOS Nichttechnik

Analysis und Stochastik 2

Reinhard Schuberth

Autor: Reinhard Schuberth, selbst Absolvent einer Berufsoberschule, ist langjährige Lehrkraft und Schulleiter.

Jahrzehntelange Unterrichtserfahrung an verschiedenen bayerischen Fachoberschulen und Berufsoberschulen, die Mitarbeit an der virtuellen Berufsoberschule (ViBOS) und das Verfassen verschiedener Lehrbücher bilden eine gute Grundlage, um verständliche und schülergerechte Lernhilfen im Bereich Mathematik zu erstellen. Das Herausarbeiten und Einüben von Schlüsselstellen des Mathematikstoffes, die für eine erfolgreiche Teilnahme am Unterricht und der Abschlussprüfung zentrale Bedeutung haben, ist ihm besonders wichtig.

Als ausgebildeter Beratungslehrer weiß er aus erster Hand, wo die Nöte von Schülerinnen und Schülern im Mathematikunterrreicht liegen. Ihnen über diese Hürden mit hinwegzuhelfen und sie zu einem erfolgreichen Abschluss zu führen, ist ihm ein besonderes Anliegen.

© 2020 Stark Verlag GmbH

www.stark-verlag.de

1. Auflage 2018

Inhalt

Vorwort

Analysis **1**

1   Anwendung der Differenzialrechnung **2**
1.1   Extrempunkte, Wertemenge 2
1.2   Aufstellen von Funktionsgleichungen 15
1.3   Lösen von Optimierungsaufgaben 24

2   Stammfunktionen **30**
2.1   Begriff der Stammfunktion 31
2.2   Integrationsregeln 33
2.3   Zusammenhang von Ableitung und Integral 36

3   Exponentialfunktionen und Logarithmus **38**
3.1   Allgemeine Exponentialfunktionen 39
3.2   Die e-Funktion 47
3.3   Logarithmen 53
3.4   Exponentialgleichungen 56
3.5   Wachstums- und Abnahmeprozesse 57
3.6   Kurvendiskussion 62

4   Integralrechnung **69**
4.1   Integration von e-Funktionen 70
4.2   Das bestimmte Integral 72
4.3   Flächenberechnung 75
4.4   Fläche zwischen zwei Graphen 81

Stochastik **87**

5   Bernoulli-Ketten **88**

6   Zufallsgrößen und ihre Verteilung **94**
6.1   Zufallsgrößen 94
6.2   Wahrscheinlichkeitsverteilung 97
6.3   Maßzahlen einer Zufallsgröße 101
6.4   Die Binomialverteilung 108

7   Testen von Hypothesen **116**

Lösungen **123**

Autor: Reinhard Schuberth

Vorwort

Liebe Schülerin, lieber Schüler,

dieser Trainingsband ist für die 12. Jahrgangsstufe der Fachoberschule (FOS) in den nichttechnischen Ausbildungsrichtungen konzipiert. Auch Schülerinnen und Schüler der Berufsoberschule (BOS) können damit lernen. Für die 11. Jahrgangsstufe steht Ihnen Band 1 dieser Reihe, „Analysis und Stochastik 1" (Stark Verlag, Best.-Nr. 92412), zur Verfügung.

Die modulare Struktur der Kapitel erlaubt es Ihnen, an vielen Stellen mit dem Lesen zu beginnen, ohne den Kontext zu verlieren. Daher können Sie sich sofort mit genau den Themenbereichen beschäftigen, die Ihnen noch Probleme bereiten. Die folgenden Punkte helfen dabei, das Lernen mit diesem Buch zu erleichtern:

- In den grün umrandeten bzw. getönten Kästen finden Sie – präzise und schülergerecht formuliert – die wichtigen **Definitionen, Regeln und Merksätze,** die Sie sicher beherrschen müssen.

- Anhand passgenauer, kommentierter **Beispiele** lässt sich die Theorie unmittelbar nachvollziehen, verstehen und wiederholen.

- Die **Übungsaufgaben** eines jeden Abschnitts sind im Schwierigkeitsgrad steigend angeordnet und beinhalten auch anwendungsorientierte Aufgaben.

- Am Ende des Buches finden Sie zu jeder Aufgabe eine vollständig ausgearbeitete, kleinschrittige **Lösung** zur Selbstkontrolle.

Bleibt mir nur noch, Ihnen viel Erfolg bei der Arbeit mit diesem Trainingsband und in der Schule zu wünschen!

Ihr

Reinhard Schuberth

Analysis

Die Integralrechnung, nach der Differenzialrechnung das zweite Standbein der Analysis, ist aus dem Wunsch heraus entwickelt worden, Flächeninhalte krummlinig begrenzter Flächen – etwa von Kreisen, Ellipsen usw. – bestimmen zu können. Das scheint zunächst etwas völlig anderes zu sein als die Differenzialrechnung. Und in der Tat hat es viele Jahrhunderte gedauert, bis erkannt wurde, dass die Differenzial- und Integralrechnung aufs Engste zusammenhängen: Die Integralrechnung ist die Umkehrung der Differenzialrechnung. Nach den bereits bekannten ganzrationalen Funktionen wird mit den Exponentialfunktionen eine weitere, wichtige Funktionenklasse eingeführt. Mit dieser werden Wachstums- und Schrumpfungsprozesse beschrieben.

1   Anwendung der Differenzialrechnung

Die Differenzialrechnung gehört zu der Grundausstattung der Mathematik, weil sie in praktisch allen Gebieten Anwendungen hat, die sich mathematisch beschreiben lassen. Einige dieser Anwendungen werden im Folgenden behandelt.

1.1 Extrempunkte, Wertemenge

Im Band 1 wird ab Seite 112 ausführlich das Vorgehen beschrieben, mit dem sich die **lokalen oder relativen Extrempunkte** eines Funktionsgraphen rechnerisch auffinden lassen. Sie liegen an den Stellen, an denen sich das Monotonieverhalten einer Funktion ändert, also an den Rändern der Monotonieintervalle.

Bei **ganzrationalen Funktionen** ist das an den Nullstellen der ersten Ableitungsfunktion f' der Fall, sofern es **Nullstellen mit Vorzeichenwechsel** (VZW) sind. Den Zusammenhang zwischen dem Monotonieverhalten einer Funktion, das sich aus dem Vorzeichen der Ableitungsfunktion ergibt, und den Extrempunkten zeigen beispielhaft die untereinander abgebildeten Graphen einer Funktion f und der zugehörigen Ableitungsfunktion f' auf.

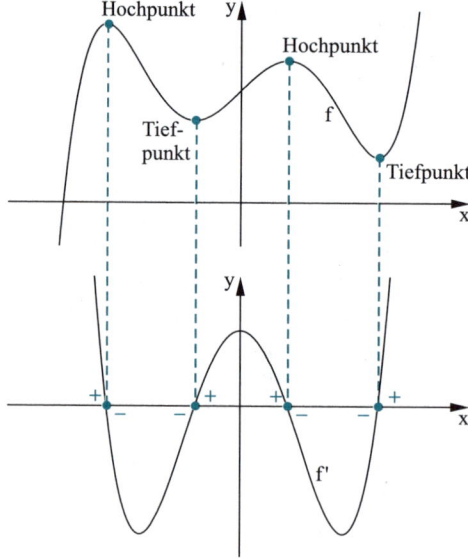

Im Einzelnen gilt: f hat an der Stelle x_0 ein

- **lokales Maximum**, wenn $f'(x_0)=0$ und das Vorzeichen von f' an der Stelle x_0 von + nach − wechselt, also G_f von steigend in fallend übergeht.

- **lokales Minimum**, wenn $f'(x_0)=0$ und das Vorzeichen von f' an der Stelle x_0 von − nach + wechselt, also G_f von fallend in steigend übergeht.

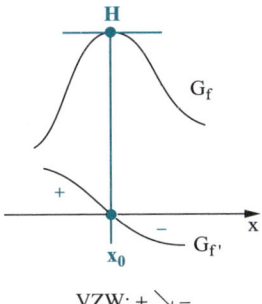

VZW: + ↘ −

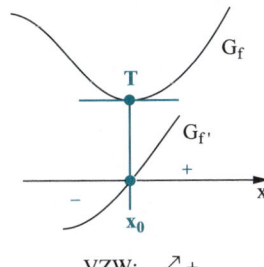

VZW: − ↗ +

Folglich kann das Vorliegen von lokalen Maxima und Minima direkt aus dem Monotonieverhalten einer Funktion abgelesen werden. Da ein Vorzeichenwechsel an der Nullstelle x_0 von f' sicher dann vorliegt, wenn dort die Steigung der Ableitung, also $f''(x_0)$, ungleich 0 ist, folgt außerdem der Zusammenhang:

$f'(x_0)=0$ und $f''(x_0)<0$

⇒ lokales Maximum bei x_0 bzw. lokaler Hochpunkt mit den Koordinaten $H(x_0|f(x_0))$

$f'(x_0)=0$ und $f''(x_0)>0$

⇒ lokales Maximum bei x_0 bzw. lokaler Tiefpunkt mit den Koordinaten $T(x_0|f(x_0))$

Hinweis: Weitere Beispiele und Aufgaben zum Bestimmen der lokalen Extrempunkte sind im Band 1 ab Seite 115 zu finden.

spiele

Betrachtet werden die Potenzfunktionen
a) $f(x)=x^2$, b) $g(x)=x^3$ und c) $h(x)=x^4$.
Berechnen Sie jeweils die Art und Lage der Extrempunkte der Graphen dieser Funktionen und zeichnen Sie die zugehörigen Graphen.

Lösung:
a) Die Normalparabel hat im Ursprung einen Tiefpunkt, sonst keine weiteren Extrempunkte.
Die zugehörige Rechnung lautet:
$f'(x)=2x$; $f'(x)=0$ ⇒ $x_1=0$
Es gibt nur eine Stelle mit waagrechter Tangente, nämlich an der Stelle $x_1=0$.
Wegen $f''(x)=2>0$ muss ein Tiefpunkt vorliegen.
Seine Koordinaten sind $T(0|0)$, da $f(0)=0$.

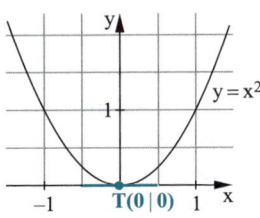

In diesem Fall handelt es sich nicht nur um einen *lokalen* Tiefpunkt, sondern sogar um einen *globalen* (oder absoluten) Tiefpunkt, da f(x) im gesamten Definitionsbereich $\mathbb{R}$ keinen kleineren Funktionswert besitzt.

b) Die x^3-Funktion hat im Ursprung *keinen* Extrempunkt, sonst hat sie auch keinen Extrempunkt.
Die Rechnung zeigt Folgendes:
$g'(x)=3x^2$; $g'(x)=0 \Rightarrow x_{1/2}=0$
Es gibt also bei 0 eine doppelte Nullstelle von g', also eine ohne VZW. Demnach gibt es *keinen* Extrempunkt, jedoch eine waagrechte Tangente im Ursprung.

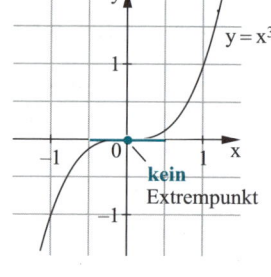

c) Offensichtlich hat der Graph von h einen globalen Tiefpunkt im Ursprung.
$h'(x)=4x^3$; $h''(x)=12x^2$;
$h'(x)=0 \Rightarrow x_{1/2/3}=0$
(dreifache Nullstelle, also mit VZW)
Daraus folgt, dass ein Extrempunkt an der Stelle 0 vorliegt. Um rechnerisch entscheiden zu können, ob es ein Hoch- oder Tief-

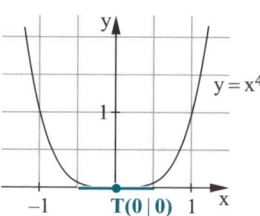

punkt ist, muss die Art des VZW ($+\searn–$ oder $–\nearrow+$) ermittelt werden. Da $h'(x)=4x^3$ von $–\infty$ nach $+\infty$ läuft (im Prinzip wie g(x)), hat h'(x) an der Stelle 0 den VZW $–\nearrow+$, also einen Tiefpunkt.
Eine Entscheidung, ob ein Hoch- oder ein Tiefpunkt vorliegt, ist in diesem Fall mit der 2. Ableitung nicht möglich, da $h''(0)=0$. Man benötigt aber >0 oder <0, um damit eine Aussage treffen zu können.

Es geht jetzt um die größten/kleinsten Funktionswerte überhaupt. Man nennt sie **globale** (oder absolute) **Extremwerte**.

Definition

Globale Extrempunkte

Hat eine Funktion f an der Stelle $x_0 \in D_f$ den **größten** Funktionswert überhaupt, d. h., es gilt $f(x_0) \ge f(x)$ für alle $x \in D_f$, dann heißt x_0 **globale Maximalstelle**, $f(x_0)$ **globales Maximum** und der zugehörige Punkt auf dem Graphen $H(x_0 | f(x_0))$ **globaler** oder auch **absoluter Hochpunkt**.

Hat eine Funktion f an der Stelle $x_0 \in D_f$ den **kleinsten** Funktionswert überhaupt, d. h., es gilt $f(x_0) \le f(x)$ für alle $x \in D_f$, dann heißt x_0 **globale Minimalstelle**, $f(x_0)$ **globales Minimum** und der zugehörige Punkt auf dem Graphen $T(x_0 | f(x_0))$ **globaler** oder auch **absoluter Tiefpunkt**.

In diesem Zusammenhang bestimmt man auch oft den **Wertebereich** (auch **Wertemenge** genannt) einer Funktion. Das ist die eindeutig bestimmte Menge aller Funktionswerte einer Funktion, mathematisch ausgedrückt:

$W_f = \{f(x) \mid x \in D_f\}$

Beispiele

Jede auf $\mathbb{R}$ definierte, nach unten geöffnete Parabelfunktion hat im Scheitel ihren globalen Hochpunkt.

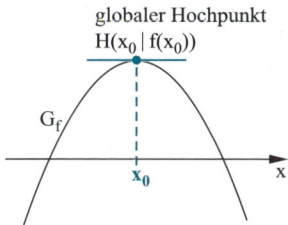

Der Wertebereich ist das Intervall $]-\infty; f(x_0)]$.

Jede auf $\mathbb{R}$ definierte, nach oben geöffnete Parabelfunktion hat im Scheitel ihren globalen Tiefpunkt.

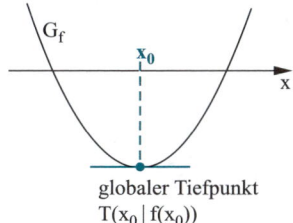

Der Wertebereich ist das Intervall $[f(x_0); \infty[$.

Bemerkungen:

1. Eine auf $\mathbb{R}$ definierte quadratische Funktion geht an den Rändern von $\mathbb{R}$, also für $x \to \pm\infty$, bekanntlich gegen $+\infty$, wenn die Parabel nach oben geöffnet ist, und nach $-\infty$ bei Öffnung nach unten. Deshalb hat eine nach oben geöffnete Parabel zwar einen globalen Tiefpunkt, aber *keinen* globalen Hochpunkt. Die Funktionswerte streben nach $+\infty$, sodass es keinen größten Funktionswert gibt. Entsprechendes gilt im Falle einer nach unten geöffneten Parabel.

2. Die Funktion $g: \mathbb{R} \to \mathbb{R}$ mit $g(x) = x^3$ geht am linken Rand nach $-\infty$ und am rechten nach $+\infty$. Ihr Graph hat keinen globalen Extrempunkt (weder Hoch- noch Tiefpunkt). Der Wertebereich ist $\mathbb{R}$, da alle reellen Zahlen zwischen $-\infty$ und $+\infty$ als Funktionswerte auftreten.

Beispiel

Betrachtet werden auf ganz $\mathbb{R}$ definierte, ganzrationale Funktionen vom Grade 1 bis 4.
Skizzieren Sie für jeden dieser Funktionstypen einen exemplarischen Verlauf und erläutern Sie, ob bzw. welche Art von globalen Extrempunkten vorliegen. Geben Sie außerdem jeweils die Wertemenge an.

Lösung:

Grad 1

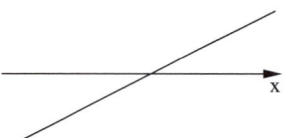

keine globalen Extrempunkte,
$W = \mathbb{R}$

Grad 2

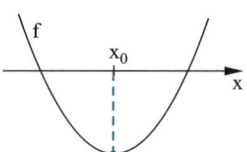

globaler Tiefpunkt $T(x_0 \mid f(x_0))$,
$W_f = [f(x_0); \infty[$

Grad 3

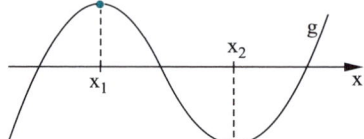

Bei x_1 und x_2 liegen lediglich lokale
Extrempunkte vor – keine globalen.
G_g hat keine globalen Extrempunkte.
$W_g = \mathbb{R}$

Grad 4

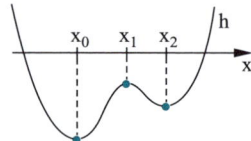

Nur bei x_0 ist ein globaler Tiefpunkt. Die beiden anderen Punkte
sind lokale Extrempunkte.
$W_h = [h(x_0); \infty[$

Bisher war der Definitionsbereich, auf dem eine Funktion definiert war, in der
Regel ganz $\mathbb{R}$. Nun werden auch **eingeschränkte Definitionsbereiche**, insbesondere Intervalle, also lückenlose Abschnitte auf der x-Achse zugelassen. Die verschiedenen Arten von Intervallen sind im Band 1 auf Seite 180 dargestellt.

Sind a, b $\in \mathbb{R}$ mit a < b, so unterscheidet man die Intervalle je nachdem, ob die
Grenzen zum Intervall gehören oder gerade nicht mehr, durch folgende Schreib-
weisen:

[a; b] ist ein **abgeschlossenes Intervall** (die
Grenzen a und b selbst gehören zum Intervall).

]a; b[ist ein **offenes Intervall** (die Grenzen a
und b selbst gehören nicht mit zum Intervall).

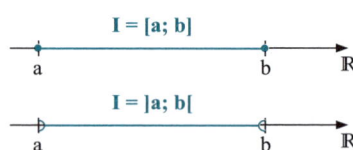

Ferner kann eine Seite offen und die andere geschlossen sein. Auch unbeschränk-
te Intervalle, bei denen die rechte Grenze ∞ bzw. die linke Grenze $-\infty$ ist, sind
möglich.

Intervalle sind eine wichtige Klasse bei eingeschränkten Definitionsbereichen.
Wenn sie nicht näher spezifiziert werden (wie oben angegeben), werden sie hier
auch einfach mit I bezeichnet.

Regel

Ist eine ganzrationale Funktion f auf einem **Intervall I** definiert, so hat sie als Wertebereich ebenfalls ein Intervall. Wenn der Graph von f auf I globale Extrempunkte hat, es also einen globalen Tiefpunkt $T(x_{min} \mid f(x_{min}))$ und einen globalen Hochpunkt $H(x_{max} \mid f(x_{max}))$ gibt, so ist der Wertebereich von f das Intervall vom absolut kleinsten bis zum absolut größten Funktionswert:

$W_f = [f(x_{min}); f(x_{max})]$

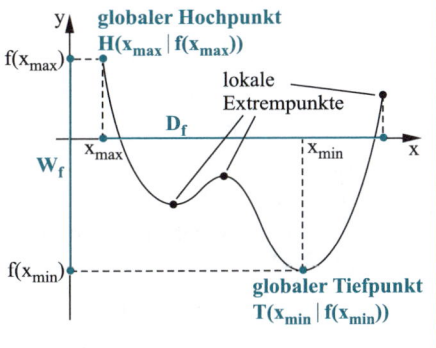

Eine auf einem abgeschlossenen Intervall [a; b] definierte ganzrationale Funktion hat immer globale Hoch- und Tiefpunkte, die auch am Rand, also bei a und b, liegen können.

Beispiele

1. Der Graph der Funktion $f: [-3; 2] \to \mathbb{R}$ mit $f(x) = \frac{1}{2}x + \frac{3}{2}$ ist nebenstehend abgebildet. Da f streng monoton zunehmend und auf dem abgeschlossenen Intervall [-3; 2] definiert ist, hat f am linken Definitionsrand den global/absolut kleinsten Funktionswert:

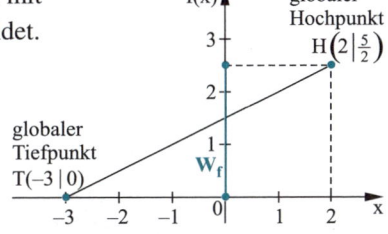

$f(x_{min}) = f(-3) = \frac{1}{2} \cdot (-3) + \frac{3}{2} = 0$

Der global/absolut größte Funktionswert ist dementsprechend am rechten Rand von [-3; 2]:

$f(x_{max}) = f(2) = \frac{1}{2} \cdot 2 + \frac{3}{2} = \frac{5}{2}$

Der Graph von f hat demnach den **globalen Tiefpunkt** T(-3 | 0) und den **globalen Hochpunkt** $H\left(2 \mid \frac{5}{2}\right)$.

In beiden Fällen handelt es sich um sogenannte **Randextrempunkte**. Der Wertebereich besteht aus allen Zahlen von 0 bis $\frac{5}{2}$, d. h. $W_f = \left[0; \frac{5}{2}\right]$.

Betrachtet man die Funktion $f^*:]-3; 2[\to \mathbb{R}$ mit $f^*(x) = f(x)$, bei der sich nur der Definitionsbereich so geändert hat, dass die Randpunkte nicht zum Definitionsbereich gehören. Der Graph von f^* hat keine Extrempunkte.

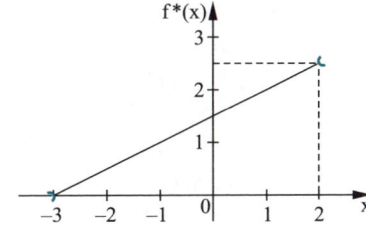

Es lässt sich keine Stelle $x_0 \in \;]-3; 2[$ angeben, sodass $f(x_0)$ minimal oder maximal wäre, weil die Ränder des Intervalls nicht zu D_{f*} gehören. Für den Wertebereich gilt:

$$W_{f*} = \; \left]0; \tfrac{5}{2}\right[$$

2. Betrachtet wird der Funktionsterm $g(x) = x^3 - 6x^2 + 9x + 1$ mit unterschiedlichen Definitionsbereichen:

   a) $g_1: \mathbb{R} \to \mathbb{R}$ mit $g_1(x) = g(x)$

   b) $g_2: [0; \infty[\to \mathbb{R}$ mit $g_2(x) = g(x)$

   c) $g_3: \;]-1; 5] \to \mathbb{R}$ mit $g_3(x) = g(x)$

   Ermitteln Sie für diese drei Fälle jeweils die globalen Extrempunkte der Graphen von g_1, g_2, g_3 und die jeweiligen Wertebereiche.

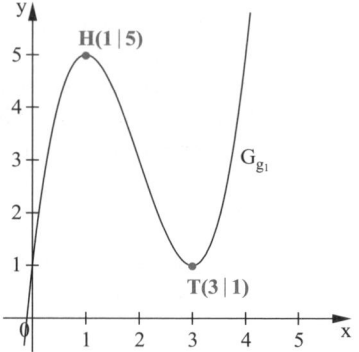

Lösung:

a) Es werden die lokalen Extrema bestimmt:

$$\begin{aligned} g_1'(x) &= 3x^2 - 12x + 9 \\ &= 3(x^2 - 4x + 3) \\ &= 3(x - 1)(x - 3) \end{aligned}$$

$$g_1'(x) = 0 \;\Rightarrow\; x_1 = 1; \; x_2 = 3$$

Satz von Vieta; alternativ mit Lösungsformel

An dieser Stelle kann bereits gesagt werden, dass es Extremstellen sind, weil es Nullstellen mit VZW sind:

$x_1 = 1$: VZW $+\searrow- \;\Rightarrow\; H(1 \,|\, g_1(1))$

$x_2 = 3$: VZW $-\nearrow+ \;\Rightarrow\; T(3 \,|\, g_1(3))$

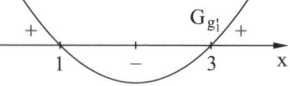

Alternativ mit g_1'':

$$g_1''(x) = 6x - 12; \; g_1''(1) = -6 < 0 \;\Rightarrow\; H(1 \,|\, g_1(1))$$
$$g_1''(3) = 6 > 0 \;\Rightarrow\; T(3 \,|\, g_1(3))$$

y-Koordinaten:

$$g_1(1) = 1^3 - 6 \cdot 1^2 + 9 \cdot 1 + 1 = 5, \quad \text{also } H(1 \,|\, 5)$$

$$g_1(3) = 3^3 - 6 \cdot 3^2 + 9 \cdot 3 + 1 = 1, \quad \text{also } T(3 \,|\, 1)$$

Da $D_{g_1} = \mathbb{R}$ und $g_1(x) \to -\infty$ für $x \to -\infty$ sowie $g_1(x) \to +\infty$ für $x \to \infty$ geht, handelt es sich bei $H(1 \,|\, 5)$ und $T(3 \,|\, 1)$ „nur" um lokale Extrema. Globale Extrema existieren nicht. Es gibt immer noch „einen größeren Funktionswert (ein größeres $g_1(x)$)", wenn man x vergrößert.

Der Wertebereich ist:

$$W_{g_1} = \mathbb{R}$$

b) $D_{g_2} = [0; \infty[$ hat den linken Rand des Definitionsbereiches bei 0. In diesem Randpunkt muss der Funktionswert berechnet und mit den aus Teilaufgabe a bekannten lokalen Extrema verglichen werden.

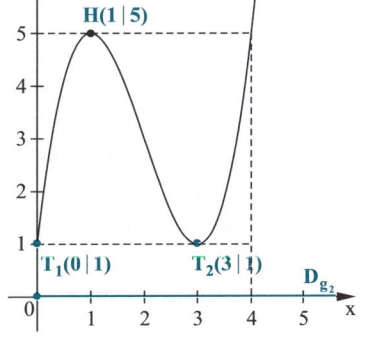

$f(0) = 1$, damit hat G_f zwei globale Tiefpunkte, nämlich $T_1(0 \mid 1)$ und $T_2(3 \mid 1)$; T_1 ist Randextrempunkt.

$H(1 \mid 5)$ ist lokaler Hochpunkt, kein globaler, weil rechts von $x = 4$ lauter Funktionswerte auftreten, die größer als 5 sind. $W_{g_2} = [1; \infty[$

c) $D_{g_3} =]{-1}; 5]$ ist ein links offenes und rechts abgeschlossenes Intervall, sodass $-1 \notin D_{g_3}$ im Gegensatz zu $5 \in D_{g_3}$. Zudem verläuft der Graph von g_3 an diesen Rändern außerhalb des Zeichenbereichs (siehe Abbildung).

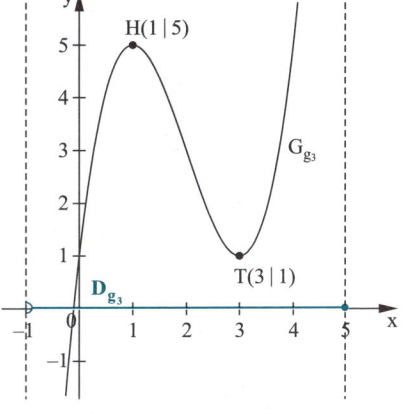

Zunächst wird der Funktionswert am rechten Rand berechnet: $g_3(5) = 21$, das liegt über dem Funktionswert im lokalen Hochpunkt mit $g_3(1) = 5$. Deshalb hat G_{g_3} den globalen Hochpunkt $H(5 \mid 21)$.

Der linke Rand ist formal schwieriger, da $-1 \notin D_{g_3}$. Er muss als Grenzwert geschrieben werden:

$$\lim_{x \to -1} g_3(x) = (-1)^3 - 6 \cdot (-1)^2 + 9 \cdot (-1) + 1 = -15$$

Das liegt unter $T(3 \mid 1)$. G_{g_3} hat keinen globalen Tiefpunkt. $W_{g_3} =]{-15}; 21]$

3. Der Funktionsterm $g(x) = x^3 - 6x^2 + 9x + 1$ mit den lokalen Extrempunkten $H(1 \mid 5)$ und $T(3 \mid 1)$ wird erneut betrachtet.
   Geben Sie jeweils ein Intervall als Definitionsbereich an, sodass die zugehörige Funktion
   a) keinen globalen Extrempunkt,
   b) genau einen globalen Tiefpunkt, jedoch keinen globalen Hochpunkt besitzt und

c) zwei globale Extrempunkte hat, ohne dass diese die lokalen Extrem-
    punkte sind.
Erläutern Sie Ihre Auswahl und geben Sie die zugehörigen Wertebereiche
an.

Lösung:
Die drei Teilaufgaben haben viele mögliche Lösungen.

a) $D_1 = \,]1; 3[$
    Weil es ein offenes Intervall ist, sind die Ränder nicht mit in D_1 ent-
    halten. Die lokalen Extremstellen liegen ebenfalls nicht in D_1. Es gibt
    demnach keinen größten bzw. kleinsten Funktionswert in D_1.
    $W_1 = \,]1; 5[$

b) $D_2 = \,]1; 3,5[$
    In diesem Intervall ist $T(3\,|\,1)$ globaler/absoluter Tiefpunkt. Einen
    globalen Hochpunkt gibt es nicht, weil die 1 ausgeschlossen ist und
    weil der Funktionswert am rechten Rand mit $g(3,5) = 1,875$ kleiner als
    der Grenzwert $\lim\limits_{x\to 1} g(x) = 5$ am linken Rand ist.
    $W_2 = [1; 5[$

c) $D_3 = [-1; 5]$
    Der globale Tiefpunkt liegt am linken Rand, $T(-1\,|-15)$, der globale
    Hochpunkt ist am rechten Rand, $H(5\,|\,21)$. Die inneren Extrempunkte
    $H(1\,|\,5)$ und $T(3\,|\,1)$ liegen jeweils zwischen den Randpunkten und sind
    deshalb nur lokal extrem, nicht global.
    $W_3 = [-15; 21]$

Zur rechnerischen Bestimmung globaler Extrempunkte ist immer auch eine
Randuntersuchung an den Rändern des Definitionsbereiches erforderlich. Wenn
die Funktion auf einem **abgeschlossenen Intervall** definiert ist, hat sie immer
Randextrempunkte, deren Koordinaten durch Einsetzen der Randstellen in die
Funktion berechnet werden.

Bei offenen Rändern des Definitionsbereiches muss formal eine Grenzwert-
berechnung an diesen Randstellen erfolgen; praktisch setzt man auch hier die
Randstellen in den Funktionsterm ein, um die Grenzwerte an den Rändern zu
erhalten. Es liegen in diesem Fall keine Randextrempunkte vor! Jedoch können
die Randgrenzwerte Einfluss auf die Existenz von globalen Extrempunkten haben
(siehe die beiden Zeichnungen auf der nächsten Seite).

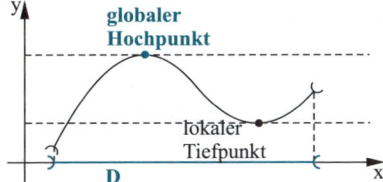

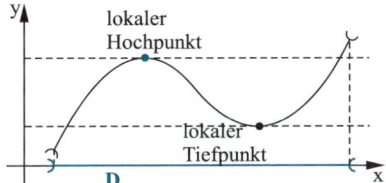

Der Graph der Funktion hat einen globalen Hochpunkt, ein globaler Tiefpunkt existiert nicht, weil der linke Rand offen ist und tiefer liegt als der lokale Tiefpunkt.

Bei dieser Funktion hat sich gegenüber der links abgebildeten nur der rechte Rand des Definitionsbereichs weiter nach rechts verschoben. Dadurch treten dort größere Funktionswerte auf, die über dem Funktionswert beim lokalen Hochpunkt liegen. Es existieren gar keine globalen Extrempunkte.

Beispiel

Es wird jetzt in den beiden oben gezeichneten Graphen jeweils das abgeschlossene Intervall (also das bisherige einschließlich der Randpunkte) als Definitionsmenge zugrunde gelegt.
Geben Sie die Art und Lage der globalen Extrempunkte an.

Lösung:
In der linken Abbildung liegt der globale Tiefpunkt am linken Rand des Definitionsbereiches, der globale Hochpunkt bleibt unverändert. Am rechten Rand ergibt sich zusätzlich ein lokales Randmaximum.
In der rechten Abbildung liegt am linken Rand der globale Tiefpunkt, am rechten Rand der globale Hochpunkt. Der ursprüngliche (in der linken Abbildung) vorliegende globale Hochpunkt hat diese Eigenschaft verloren und ist „nur" noch ein lokaler Hochpunkt.

Mitunter sind nicht die Extrempunkte der Graphen einer Funktion von Bedeutung, sondern die Punkte, in denen der Graph die **größte/kleinste Steigung** besitzt und damit die Funktion das größte Wachstum bzw. die größte Abnahme der Funktionswerte. An diesen Stellen ist die Änderung der Funktionswerte am stärksten.

Im nebenstehenden Diagramm ist der Verlauf einer Brückenauffahrt dargestellt und der Punkt mit der größten Steigung eingezeichnet.
Wie kann dieser Punkt bei Vorliegen der Funktionsgleichung rechnerisch bestimmt werden?

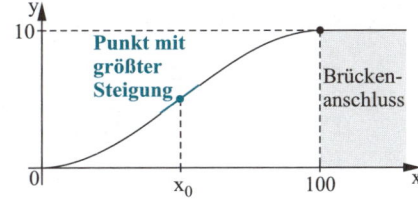

Über die Steigung einer Funktion gibt bekanntlich die 1. Ableitungsfunktion Auskunft. Folglich muss man die Extrempunkte der Ableitungsfunktion bestimmen. Dies wiederum geschieht über die Ableitung der Ableitungsfunktion, also mit der 2. Ableitungsfunktion. Deren Nullstellen sind Kandidaten. Wenn es Nullstellen mit VZW sind, so sind das die Stellen mit größter/kleinster Steigung der ursprünglichen Funktion.

Das ist aber genau die Vorgehensweise, wie Wendepunkte bestimmt werden (siehe Band 1 ab Seite 121). Deshalb sind die Punkte der größten/kleinsten Steigung eines Graphen immer auch Wendepunkte des Graphen.

Regel

> Ein **Punkt größter/kleinster Steigung** des Graphen einer Funktion f bzw. die Stelle des größten Wachstums/der größten Abnahme einer Funktion f liegt an der Stelle x_0, wenn gilt:
> $f''(x_0)=0$ mit VZW von + nach – bzw. $f'''(x_0)<0$; x_0 ist dann eine Stelle mit maximalem Wachstum.
> $f''(x_0)=0$ mit VZW von – nach + bzw. $f'''(x_0)>0$; x_0 ist dann eine Stelle mit minimalem Wachstum (bzw. mit maximaler Abnahme).

Beispiel

Gegeben ist auf $\mathbb{R}$ die Funktion f: $x \mapsto f(x)$ durch $f(x) = -\frac{1}{4}x(x-4)^2$.

a) Geben Sie Anzahl, Lage und Vielfachheit der Nullstellen von f an.

b) Berechnen Sie Art und Lage der Extrempunkte des Graphen von f.

c) Bestimmen Sie die Koordinaten des Punktes mit maximaler Steigung. Berechnen Sie diese maximale Steigung.
Zeichnen Sie den Graphen und markieren Sie den Punkt maximaler Steigung.

Lösung:

$f(x) = -\frac{1}{4}x(x-4)^2 = -\frac{1}{4}x^3 + 2x^2 - 4x$

a) $f(x) = -\frac{1}{4}x(x-4)^2 = 0$ Nullstellen lassen sich direkt ablesen.

$x_1 = 0$ einfache Nullstelle

$x_{2/3} = 4$ doppelte Nullstelle

Es gibt insgesamt 2 Nullstellen.

b) $f'(x) = -\frac{3}{4}x^2 + 4x - 4$

$f''(x) = -\frac{3}{2}x + 4$

$f'(x) = 0 \;\Rightarrow\; x_1 = \frac{4}{3}; \; x_2 = 4$

$f''\left(\frac{4}{3}\right) = 2 > 0 \;\Rightarrow\; T\left(\frac{4}{3} \,\middle|\, f\left(\frac{4}{3}\right)\right)$ mit $f\left(\frac{4}{3}\right) = -\frac{64}{27} \approx -2{,}37$

$f''(4) = -2 < 0 \;\Rightarrow\; H(4\,|\,0)$

c) $f''(x)=0 \;\Rightarrow\; -\frac{3}{2}x+4=0 \;\Rightarrow\; x_1=\frac{8}{3}\approx 2{,}67$

Da $f'''(x)=-\frac{3}{2}<0$, liegt bei $x_1=\frac{8}{3}$ die größtmögliche positive Steigung von G_f.

$f\!\left(\frac{8}{3}\right)=-\frac{32}{27}\approx -1{,}19$

Ergebnis: Im Punkt
$P\!\left(\frac{8}{3}\,\middle|\,-\frac{32}{27}\right)$ hat f' ein
Maximum und G_f die
größte positive Stei-
gung.

Maximale Steigung:
$f'\!\left(\frac{8}{3}\right)=\frac{4}{3}$

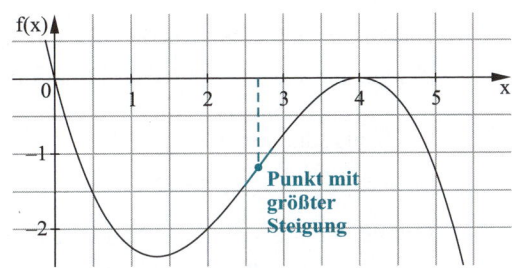

gaben

1. Die x^3-Funktion hat im Ursprung eine waagrechte Tangente. Begründen Sie, warum dort dennoch kein Extrempunkt ist.
Trotzdem handelt es sich um einen besonderen Punkt. Beschreiben Sie die Eigenschaften des Graphen in der Umgebung des Punktes und geben Sie seinen Namen an.

2. Die auf $\mathbb{R}$ definierten ganzrationalen Funktionen vom Grad 1 bis 4 haben unterschiedliche Eigenschaften in Bezug auf die Existenz globaler Extrempunkte.
Geben Sie in einer Fallunterscheidung nach den Graden der Funktionen diese Eigenschaften in Bezug auf globale Extrempunkte an und verallgemeinern Sie Ihre Aussagen für beliebige Grade.

3. Betrachtet wird die Funktion f mit $f(x)=-\frac{3}{2}x^2+9x-\frac{19}{2}$ und $D_f=[1;4]$.

   a) Ermitteln Sie Art und Lage der globalen Extrempunkte von G_f und geben Sie die Wertemenge W_f von f an.

   b) Nun sei $f^*(x)=f(x)$ und $D_{f*}=\,]1;4[$.
   Erläutern Sie, welche Veränderungen sich für die globalen Extrempunkte und die Wertemenge ergeben.

   c) Jetzt gelte $f^{**}(x)=f(x)$ und $D_{f**}=[0;\infty[$.
   Bestimmen Sie sämtliche Extrempunkte von G_{f**} (Art und Lage). Geben Sie auch die globalen Extrempunkte sowie die Wertemenge W_{f**} an.

   d) Zeichnen Sie G_f und kennzeichnen Sie in Ihrem Diagramm D_f und W_f.

4. Gegeben sind die Funktionen

$f(x) = \frac{1}{2}(x-2)^2 - 3$ und $g(x) = \frac{1}{4}(x+1)^2(x-2)$

auf den Definitionsbereichen $D_f = D_g = [0; \infty[$.

a) Bestimmen Sie jeweils die globalen/absoluten Extrempunkte der Graphen der Funktionen f und g.

b) Geben Sie zudem jeweils die Wertemengen von f und g an.

c) Zeichnen Sie die Graphen der Funktionen f und g.

5. Gegeben sind die Funktionen

$f(x) = (4-x)\left(\frac{1}{4}x^2+1\right)$ und $g(x) = (4-x)\left(\frac{1}{3}x^2+1\right)$ mit $D_f = D_g = [0; 4]$.

a) Bestimmen Sie – ohne Hilfsmittel zu verwenden – die ausmultiplizierten Funktionsterme von f(x) und g(x).

b) Bestimmen Sie jeweils, sofern vorhanden, die globalen/absoluten Extrempunkte der Graphen der Funktionen.

c) Geben Sie deren Wertebereiche an.

d) Zeichnen Sie die zugehörigen Graphen, wobei auf der x-Achse gilt
1 LE = 2 cm.

6. Untersuchen Sie $h(x) = (4-x)\left(\frac{1}{5}x^2+1\right) = -\frac{1}{5}x^3 + \frac{4}{5}x^2 - x + 4$ auf $[0; 4]$ auf globale Extrema.

7. Durch $f(x) = x^3 - x$ ist eine Funktion gegeben.
Berechnen Sie die größte negative Steigung des zugehörigen Graphen.

8. Ein Auto wird aus dem Stand heraus auf 100 km/h beschleunigt. Die Momentangeschwindigkeit v in km/h wird in Abhängigkeit der Zeit t in Sekunden durch die Funktion $v(t) = \frac{13}{5}t^2 - \frac{4}{25}t^3$ mit $0 \leq t \leq 10$ s dargestellt. Den Verlauf in den ersten 10 Sekunden zeigt das folgende Diagramm.

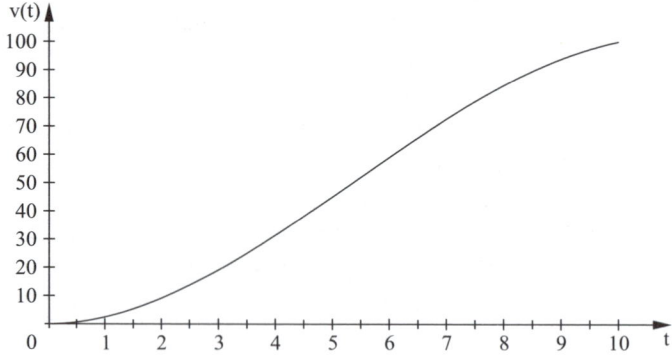

Auf das Mitführen der Einheiten wird bei der Berechnung verzichtet.

a) Ermitteln Sie die Funktion a(t) für die Beschleunigung des Fahrzeuges in Abhängigkeit der Zeit. Welche Folgerung lässt sich aus der Art der Funktion a(t) über die maximale Beschleunigung ziehen?

b) Berechnen Sie den Zeitpunkt des größten Geschwindigkeitszuwachses (= größte Beschleunigung) des Fahrzeuges. Geben Sie diesen Maximalwert an und vergleichen Sie ihn mit der Beschleunigung zu dem Zeitpunkt bei Erreichen der 100 km/h.

c) Zeichnen Sie den zeitlichen Verlauf der Beschleunigung in Abhängigkeit der Zeit, wobei auf der Ordinate 2 LE = 1 cm gewählt wird.

1.2 Aufstellen von Funktionsgleichungen

Bei einer Kurvendiskussion werden Eigenschaften (Nullstellen, Extrema usw.) einer vorgegebenen Funktion ermittelt. Nun werden die Eigenschaften vorgegeben, die eine ganzrationale Funktion haben soll, und die zugehörige Funktionsgleichung ermittelt.

Regel

Aufstellen ganzrationaler Funktionen

Ganzrationale Funktionen n-ten Grades lauten in ihrer allgemeinen Form

$f: x \mapsto a_n x^n + a_{n-1} x^{n-1} + \ldots + a_1 x + a_0$

mit den $n + 1$ reellen Koeffizienten a_n, a_{n-1}, …, a_1, a_0, wobei $a_n \neq 0$.

Will man eine solche Funktion aufstellen, so benötigt man $n + 1$ lineare Gleichungen, um die $n + 1$ Koeffizienten zu bestimmen. Die Schritte zum Aufstellen einer solchen Funktion lauten:

1. Allgemeiner Ansatz für die Funktion mit unbekannten Koeffizienten
2. Aufstellen der Gleichungen entsprechend der Anzahl der Unbekannten
3. Lösen des linearen Gleichungssystems
4. Angeben der Funktion

Zum Aufstellen von Funktionsgleichungen müssen die gegebenen Eigenschaften gemäß dem Schema auf der folgenden Seite übersetzt werden.

Eigenschaft der Funktion	Ansatz für Gleichung
Punkt $P(x_0 \mid y_0)$ liegt auf dem Graphen kurz: $P(x_0 \mid y_0) \in G_f$	$f(x_0) = y_0$
Nullstelle bei x_0	$f(x_0) = 0$
Extremwert bei x_0	$f'(x_0) = 0$
Wendepunkt bei x_0	$f''(x_0) = 0$
Sattelpunkt bei x_0	$f'(x_0) = 0 \wedge f''(x_0) = 0$
Steigung bei x_0 ist m	$f'(x_0) = m$
G_f hat in x_0 eine Tangente, die parallel zu g: $y = mx + t$ verläuft.	$f'(x_0) = m$
G_f hat in x_0 eine Tangente, die senkrecht zu g: $y = mx + t$ verläuft.	$f'(x_0) = -\frac{1}{m}$
G_f berührt an der Stelle x_0 die x-Achse	$f(x_0) = 0 \wedge f'(x_0) = 0$
G_f schneidet G_g in x_0	$f(x_0) = g(x_0)$
G_f berührt G_g in x_0	$f(x_0) = g(x_0) \wedge f'(x_0) = g'(x_0)$
G_f ist achsensymmetrisch	Nur gerade Exponenten: z. B. $y = ax^4 + bx^2 + c$ für $n = 4$
G_f ist punktsymmetrisch	Nur ungerade Exponenten: z. B. $y = ax^3 + bx$ für $n = 3$

Beispiel

Die Parabel einer quadratischen Funktion soll ihren Scheitel in S(2 | 1) haben, ferner soll sie an der Stelle $x_0 = 3$ die Steigung 2 besitzen.
Ermitteln Sie die Funktionsgleichung.

Lösung:

Schritt 1:

Ansatz: $f(x) = ax^2 + bx + c$
$f'(x) = 2ax + b$

Da auch Steigungen vorkommen, benötigt man die erste Ableitung.

Schritt 2:

$f(2) = 1 \Rightarrow a \cdot 2^2 + b \cdot 2 + c = 1$
$f'(2) = 0 \Rightarrow 2a \cdot 2 + b = 0$
$f'(3) = 2 \Rightarrow 2a \cdot 3 + b = 2$

Weil die Parabel durch den Punkt S(2 | 1) gehen soll, muss f(2) = 1 sein. Im Scheitelpunkt liegt eine waagrechte Tangente vor, was auf die Gleichung f'(2) = 0 führt. Die Steigung ist durch f' gegeben, sodass sich als dritte Bedingung noch f'(3) = 2 ergibt.

(1) $4a + 2b + c = 1$
(2) $4a + b \quad = 0$
(3) $6a + b \quad = 2$

Damit ist das Gleichungssystem für a, b und c zu lösen.

Schritt 3:

$(3) - (2): \quad 2a = 2$

$\Rightarrow \quad \mathbf{a = 1}$

In (2): $\quad 4 \cdot 1 + b = 0$

$\Rightarrow \quad \mathbf{b = -4}$

In (1): $\quad 4 \cdot 1 + 2 \cdot (-4) + c = 1$

$\Rightarrow \quad \mathbf{c = 5}$

Eine Kombination aus Additions- und Einsetzverfahren wird angewendet (siehe weiter unten).

Schritt 4:

$f(x) = x^2 - 4x + 5$

Die gesuchte Funktion wird angegeben.

Aus dem Diagramm erkennt man, dass die Funktion die geforderten Eigenschaften besitzt.

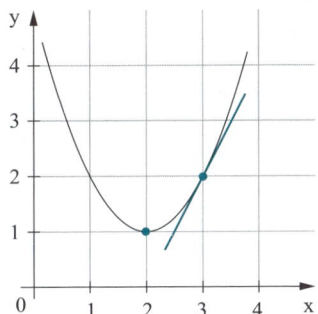

Wie das Beispiel zeigt, sind zum Auffinden von Funktionsgleichungen lineare Gleichungssysteme (mehrere lineare Gleichungen mit mehreren Unbekannten) zu lösen. Dazu gibt es bestimmte Lösungsverfahren, von denen drei einfache vorgestellt werden sollen, jeweils für die Situation mit zwei Gleichungen und zwei Unbekannten.

Das Gleichsetzungsverfahren

Schritt 1:

Beide Gleichungen nach derselben Unbekannten umstellen.

Schritt 2:

Die rechten Seiten gleichsetzen und nach der zweiten Unbekannten auflösen; damit ist eine der Variablen bestimmt.

Schritt 3:

Die andere Unbekannte durch Einsetzen der bekannten Variable in eine der beiden Gleichungen bestimmen.

Schritt 4:

Angeben der Lösungsmenge L; dabei werden die ermittelten Variablen als Zahlenpaar (wie Koordinaten eines Punktes) angegeben.

Beispiel

Lösen Sie das folgende Gleichungssystem mit dem Gleichsetzungsverfahren:
(1) $3x_1 + 5x_2 = 9$
(2) $-2x_1 + 4x_2 = 16$

Lösung:

(1) $3x_1 = 9 - 5x_2$ $|:3$ **Schritt 1:** Umstellen der Gleichungen nach x_1
(2) $-2x_1 = 16 - 4x_2$ $|:(-2)$

(1*) $x_1 = 3 - \frac{5}{3}x_2$
(2*) $x_1 = -8 + 2x_2$

$$3 - \frac{5}{3}x_2 = -8 + 2x_2 \quad |-2x_2\,;-3$$

Schritt 2: (1*) und (2*) **gleichsetzen** und nach x_2 auflösen

$$-\frac{5}{3}x_2 - 2x_2 = -8 - 3$$

$$-\frac{11}{3}x_2 = -11 \qquad \left|\cdot\left(-\frac{3}{11}\right)\right.$$

$$x_2 = 3$$

$$x_1 = -8 + 2\cdot 3 = -2$$

Schritt 3: Einsetzen von $x_2 = 3$ in (2*) ergibt x_1; man könnte auch in (1*) einsetzen.

$$\Rightarrow \ \mathbf{L = \{(-2;\,3)\}}$$

Schritt 4: Ergebnis: $x_1 = -2$ und $x_2 = 3$ bilden die Lösung.

Auch bei Gleichungssystemen ist es günstig, die **Probe** zu machen:
(1) $3\cdot(-2) + 5\cdot 3 = 9 \ \Leftrightarrow \ 9 = 9$ (wahre Aussage)
(2) $-2\cdot(-2) + 4\cdot 3 = 16 \ \Leftrightarrow \ 16 = 16$ (wahre Aussage)

Das Einsetzungsverfahren

Schritt 1:
Eine der beiden Gleichungen nach einer Unbekannten auflösen.

Schritt 2:
Die ermittelte Unbekannte wird dann in der anderen Gleichung durch den im Schritt 1 erhaltenen Ausdruck ersetzt.

Schritt 3:
Durch Auflösen der erhaltenen Gleichung erhält man den Wert einer Unbekannten.

Schritt 4:
Die andere Unbekannte erhält man durch Einsetzen der bekannten Variable in die im Schritt 1 aufgelöste Gleichung.

Schritt 5:
Angeben der Lösungsmenge L.

Auch bei nichtlinearen Gleichungssystemen ist das Einsetzungsverfahren als Lösungsmethode geeignet.

Das Einsetzungsverfahren lässt sich auch bei mehr als zwei Gleichungen verwenden. Man stellt dann eine Gleichung nach einer Unbekannten um und ersetzt in allen restlichen Gleichungen diese Unbekannte. Dies führt zu einem System, das eine Unbekannte und eine Gleichung weniger hat. So verfährt man, bis nur noch eine Gleichung mit einer Unbekannten übrig ist.

eispiel

Lösen Sie das folgende Gleichungssystem mit dem Einsetzungsverfahren:

(1) $3x_1 + 5x_2 = 9$
(2) $-2x_1 + 4x_2 = 16$

Lösung:

(1) $3x_1 + 5x_2 = 9$

(2) $-2x_1 + 4x_2 = 16$ $\left| -4x_2 \right.$

$\qquad\qquad -2x_1 = -4x_2 + 16$ $\left| : (-2) \right.$

(2*) $x_1 = 2x_2 - 8$

(2*) in (1): $3 \cdot (2x_2 - 8) + 5x_2 = 9$

$6x_2 - 24 + 5x_2 = 9$

$11x_2 = 33$

$x_2 = 3$

$x_1 = 2 \cdot 3 - 8 = -2$

$\Rightarrow\ L = \{(-2;\ 3)\}$

Schritt 1: Auflösen von Gleichung (2) nach x_1

Schritt 2: Ersetzen von x_1 in Gleichung (1) durch die rechte Seite von (2*)

Schritt 3: Auflösen nach x_2

Schritt 4: Bestimmung von x_1 durch Einsetzen von $x_2 = 3$ in (2*)

Schritt 5: Ergebnis: $x_1 = -2$ und $x_2 = 3$ bilden die Lösung.

Außer den bekannten Äquivalenzumformungen für eine Gleichung, nämlich dem beidseitigen Addieren einer beliebigen Zahl und dem beidseitigen Multiplizieren mit einer von null verschiedenen Zahl, gibt es bei Gleichungssystemen noch eine weitere Äquivalenzumformung.

Addition von Gleichungen

In einem Gleichungssystem kann zu einer Gleichung eine andere Gleichung addiert werden, ohne dass sich die Lösungsmenge des Gleichungssystems ändert.

---

eispiel

Das lineare Gleichungssystem

(1) $3x_1 + 5x_2 = 9$
(2) $-2x_1 + 4x_2 = 16$

ist äquivalent zu:

(1) $3x_1 + 5x_2 = 9$
(1) + (2): $x_1 + 9x_2 = 25$

Dabei blieb die erste Gleichung unverändert und zur zweiten Gleichung wurde die erste Gleichung hinzuaddiert, indem die entsprechenden Koeffizienten addiert wurden:

$$(3+(-2))x_1 = x_1$$
$$(5+4)x_2 = 9x_2$$
$$9+16 = 25$$

Durch Multiplikation der Gleichungen mit Zahlen ungleich null kann erreicht werden, dass Variablen beim Addieren herausfallen. Dieser Sachverhalt bildet die Grundlage für das **Additionsverfahren**, das ein weiteres Lösungsverfahren für lineare Gleichungssysteme darstellt. Das Additionsverfahren ist von Vorteil, wenn nur wenige Multiplikationen der Gleichungen zur Vorbereitung der Addition erforderlich sind, wenn also beispielsweise nur eine Gleichung durchmultipliziert werden muss. Statt zwei Gleichungen zu addieren, kann man auch zwei Gleichungen subtrahieren. In jedem Fall muss man sich die Koeffizienten genau ansehen und auch etwas Erfahrung haben, die man durch entsprechende Übung bekommt.

Das Additionsverfahren

Schritt 1:
Die Gleichungen so multiplizieren, dass die Koeffizienten von einer der beiden Unbekannten beim Addieren der Gleichungen wegfallen.

Schritt 2:
Die beiden Gleichungen addieren.

Schritt 3:
Durch Auflösen der erhaltenen Gleichung erhält man den Wert der nicht eliminierten Unbekannten.

Schritt 4:
Die andere Unbekannte lässt sich durch Einsetzen der bekannten Variable in eine der beiden Gleichungen bestimmen.

Schritt 5:
Angeben der Lösungsmenge L.

Beispiel

Bestimmen Sie die Lösungsmenge des folgenden Gleichungssystems mithilfe des Additionsverfahrens:

(1) $\quad 3x_1 + 5x_2 = 9$
(2) $\quad -2x_1 + 4x_2 = 16$

Lösung:

(1) $\quad 3x_1 + 5x_2 = 9 \qquad \Big\vert \cdot 2$	**Schritt 1:** Die Gleichungen so multiplizieren, dass die Koeffizienten von x_1 beim Addieren **wegfallen**.
(2) $\quad -2x_1 + 4x_2 = 16 \qquad \Big\vert \cdot 3$	

(1*) $\quad \mathbf{6}x_1 + 10x_2 = 18$

(2*) $\quad \mathbf{-6}x_1 + 12x_2 = 48$

$\overline{(\mathbf{1^*}) + (\mathbf{2^*}): \quad \mathbf{22x_2 = 66} \qquad (\mathbf{2^{**}})}$ **Schritt 2:** Gleichung (1*) zu Gleichung (2*) **hinzuaddieren**

(1*) $\quad 6x_1 + 10x_2 = 18$

(2**) $\qquad\qquad 22x_2 = 66$

Dieses Gleichungssystem ist äquivalent zum vorherigen.

(2**) $\quad \mathbf{x_2 = \frac{66}{22} = 3}$ **Schritt 3:** Aus (2**) wird x_2 berechnet.

$6x_1 + 10 \cdot 3 = 18$

$\qquad\quad 6x_1 = -12$

$\qquad\qquad \mathbf{x_1 = -2}$

Schritt 4: Man kann $\mathbf{x_2 = 3}$ beispielsweise in (1*) einsetzen und damit x_1 bestimmen.

$\Rightarrow \ \mathbf{L = \{(-2;\, 3)\}}$ **Schritt 5:** Ergebnis: $\mathbf{x_1 = -2}$ und $\mathbf{x_2 = 3}$ bilden die Lösung.

Nach dem Einüben des Lösens linearer Gleichungssysteme sei hier noch ein Beispiel zum Aufstellen einer Funktionsgleichung angegeben, das wie immer bei diesem Aufgabentyp auf ein lineares Gleichungssystem führt.

eispiel   Gegeben ist die Funktion $f(x) = \frac{1}{2}x^3 - 3x^2 + \frac{9}{2}x$. Ermitteln Sie diejenige Parabelfunktion, die den Graphen von f im Wendepunkt berührt und durch den Ursprung verläuft.

Lösung:

Schritt 1:

Ansatz: $p(x) = ax^2 + bx$

$p'(x) = 2ax + b$

Weil der Graph von p durch den Ursprung geht, ist im Funktionsterm p(x) das c gleich null und wird sogleich weggelassen.

Schritt 2:

$f'(x) = \frac{3}{2}x^2 - 6x + \frac{9}{2}$

$f''(x) = 3x - 6$

$f''(x) = 0 \ \Rightarrow \ x = 2$

$f(2) = 1 \ \Rightarrow \ \mathbf{W(2\,|\,1)}$

Es sind zwei Gleichungen aufzustellen. Dazu werden die Koordinaten des Wendepunktes des Graphen von f und seine Steigung im Wendepunkt benötigt.

Wegen Nullstelle mit Vorzeichenwechsel liegt ein Wendepunkt vor.

$p(2) = f(2) \ \Rightarrow \ a \cdot 2^2 + b \cdot 2 = 1$

$p'(2) = f'(2) \ \Rightarrow \ 2a \cdot 2 + b = -\frac{3}{2}$

Mit diesen Angaben werden die beiden Gleichungen angesetzt.

Schritt 3:

(1) $\ 4a + 2b = 1$

(2) $\ 4a + b = -\frac{3}{2}$

Man erhält: $a = -1$, $b = \frac{5}{2}$

Gleichungssystem lösen

Schritt 4:
Ergebnis: $p(x) = -x^2 + \frac{5}{2}x$

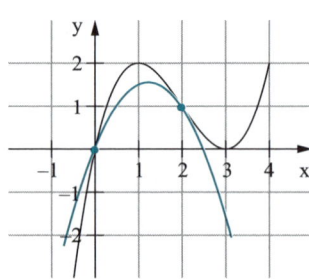

Aufgabe **9.** Bestimmen Sie die Lösungen mithilfe des Gleichsetzungsverfahrens.

a) (1) $-2m + t = 3$
   (2) $3m + t = 1$

b) (1) $\frac{1}{2}x + \frac{1}{3}y = \frac{3}{2}$
   (2) $\frac{1}{4}x + \frac{1}{2}y = \frac{3}{4}$

c) Die Differenz zweier Zahlen beträgt 17. Verdreifacht man die eine Zahl, so fehlt noch 1 auf die zweite Zahl. Wie lauten beide Zahlen?

10. Bestimmen Sie die Lösungen mithilfe des Einsetzungsverfahrens.

a) (1) $3x_1 + 2x_2 = 4{,}8$
   (2) $6x_1 + 8x_2 = 14{,}4$

b) (1) $x = 2y$
   (2) $y = \frac{1}{2}x + \frac{1}{2}$

c) Petras Onkel, ein Mathematiker, stellt ihr folgende Aufgabe:
„Vor fünf Jahren war ich dreimal so alt wie du jetzt bist und zusammen sind wir jetzt fünfmal so alt wie du vor zwei Jahren warst."
Ermitteln Sie das Alter von Petra und ihrem Onkel.

11. Bestimmen Sie die Lösungen mithilfe des Additionsverfahrens.

a) (1) $3x_1 + 2x_2 = 4{,}8$
   (2) $6x_1 + 8x_2 = 14{,}4$

b) (1) $3x_1 + 5x_2 = 9$
   (2) $x_1 + 9x_2 = 25$

c) Der Feingehalt einer Gold- oder Silberlegierung wird in Teilen von 1 000 angegeben. Reines Gold bzw. Silber hat also den Feingehalt 1 000.
Eine Silberlegierung vom Feingehalt 250 enthält neben anderen Metallen 40 % Kupfer.
Wie viel reines Silber und wie viel reines Kupfer müssen zu 1 000 g dieser Legierung hinzugefügt werden, damit sie nachher den Feingehalt 300 besitzt und außerdem 50 % Kupfer enthält?

12. Der Graph einer ganzrationalen Funktion dritten Grades hat im Ursprung die Tangente t: $y = 2x$ und an der Stelle $x_0 = 3$ eine doppelte Nullstelle. Bestimmen Sie seine Funktionsgleichung.

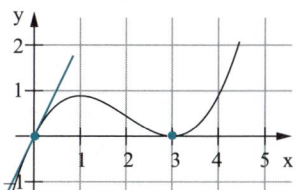

13. Bestimmen Sie die Funktionsgleichung einer ganzrationalen Funktion dritten Grades, deren Graph im Punkt $P(-2\,|\,1)$ eine waagrechte Tangente besitzt und der die x-Achse an der Stelle 3 unter einem Winkel von $45°$ schneidet.

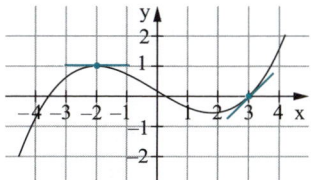

14. a) Der Graph G_f einer Funktion vierten Grades hat im Ursprung einen Sattelpunkt und besitzt den Tiefpunkt $T\left(-3\,\left|\,-\frac{9}{8}\right.\right)$.
Bestimmen Sie die Funktionsgleichung von f.

b) Bestimmen Sie zudem eine quadratische Funktion p, welche den Graphen von f in seinem Extrempunkt berührt und im Ursprung schneidet.

c) Berechnen Sie die Koordinaten des weiteren Schnittpunktes der beiden Graphen.

d) Zeichnen Sie die beiden Graphen in ein Koordinatensystem ein, wobei $-7 \leq x \leq 3$.

15. Die Funktion $f(x) = ax^4 + bx^3 + cx + d$ mit den zunächst unbekannten Koeffizienten a, b, c und d soll näher bestimmt werden. Der Graph von f wird von der Winkelhalbierenden des I. und III. Quadranten im Ursprung senkrecht geschnitten und enthält den Punkt $P(-2\,|\,0)$.

a) Drücken Sie in f(x) die Koeffizienten b, c und d durch a aus.

[Ergebnis: $f(x) = ax^4 + \left(2a + \frac{1}{4}\right)x^3 - x$]

b) Bestimmen Sie nun a so, dass der Graph von f die x-Achse in P berührt.

16. Die Graphen der ganzrationalen Funktionen dritten Grades f_k berühren die x-Achse an der Stelle $x = 3$ und die Geraden g_k: $y = kx$ im Ursprung, wobei $k \in \mathbb{R} \setminus \{0\}$ ist.
Ermitteln Sie die Funktionsgleichung von f_k und stellen Sie f_k auch in faktorisierter Form dar.

17. Böschung

Im Diagramm ist das Profil einer Böschung zu sehen (alle Maßangaben
verstehen sich in Meter). Während
die Böschungsneigung für $x > 20$
gemäß Abbildung bereits fest vorgegeben ist, soll im Bereich $0 \leq x \leq 20$
der Verlauf durch eine lineare und
eine ganzrationale Funktion dritten
Grades modelliert werden.

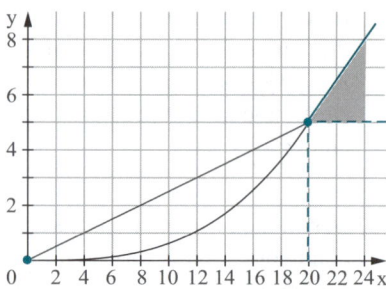

a) Erstellen Sie die lineare Funktionsgleichung für den Bereich $0 \leq x \leq 20$,
   wobei alle benötigten Angaben der Zeichnung zu entnehmen sind.
   Berechnen Sie außerdem den zugehörigen Neigungswinkel und vergleichen Sie ihn mit dem bereits festgelegten Böschungsteil jenseits der 20 m.

b) Alternativ zum linearen Auslauf ist auch eine gebogene Variante geplant.
   Ermitteln Sie die passende Funktion dafür, wobei für die Modellierung
   allein die Bedingungen in den beiden markierten Punkten maßgebend sein
   sollen.

c) Berechnen Sie, an welcher Stelle sich der größte Höhenunterschied zwischen den beiden Planungsvarianten befindet und wie viel Meter er beträgt.

1.3 Lösen von Optimierungsaufgaben

Im zunehmenden wirtschaftlichen Wettbewerb wird es immer wichtiger, nicht nur
irgendeine Lösung für ein bestimmtes Problem anbieten zu können, sondern die
optimale (= beste) Lösung unter Berücksichtigung bestimmter Randbedingungen
zu finden. Im Kern geht es jeweils darum, die zu optimierende Größe y als Funktion einer anderen Größe x aufzustellen und dann zu bestimmen, für welchen
Wert von x die Funktion ihr globales Maximum oder Minimum annimmt.

Regel

> **Methode zum Lösen von Optimierungsaufgaben**
> 1. Funktion für die zu optimierende Größe aufstellen (= **Zielfunktion**) und ihren
>   Definitionsbereich ermitteln.
> 2. Ggf. **Nebenbedingungen** aufstellen und damit Variablen aus der Zielfunktion
>   eliminieren.
> 3. Unter Beachtung des Definitionsbereiches das **globale Extremum** der Ziel-
>   funktion ermitteln.
> 4. **Interpretation** des Ergebnisses im Rahmen der Aufgabenstellung vornehmen.

eispiel

Toreinfahrt

Eine parabelförmige Toreinfahrt, deren Rand sich im eingezeichneten Koordinatensystem mit $f(x)=-x^2+4$ beschreiben lässt, soll so vermauert werden, dass eine rechteckige Toreinfahrt besteht. Die Abmessungen sind dabei so zu wählen, dass die entstehende Toreinfahrt den größtmöglichen Flächeninhalt aufweist. Ermitteln Sie diese Abmessungen (alle Längenangaben in Meter).

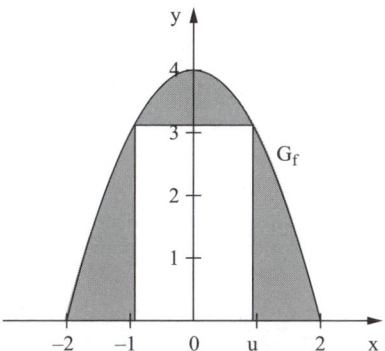

Lösung:

Schritt 1:

$A=b\cdot h$

Der Flächeninhalt der rechteckigen Toreinfahrt ist die zu optimierende Größe, dieser wird als Zielfunktion aufgestellt. Weil es sich um ein Rechteck handelt, ist der Flächeninhalt einfach Breite · Höhe.

$b=2u;\ h=f(u)$

Die x-Koordinate auf der rechten Seite der Toreinfahrt wird mit dem Variablennamen u bezeichnet.

$A(u)=2u\cdot f(u)=2u\cdot(-u^2+4)$
$\quad\ \ =-2u^3+8u$
$D_A=[0;\ 2]$

Zielfunktion

Zur Zielfunktion muss unbedingt der Definitionsbereich angegeben werden. Im hier auftretenden Zusammenhang darf u sich in dem Bereich $0\le u\le 2$ bewegen. Wenn u die Randwerte annimmt, bedeutet das, dass der Torbogen jeweils komplett zugemauert wird.

Schritt 2: entfällt

Schritt 3:

$A'(u)=-6u^2+8;\ A''(u)=-12u$
$A'(u)=0\Leftrightarrow-6u^2+8=0\Leftrightarrow u^2=\frac{4}{3}$

Gesucht ist das absolute (oder globale) Maximum der Funktion A(u) in D_A.

$\Rightarrow\ u_{1/2}=\pm\sqrt{\frac{4}{3}}=\pm\frac{2}{3}\sqrt{3}\approx\pm1,155$

Wegen $-1,155\notin[0;\ 2]$ entfällt diese Lösung. Es wird nur mit $u_1\approx1,155\in D_A$ weitergerechnet.

$A''(u_1)\approx-12\cdot1,155<0$
$\Rightarrow\ $ Maximum bei u_1
$A(u_1)=\frac{32}{9}\sqrt{3}\approx6,16$

Um den Maximalwert zu erhalten, wird u_1 in die Ausgangsfunktion eingesetzt.

$A(0)=0<6,16$
$A(2)=0<6,16$
$\Rightarrow\ $ absolutes Maximum von A(u)
bei $u_1\approx1,155$ mit $A_{max}=A(u_1)\approx6,16$

Bisher ist bekannt, dass A(u) bei u_1 ein relatives Maximum besitzt. Ob es ein absolutes ist, wird erst nach der Randuntersuchung klar.

Der Verlauf von A(u) und der berechnete Wert sind in der Abbildung zu sehen.

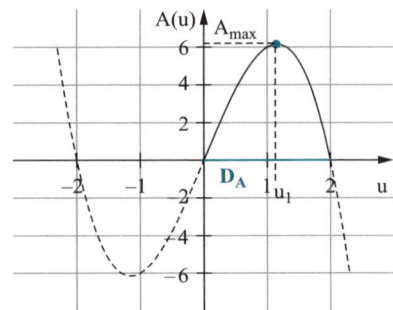

Schritt 4: Das flächenmäßig größte Tor erhält man, wenn der rechte Rand ca. 1,155 m rechts von der Mitte hochgemauert wird.
Die Torbreite ist dann ca. $2 \cdot 1{,}155$ m $= 2{,}310$ m,
die Torhöhe ist ca. $f(1{,}155) \approx 2{,}666$ m
und der Flächeninhalt $A_{max} \approx 2{,}310$ m $\cdot$ 2,666 m $\approx 6{,}16$ m^2.

Der erste Schritt zum Lösen von Optimierungsaufgaben ist das Aufstellen der Zielfunktion. In einer solchen Formel sind oft aber mehrere (meist zwei) Variablen enthalten. Deshalb muss in solchen Fällen ein Zusammenhang zwischen diesen Variablen in Form einer Gleichung aufgestellt werden, die man als **Nebenbedingung** bezeichnet. Mithilfe dieser Nebenbedingung wird dann aus der Zielfunktion eine der beiden Variablen eliminiert.

Beispiel

Die Tragfähigkeit eines Balkens hängt von seinem Material (Holz, Stahl usw.) und von seinen Abmessungen, sprich Breite und Höhe, ab. Dabei trägt die Balkenhöhe mehr zur Tragfähigkeit bei als die Balkenbreite. In der Statik hat man dafür die Formel:
$T = K \cdot b \cdot h^2$
Dabei ist K eine Materialkonstante, b die Breite und h die Höhe des Balkens. Im Sägewerk steht man nun vor der Aufgabe, aus runden Baumstämmen rechteckige Balken heraussägen zu müssen. Wie sind bei gegebenem Stammdurchmesser die Balkenabmessungen zu wählen, um den Balken mit der größten Tragfähigkeit zu erhalten?

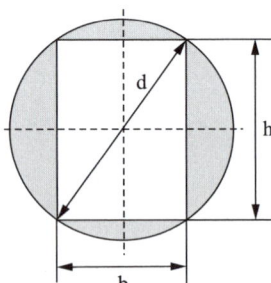

Lösung:
Schritt 1:
$T = K \cdot b \cdot h^2$

Schritt 2:

$d^2 = b^2 + h^2$

$h^2 = d^2 - b^2$

Man braucht einen Zusammenhang zwischen den beiden Veränderlichen b und h. Der Zusammenhang ergibt sich über den konstanten Durchmesser d mithilfe des Satzes von Pythagoras.

$T = K \cdot b \cdot (d^2 - b^2) = K(b \cdot d^2 - b^3)$

In der Formel für die Tragfähigkeit wird die Unbekannte h ersetzt.

$T(b) = K(b \cdot d^2 - b^3)$ mit $0 < b < d$

Weil d bei gegebenem Stammdurchmesser ebenfalls eine Konstante ist (wie schon K), hat man jetzt T als Funktion einer Variablen, nämlich b. Der Definitionsbereich wurde auch gleich mit angegeben: Die untere Grenze für b ist 0 und die obere der Durchmesser d selbst.

Schritt 3:

$T'(b) = K(d^2 - 3b^2)$

$T''(b) = K(0 - 6b) = -6Kb$

Achtung: K und d^2 sind Konstanten, b ist die Variable, nach der differenziert wird.

$T'(b) = 0 \iff d^2 - 3b^2 = 0 \iff b^2 = \frac{1}{3}d^2$

Da die negative Lösung hier keine Bedeutung hat, ergibt sich nur eine Lösung.

$b_1 = \sqrt{\frac{1}{3}} \cdot d = \frac{1}{\sqrt{3}}d \approx 0{,}58d$

Es handelt sich um ein Maximum, weil $T''(b_1)$ negativ ist, wie man sofort sieht.

Eine Randuntersuchung kann hier entfallen, weil unmittelbar klar ist, dass an den Rändern bei dieser Problemstellung kein tragfähiger Balken entstehen kann.

Schritt 4:

Der tragfähigste Balken ergibt sich, wenn seine Breite $b = \frac{1}{\sqrt{3}}d \approx 0{,}5774d$ ist.

Bei einem Durchmesser von z. B. $d = 100$ cm muss $b = \frac{1}{\sqrt{3}} \cdot 100$ cm $\approx 57{,}74$ cm sein. h lässt sich daraus mithilfe der Nebenbedingung errechnen:

$h \approx \sqrt{(100 \text{ cm})^2 - (57{,}74 \text{ cm})^2} \approx 81{,}65$ cm

Das Verhältnis von h : b ist demnach ungefähr 1,41 : 1.

gaben   **18. Blechplatte**

Eine ursprünglich rechteckige Blechplatte hat eine Breite von $a = 300$ cm und eine Höhe von $b = 200$ cm. An ihren vier Ecken sollen kleine Quadrate mit der Seitenlänge x herausgeschnitten werden.

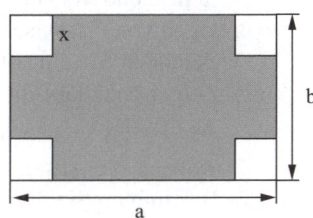

Die überstehenden Stege werden dann nach oben gebogen, sodass ein quaderförmiger Behälter entsteht. Für welchen Wert von x erhält man den Behälter mit dem größten Volumen?

19. Die Abbildung zeigt zwei Parabeln mit den Funktionsgleichungen

$f(x) = \frac{1}{4}x^2$ und $g(x) = -\frac{1}{2}x^2 + \frac{3}{2}x + \frac{23}{8}$.

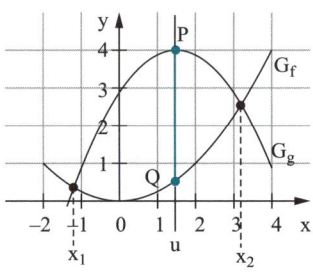

Ihre beiden Schnittstellen werden mit x_1 und x_2 bezeichnet. Die Gerade $x = u$ mit $x_1 \leq u \leq x_2$ schneidet die beiden Graphen in den Punkten P und Q. Um den größten Abstand der beiden Graphen zu ermitteln, gehen Sie folgendermaßen vor:

a) Berechnen Sie die Schnittstellen auf 2 Nachkommastellen genau.

b) Ermitteln Sie die Zielfunktion $d(u) = \overline{PQ}$ mit Definitionsbereich.

c) Bestimmen Sie das absolute Maximum von $d(u)$.

20. Im Diagramm ist der Graph der Funktion $f(x) = -\frac{1}{2}x^3 + 2x^2$ dargestellt. Ihm ist im I. Quadranten ein Dreieck in der eingezeichneten Weise einbeschrieben. Die linke, senkrecht stehende Seite des Dreiecks ist horizontal verschiebbar, wobei sich der untere Endpunkt dieser Seite auf der x-Achse und der obere Endpunkt auf dem Graphen von f bewegt. Die Ecke $(4\,|\,0)$ ist fest.

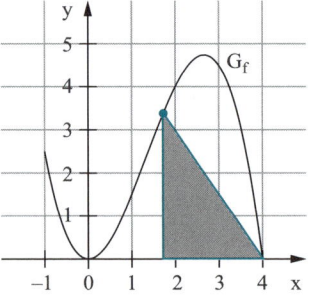

Ermitteln Sie das Dreieck mit dem größten Flächeninhalt.

21. Gegeben ist die Funktion $f(x) = \frac{1}{4}x^4 - x^2$.

a) Zeichnen Sie den Graphen G_f.

b) Die Verbindungsgerade der beiden Tiefpunkte von G_f schneidet die y-Achse im Punkt S. Ein zur y-Achse symmetrisches Dreieck hat seine Spitze in S und die beiden anderen Punkte P und Q liegen auf dem Kurvenbogen von G_f zwischen den beiden Tiefpunkten.

(1) Zeichnen Sie ein solches Dreieck in Ihre Zeichnung ein.

(2) Zeigen Sie, dass für den Flächeninhalt der Dreiecke gilt

$A(x) = \frac{1}{4}x^5 - x^3 + x$,

wobei x die Abszisse des Eckpunktes im IV. Quadranten ist.

(3) Bestimmen Sie die Abszissen der Eckpunkte P und Q so, dass der Flächeninhalt des Dreiecks SPQ maximal wird.

22. Paket

Ein quaderförmiges Paket mit den Grundkanten u
und der Höhe h wird, wie in der Skizze zu sehen,
mit einem 1 m langen Paketband (dicke Linien),
rundum verklebt.

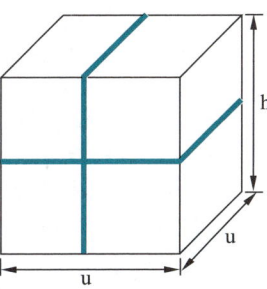

a) Ermitteln Sie das Paketvolumen in Abhängigkeit von u.

[Ergebnis: $V(u) = -3u^3 + \frac{1}{2}u^2$ mit $u \in \,]0; \frac{1}{6}[\,$]

b) Für welche Abmessungen von u und h erhält man das Paket mit dem
größten Volumen? Wie groß ist dieses dann?

23. Getreidesilo

Der Einfülltrichter eines Getreidesilos ist ein auf der Spitze stehender Kegel.
Seine Mantellinie s soll 3 m betragen.

a) Fertigen Sie eine Skizze des Kegelquerschnitts und führen Sie für die
relevanten Größen sinnvolle Bezeichnungen ein.

b) Bestimmen Sie die Kegelabmessungen so, dass das Kegelvolumen maximal wird.

24. In einen kegelförmigen Einfülltrichter
soll ein zylinderförmiges Rohr eingepasst werden, wobei das Volumen des
durch das Rohr erzeugten Zylinders
maximal sein soll (siehe Querschnitts-
skizze).
Bestimmen Sie die Höhe und den
Durchmesser des Rohres.

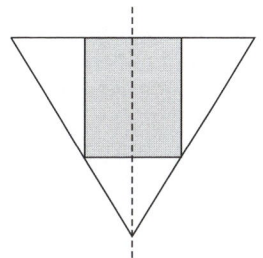

25. In ein Dreieck mit den Seitenlängen
a = 5 cm und b = 3 cm soll das flächenmäßig größte Rechteck eingepasst
werden, wobei der gekennzeichnete
Eckpunkt auf der schrägen Dreiecks-
seite läuft.

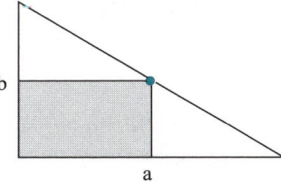

a) Bestimmen Sie die Abmessungen des Rechtecks.

b) Wie viel Prozent der Dreiecksfläche umfasst in diesem Fall das Rechteck?

c) Ermitteln Sie, um wie viel Prozent der Flächeninhalt eines eingepassten
Quadrates unterhalb der des optimalen Rechtecks liegt.

Hinweis: Zur Lösung dieser Aufgabe ist die Einführung von Koordinaten
hilfreich.

26. Einer Kugel mit Radius R soll der volumenmäßig größtmögliche Kegel einpasst werden.

Hinweis: Drücken Sie für diesen Fall die Höhe des Kegels h und den Radius seiner Grundfläche r in Abhängigkeit von R aus.

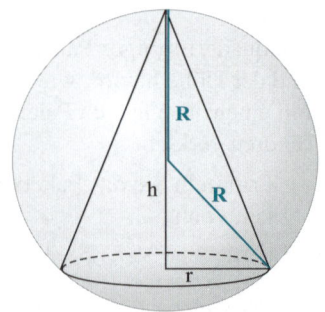

27. Industriehalle

Für den Bau einer Industriehalle mit rechteckiger Grundfläche von 1 200 m^2 Inhalt soll das Fundament hergestellt werden. Wegen der Bodenverhältnisse sind die Kosten pro m auf einer Seite höher als bei den anderen drei Seiten, und zwar 500 € statt 200 €.
Ermitteln Sie, für welche Abmessungen das Fundament am kostengünstigsten ist.

Hinweis: Beachten Sie, dass sich $\frac{1}{x}$ in x^{-1} umschreiben und dann mit der Potenzregel ableiten lässt.

2   Stammfunktionen

Die Differenzialrechnung lässt sich gewissermaßen auch rückwärts rechnen, indem man zu einer gegebenen Funktion eine Funktion sucht, deren Ableitung die vorgegebene Funktion ist. Was zunächst wie ein Gedankenexperiment ausschauen mag, führt zu erstaunlichen Anwendungen, die mindestens so bedeutend sind wie die „eigentliche" Differenzialrechnung.

2.1 Begriff der Stammfunktion

Ähnlich, wie zu einer gegebenen Funktion f die Ableitungsfunktion f' definiert wurde, wird jetzt erklärt, was unter einer Stammfunktion F von f zu verstehen ist.

nition

Stammfunktion
Eine Funktion f mit Definitionsbereich D hat die Stammfunktion F, wenn für alle $x \in D$ gilt: $F'(x) = f(x)$

Kurz: Eine Funktion F ist Stammfunktion einer Funktion f, wenn gilt: $F' = f$

spiele

1. Geben Sie eine Stammfunktion für die Funktion $f(x) = x$ an.

   Lösung:
   $F(x) = \frac{1}{2}x^2$ ist eine Stammfunktion von f, denn $F(x)$ hat die Ableitung $F'(x) = x$.

2. Geben Sie drei Stammfunktionen zu $f(x) = x^2$ an.

   Lösung:
   Man findet mit etwas Überlegung:
   $$F_1(x) = \frac{1}{3}x^3$$
   Zwei weitere Stammfunktionen sind:
   $$F_2(x) = \frac{1}{3}x^3 + 1 \quad \text{und} \quad F_3(x) = \frac{1}{3}x^3 + 2$$

Kennt man eine Stammfunktion von f, so lassen sich sofort weitere Stammfunktionen von f angeben.

Regel

Integrationskonstante
Ist F eine Stammfunktion von f, so ist für jede Konstante $C \in \mathbb{R}$ automatisch auch $F + C$ eine Stammfunktion von f.
C nennt man **Integrationskonstante**.

Dass man zu einer Stammfunktion eine beliebige Konstante addieren kann, liegt natürlich daran, dass beim Ableiten additive Konstanten wegfallen.

eispiel

Skizzieren Sie fünf Stammfunktionen der Funktion $f(x) = x$.

Lösung:
Hat man die Stammfunktion $F(x) = \frac{1}{2}x^2$ gefunden, so hat man sofort (unendlich viele) weitere Stammfunktionen, nämlich $F_C(x) = \frac{1}{2}x^2 + C$. Die Integrationskonstante C bewirkt eine Verschiebung des Graphen von F längs der y-Achse.

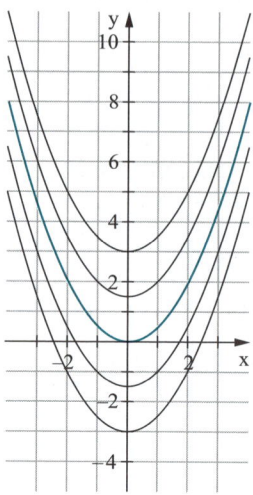

Ist F eine Stammfunktion von f, dann ist mit $\{F + C \mid C \in \mathbb{R}\}$ die Menge aller Stammfunktionen von f erfasst (es gibt außer diesen keine weiteren).

Definition

> **Das unbestimmte Integral**
> Für die Menge aller Stammfunktionen einer gegebenen Funktion f schreibt man
> $\int f(x)\,dx$ und nennt diesen Ausdruck das **unbestimmte Integral** von f(x) nach
> dx. Es gilt:
> $\int f(x)\,dx = F(x) + C$, wobei F eine Stammfunktion von f und $C \in \mathbb{R}$ konstant ist.

Das Bestimmen der Ableitungsfunktion f' zu einer gegebenen Funktion f nennt man Ableiten oder Differenzieren. Das Ermitteln einer Stammfunktion F einer vorgelegten Funktion f bezeichnet man als **Integrieren**.

Beispiele

1. Bestimmen Sie $\int 2x\,dx$.

   Lösung:
   Man sucht zunächst eine Stammfunktion von $f(x) = 2x$, z. B. $x \mapsto x^2$. Damit ist das Problem schon gelöst. Für die Menge aller Stammfunktionen gilt dann:
   $$\int 2x\,dx = x^2 + C$$

Es lässt sich sofort überprüfen, ob man richtig gerechnet hat. Wenn die Stammfunktion F abgeleitet wird, muss nach Definition die gegebene Funktion f, hier $f(x)=2x$, herauskommen.

Probe: $F'(x)=(x^2+C)'=(x^2)'+C'=2x+0=2x=f(x)$

2. Gegeben ist die konstante Funktion $f(x)=3$. Wie lautet die Menge aller Stammfunktionen von f?

Lösung:
$F(x)=3x+C$

Probe: $F'(x)=(3x+C)'=3=f(x)$

fgabe **28.** Integrieren Sie:

a) $\int x^2\,dx$ 　　　　　　　　　 b) $\int (-2)\,dx$

c) $\int \frac{1}{3}x^2\,dx$ 　　　　　　　 d) $\int dx$

2.2 Integrationsregeln

Wie schon beim Ableiten muss man sich nur die Integrale einiger weniger Grundfunktionen wirklich einprägen:

Regel

- Integration **konstanter Funktionen** $f(x)=k$
  Für eine beliebige Konstante $k \in \mathbb{R}$ wird die auf ganz $\mathbb{R}$ definierte konstante Funktion $f(x)=k$ betrachtet. Es gilt:

  $\int k\,dx = kx + C$

  Leitet man die rechte Seite ab, so ergibt sich der Integrand.

- Integration der **Potenzfunktionen** $f(x)=x^n$
  Das Integral der Potenzfunktion $f(x)=x^n$ mit $n \in \mathbb{N}^* = \{1; 2; 3; \dots\}$ lautet:

  $\int x^n\,dx = \frac{1}{n+1}x^{n+1}+C$

  Man muss also den Exponenten um 1 erhöhen und dann den Kehrwert dieses neuen Exponenten vor die Potenz schreiben.

Beispiel Berechnen Sie $\int -\frac{1}{3}\,dx$, $\int x^5\,dx$ und $\int x^{99}\,dx$.

Lösung:

$$\int -\frac{1}{3}\,dx = -\frac{1}{3}x + C$$

$$\int x^5\,dx = \frac{1}{5+1}x^{5+1} + C = \frac{1}{6}x^6 + C$$

$$\int x^{99}\,dx = \frac{1}{100}x^{100} + C$$

Es genügen zwei Regeln, um auch zusammengesetzte Funktionen integrieren zu können:

Regel

> **Summen- und Faktorregel**
>
> Betrachtet werden zwei in einem gemeinsamen Definitionsbereich definierte Funktionen f und g. Dann gilt:
>
> $$\int (f(x) + g(x))\,dx = \int f(x)\,dx + \int g(x)\,dx \qquad \textbf{Summenregel}$$
>
> Ferner gilt mit einem beliebigen konstanten Faktor $k \in \mathbb{R}$:
>
> $$\int k \cdot f(x)\,dx = k \cdot \int f(x)\,dx \qquad\qquad \textbf{Faktorregel}$$

Beispiele

1. Berechnen Sie $\int (x^2 + x)\,dx$.

   Lösung:

   $$\int (x^2 + x)\,dx = \int x^2\,dx + \int x\,dx = \frac{1}{3}x^3 + \frac{1}{2}x^2 + C$$

   Die zu integrierende Summe $x^2 + x$ wurde einzeln integriert, das „+" bleibt einfach erhalten.

2. Berechnen Sie $\int (x^3 - 2)\,dx$.

   Lösung:

   $$\int (x^3 - 2)\,dx = \int x^3\,dx - \int 2\,dx = \frac{1}{4}x^4 - 2x + C$$

   Die Summenregel ist auch bei **Differenzen** anwendbar.

3. Berechnen Sie $\int x(x^2 - 2)\,dx$.

   Lösung:

   Dort, wo Produkte aus Funktionen auftreten, muss (wie beim Ableiten auch) vor dem Integrieren ausmultipliziert werden:

   $$\int x(x^2 - 2)\,dx = \int (x^3 - 2x)\,dx = \frac{1}{4}x^4 - x^2 + C$$

4. Berechnen Sie das unbestimmte Integral von $f_a(x) = ax^2$ nach dx.

   Lösung:
   Parameter sind zu behandeln wie konstante Zahlen:

   $$f_a(x) = ax^2 \quad \Rightarrow \quad \int f_a(x)\, dx = \int ax^2\, dx = a\int x^2\, dx = a \cdot \tfrac{1}{3}x^3 + C$$

Häufig muss man aus der unendlichen Menge aller Stammfunktionen diejenige ermitteln, die eine bestimmte Zusatzbedingung erfüllt.

Beispiel

Bestimmen Sie diejenige Stammfunktion von $f(x) = \frac{1}{2}(x+1)^2$, deren Graph den Punkt $P(-1\,|\,2)$ enthält.

Lösung:

$$\int f(x)\, dx = \int \tfrac{1}{2}(x+1)^2\, dx$$

Zunächst werden alle Stammfunktionen bestimmt.

$$= \tfrac{1}{2}\int (x^2 + 2x + 1)\, dx$$

$$= \tfrac{1}{2}\left(\tfrac{1}{3}x^3 + x^2 + x\right) + C$$

$F(-1) = 2$

Als nächstes werden die Koordinaten des Punktes P eingesetzt und daraus C bestimmt.

$$\tfrac{1}{2}\left(\tfrac{1}{3}(-1)^3 + (-1)^2 + (-1)\right) + C = 2$$

$$\tfrac{1}{2}\left(-\tfrac{1}{3}\right) + C = 2 \quad \Rightarrow \quad C = \tfrac{13}{6}$$

$$F(x) = \tfrac{1}{6}x^3 + \tfrac{1}{2}x^2 + \tfrac{1}{2}x + \tfrac{13}{6}$$

Die gesuchte Stammfunktion wird angegeben.

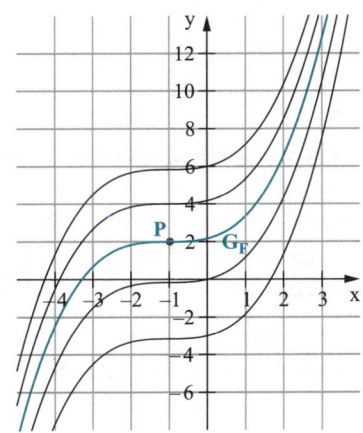

29. Berechnen Sie:

a) $\int (2x - x^3)\, dx$ 　　　　　　　　　b) $\int \frac{1}{8}(x^4 - 2x^2)\, dx$

c) $\int (x+1)(x-2)\, dx$ 　　　　　　　d) $\int \left(\frac{1}{3}x^3 + \frac{1}{2}x^2 - 2x + 3\right) dx$

e) $\int \frac{(x-1)^2}{4}\, dx$ 　　　　　　　　f) $\int \frac{x(x^2 - 2x + 3)}{3}\, dx$

30. Bestimmen Sie zu den folgenden Funktionen jeweils sämtliche Stammfunktionen.

a) $f(x) = \frac{1}{4}x^4 - 5x^3 + 9x^2 - \sqrt{3}x + 2$

b) $f_k(x) = \frac{1}{2}(x^3 + k^2x^2 + k^3)$ 　　　c) $f(x) = x^2(x-2)$

d) $f(x) = (x-1)^2$ 　　　　　　　　　e) $f_t(x) = \frac{3}{10}tx(x^2 - 2tx + t^2)$

f) $A_z(u) = zu^2 - zu + u - z^2$ 　　　　g) $B_u(z) = zu^2 - zu + u - z^2$

31. Welche Stammfunktion von $f(x) = x^3 - 2x + 1$ hat bei $x_0 = 2$ eine Nullstelle?

32. Vorgegeben sei die Funktion $g(x) = x^2 - x$.

a) Bestimmen Sie diejenige Stammfunktion G von g, deren Graph durch den Ursprung verläuft.

b) Welche Stammfunktionen von g haben Graphen mit der Tangente
t: $y = 2x - \frac{1}{3}$?

c) Welche Stammfunktion von g hat auf ihrem Graphen den Wendepunkt
$W(?\,|\,4)$?

2.3 Zusammenhang von Ableitung und Integral

Mithilfe des Integrierens kann das Ableiten rückgängig gemacht werden. Kennt man von einer Funktion f die Ableitungsfunktion f', so kann man auf f zurückschließen, natürlich nur bis auf eine additive Konstante C.

Regel

> **Integrieren als Umkehrung des Differenzierens**
> Wie üblich werden die Ableitungen einer Funktion f mit f', f" usw. bezeichnet.
> Dann gilt:
> $$\int f'(x)\, dx = f(x) + C_1$$
> $$\int f''(x)\, dx = f'(x) + C_2$$
> usw.

Man kann also von den Ableitungen wieder „hochintegrieren" zur ursprünglichen Funktion, wobei bei jeder Integration eine neue, unabhängige Integrationskonstante entsteht. Wenn zusätzliche Informationen über die Funktion f vorliegen, so lassen sich die Integrationskonstanten bestimmen.

Beispiele

1. Welche Funktionen f haben die Ableitungsfunktion $f'(x) = x^2 - x + 1$?

    Lösung:

    $$f(x) = \int f'(x)\, dx = \int (x^2 - x + 1)\, dx = \tfrac{1}{3}x^3 - \tfrac{1}{2}x^2 + x + C$$

2. Mit $h''(x) = -x$ ist die zweite Ableitungsfunktion einer Funktion h gegeben. Ferner ist bekannt, dass der Graph von h im Punkt $P(2\,|\,1)$ eine waagrechte Tangente besitzt. Ermitteln Sie die Funktion h.

    Lösung:

    $h'(x) = -\tfrac{1}{2}x^2 + C_1$ Zunächst wird „hochintegriert".

    $h(x) = -\tfrac{1}{6}x^3 + C_1 x + C_2$

    (I) $h(2) = 1$ Anschließend werden die Bedingungen eingesetzt.

    $\Rightarrow \quad -\tfrac{1}{6}2^3 + C_1 \cdot 2 + C_2 = 1$

    (II) $h'(2) = 0$

    $\Rightarrow \quad -\tfrac{1}{2}2^2 + C_1 = 0$

    Aus (II) folgt: $C_1 = 2$

    Einsetzen in (I): $C_2 = -\tfrac{5}{3}$

    $h(x) = -\tfrac{1}{6}x^3 + 2x - \tfrac{5}{3}$ Die gesuchte Funktion h wird angegeben.

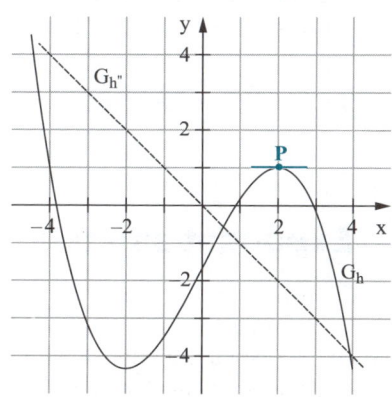

33. Gegeben ist die zweite Ableitungsfunktion $f''(x)=(x-1)^2$. Bestimmen Sie die Ausgangsfunktion $f(x)$ so, dass ihr Graph in $S(1|2)$ einen Sattelpunkt besitzt.

34. Gegeben sind für positive reelle a die ersten Ableitungen der Funktionen g_a gemäß

$$g_a'(x) = -\frac{1}{4}x^2 - \frac{3}{4}ax.$$

a) Bestimmen Sie den Funktionsterm g_a so, dass die zugehörigen Graphen durch den Punkt $T\left(-3a\left|-\frac{9}{8}a^3\right.\right)$ verlaufen.

[Ergebnis: $g_a(x) = -\frac{1}{12}x^3 - \frac{3}{8}ax^2$]

b) Geben Sie die Nullstellen der Funktionen g_a an.

c) Für welche Werte von a hat die Wendetangente der Graphen von g_a die Steigung 1?

35. Die reellen Funktionen

$$h_k''(x) = -\frac{6}{k^2}x + \frac{4}{k}, \text{ mit } k \in \mathbb{R} \wedge k > 0,$$

sind die zweiten Ableitungsfunktionen der Funktionen $h_k: x \mapsto h_k(x)$ in $D = \mathbb{R}$ mit den Graphen G_{h_k}.

a) Bestimmen Sie den Funktionsterm $h_k(x)$ so, dass bei $H\left(\frac{4}{3}k\left|\frac{32}{27}k\right.\right)$ ein Extrempunkt des Graphen G_{h_k} vorliegt.

[Ergebnis: $h_k(x) = -\frac{1}{k^2}x^3 + \frac{2}{k}x^2$]

b) Bestimmen Sie k so, dass der Graph G_{h_k} an der Stelle 2 eine zur Geraden g: $y = -2x + 1$ parallele Tangente besitzt.

3   Exponentialfunktionen und Logarithmus

Mit den Exponentialfunktionen wird ein weiterer wichtiger Funktionstyp jenseits der bislang ausschließlich betrachteten ganzrationalen Funktionen eingeführt. Die Exponentialfunktionen beschreiben Wachstums- und Schrumpfungsprozesse. Der Logarithmus wird gebraucht, um Gleichungen mit Termen aus Exponentialfunktionen lösen zu können.

3.1 Allgemeine Exponentialfunktionen

Zunächst werden einige Begriffe und Rechengesetze der Potenzrechnung wiederholt. Schreibt man „a hoch b" mit zwei geeigneten Zahlen a und b, so heißt der entsprechende mathematische Ausdruck:

Potenz —— a^b —— Exponent / Basis

Wenn der Exponent b eine natürliche Zahl ist, so gibt er an, wie oft die Basis mit sich selbst zu multiplizieren ist, z. B.:

$2^3 = 2 \cdot 2 \cdot 2 = 8$

Ist der Exponent eine negative ganze Zahl, so ist zusätzlich der Kehrwert zu bilden, z. B.:

$2^{-3} = \frac{1}{2^3} = \frac{1}{2 \cdot 2 \cdot 2} = \frac{1}{8}$

Ist der Exponent einer Potenz der Kehrwert einer natürlichen Zahl, so ist die entsprechende Wurzel zu ziehen, z. B.:

$2^{\frac{1}{3}} = \sqrt[3]{2}$

Beliebige Brüche im Exponenten stellen eine Kombination aus Wurzelziehen und Potenzieren dar, z. B.:

$2^{\frac{4}{3}} = \sqrt[3]{2^4} = \left(\sqrt[3]{2}\right)^4$

Durch Grenzwerte werden auch irrationale Zahlen im Exponenten, also beispielsweise $2^{\sqrt{3}}$ definiert, sodass man auch derartige Potenzen bilden kann. Ferner gilt stets $a^0 = 1$ und natürlich $a^1 = a$.

Regel

Rechengesetze für Potenzen
Potenzen werden
(1) **multipliziert**, indem man ihre Exponenten **addiert**. $a^x \cdot a^y = a^{x+y}$
(2) **dividiert**, indem man ihre Exponenten **subtrahiert**. $\frac{a^x}{a^y} = a^{x-y}$
(3) **potenziert**, indem man ihre Exponenten **multipliziert**. $(a^x)^y = a^{x \cdot y}$

Man beachte, dass man nur Potenzen mit gleicher Basis so wie angegeben miteinander verrechnen darf. Bei verschiedenen Basen gilt:

$(a \cdot b)^x = a^x \cdot b^x$ und $\left(\frac{a}{b}\right)^x = \frac{a^x}{b^x}$

Man muss unterscheiden zwischen:

Potenzfunktionen

$f(x) = x^r$ — Exponent **konstant** / Basis **variabel**

Exponentialfunktionen

$g(x) = b^x$ — Exponent **variabel** / Basis **konstant**

Potenzfunktionen wurden im Rahmen der ganzrationalen Funktionen bereits ausführlich behandelt, die Exponentialfunktionen werden nun untersucht.

Definition

Allgemeine Exponentialfunktion
Mit der Basis $b \in \mathbb{R}^+ \setminus \{1\}$ heißt
$$f(x) = b^x$$
die **Exponentialfunktion** zur Basis b.

Für den größtmöglichen
Definitionsbereich gilt $D_{max} = \mathbb{R}$.
Der **Wertebereich** ist $\mathbb{R}^+ = \,]0; \infty[$.

$y = b^x$, wenn $b > 1$

$y = b^x$, wenn $0 < b < 1$

Alle Exponentialfunktionen sind auf ganz $\mathbb{R}$ definiert und haben nur positive Funktionswerte, insbesondere keine Nullstellen.

Beispiele

1. Zeichnen Sie mithilfe von Wertetabellen im Bereich $|x| \le 5$ die Graphen von $f(x) = 0{,}75^x$ und $g(x) = 1{,}25^x$. Runden Sie auf zwei Nachkommastellen.

   Hinweis: Auf dem Taschenrechner verwenden Sie die Taste $[y^x]$.

   Lösung:
   Taschenrechnereingabe zur Berechnung von $0{,}75^{-5}$:
   0.75 gefolgt von Taste $[y^x]$, dann 5 gefolgt von Taste $[+/-]$ und schließlich $[=]$. Ergibt im Display: 4.21399177

x	−5	−4	−3	−2	−1	0	1	2	3	4	5
$0{,}75^x$	4,21	3,16	2,37	1,78	1,33	1,00	0,75	0,56	0,42	0,32	0,24
$1{,}25^x$	0,33	0,41	0,51	0,64	0,80	1,00	1,25	1,56	1,95	2,44	3,05

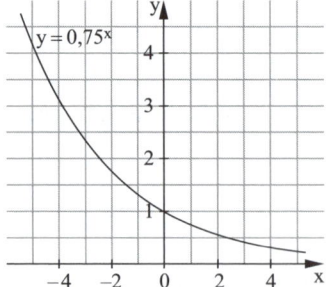

$y = 0{,}75^x$

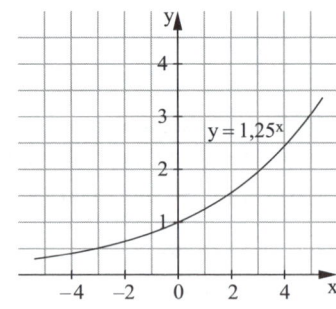

$y = 1{,}25^x$

2. a) Zum Zeitpunkt null bedeckt eine Seerose eine Fläche von $1\ m^2$. Mit jedem Tag verdoppelt die Seerose die bedeckte Wasserfläche. Stellen Sie die Funktionsgleichung f(x) auf, die die bedeckte Fläche in Abhängigkeit von der Zeit x in Tagen beschreibt.
Nach 24 Tagen bedeckt die Seerose die Hälfte des Sees. In wie viel Tagen ist der gesamte See bedeckt?

   b) Ein radioaktiver Stoff zerfällt mit einer Halbwertszeit von 1 Jahr, d. h., mit jedem Jahr halbiert sich die Anzahl der noch unzerfallenen Atomkerne. Stellen Sie die Funktionsgleichung g(x) auf, die den Bruchteil der nicht zerfallenen Kerne in Abhängigkeit von der Zeit x in Jahren angibt.

   c) Zeichnen Sie die Graphen der Funktionen f und g. Wie verhalten sich die Funktionswerte f(x) bzw. g(x), wenn x um 1 zunimmt?

   d) Zeigen Sie rechnerisch, dass die beiden Graphen durch Spiegelung an der y-Achse ineinander übergehen.

Lösung:

   a) Es handelt sich um die exponentielle Wachstumsfunktion $f(x)=2^x$. Die richtige Antwort auf die Frage ist *nicht:* nach weiteren 24 Tagen. Vielmehr ist der am See am folgenden (25.) Tag vollständig bedeckt.

   b) Nach 1 Jahr ist die Hälfte der Kerne nicht zerfallen. Das führt auf:

$$g(x) = \left(\tfrac{1}{2}\right)^x$$

   c) Exponentielles Wachstum:
   $f(x)=2^x$

   Die Funktionswerte verdoppeln sich jeweils, wenn x um 1 zunimmt:
   $f(x+1)=2 \cdot f(x)$

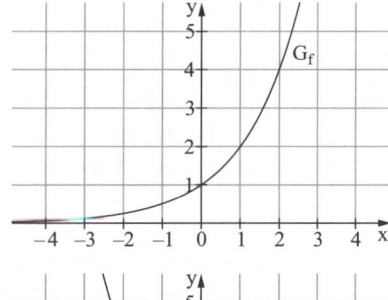

   Exponentielle Abnahme:

$$g(x) = \left(\tfrac{1}{2}\right)^x$$

   Die Funktionswerte halbieren sich jeweils, wenn x um 1 zunimmt:
   $g(x+1) = \tfrac{1}{2}\,g(x)$

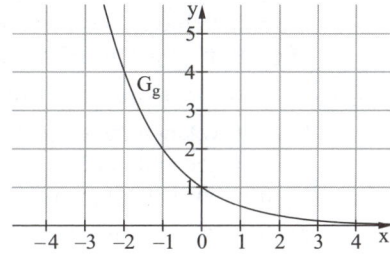

d) f(−x) bedeutet die Spiegelung des Graphen von f an der y-Achse und das ergibt den Graphen von g; das Umgekehrte gilt auch:

$$g(x) = \left(\tfrac{1}{2}\right)^x = \tfrac{1^x}{2^x} = \tfrac{1}{2^x} = 2^{-x} = f(-x)$$

Zinseszinsformel

Man legt 1 000 € Startkapital zu 5 % Zinsen pro Jahr 10 Jahre lang an, und zwar so, dass die Zinsen nach einem Jahr im 2. Jahr selbst mit verzinst werden (Zinseszins – es gibt Zinsen auf Zinsen).
Wie viel Geld erhält man nach 10 Jahren insgesamt?

Man kann das leicht mit der **Zinseszinsformel** ausrechnen:

Definition

Zinseszinsformel

$$K_n = K_0 \left(1 + \tfrac{p}{100}\right)^n$$

Darin sind:
K_0: Startkapital
p: Zinssatz in % pro Zinsperiode (pro Jahr)
n: Anzahl der Zinsperioden (Jahre)
K_n: Endkapital nach n Zinsperioden (Jahren)

Mit den Beispielzahlen ($K_0 = 1\,000$; $p = 5$; $n = 10$; gesucht ist K_{10}) ergibt sich das Endkapital durch Einsetzen zu:

$$K_{10} = 1\,000 \cdot \left(1 + \tfrac{5}{100}\right)^{10} = 1\,000 \cdot 1{,}05^{10} \approx 1\,628{,}89$$

Man erhält also 1 628,89 €; das Startkapital ist demnach um knapp 63 % in den 10 Jahren gewachsen. Diese prozentuale Zunahme ergibt sich bei sonst gleichen Bedingungen auch für jedes andere Startkapital, beispielsweise für 1 Mio. €.

Beispiele

1. Angenommen, Sie machen eine Erbschaft von 10 000 € und wollen diesen Betrag für die eigene Altersvorsorge 40 Jahre auf Zinseszins anlegen. Sie recherchieren das beste Angebot, das Ihnen eine jährliche Verzinsung von 4 % über die 40 Jahre garantiert.

   a) Berechnen Sie Ihren Kontostand nach 10, 20, 30 und 40 Jahren.

   b) Mit welchen Faktoren wird Ihr Anfangsbetrag in den unter Teilaufgabe a genannten Fällen jeweils multipliziert und wie viel Prozent beträgt ihr jeweiliger Vermögensstand?

   c) Schätzen Sie, wie hoch der Kontostand bei 8 % jährlichem Zinssatz sein würde. Berechnen Sie nun den Wert.
   Vergleichen Sie Schätz- und Rechenwert. Was stellen Sie fest?

d) Welchen Zinsertrag können Sie ab dem 41. Jahr erwarten, wenn es bei den 4 % bleibt?

e) Es wird eine Inflationsrate von jährlich durchschnittlich 1,5 % bzw. 2,5 % angenommen. Ermitteln Sie jeweils, welche reale Kaufkraft Ihre Anlage unter diesen Annahmen nach 40 Jahren hat.

Lösung:

a) $K_0 = 10\,000;\ n = 10;\ 20;\ 30;\ 40$

$$K_{10} = 10\,000 \cdot \left(1 + \tfrac{4}{100}\right)^{10} = 10\,000 \cdot 1{,}04^{10} \approx 14\,802{,}44$$

$$K_{20} = 10\,000 \cdot 1{,}04^{20} \approx 21\,911{,}23$$

$$K_{30} = 10\,000 \cdot 1{,}04^{30} \approx 32\,433{,}98$$

$$K_{40} = 10\,000 \cdot 1{,}04^{40} \approx 48\,010{,}21$$

b) Die Faktoren und prozentualen Zuwächse sind:
10 Jahre: Der Faktor ist $1{,}04^{10} \approx 1{,}48$. Das bedeutet einen prozentualen Zuwachs in 10 Jahren von 48 % (1 entspricht dem Anfangsstand, 0,48 dem Zuwachs, das sind die 48 %).
20 Jahre: $1{,}04^{20} \approx 2{,}19$. In diesem Fall ist der Zuwachs 119 %.
30 Jahre: $1{,}04^{30} \approx 3{,}24 \Rightarrow$ Zuwachs 224 %
40 Jahre: $1{,}04^{40} \approx 4{,}80 \Rightarrow$ Zuwachs 380 %

c) Da sich der Zinssatz gegenüber den 4 % verdoppelt, könnte man vielleicht vermuten, dass sich auch der Betrag von 48 000 in etwa verdoppelt, also könnte man 100 000 schätzen.

$$K_{40} = 10\,000 \cdot 1{,}08^{40} \approx 10\,000 \cdot 21{,}72 = 217\,200$$

Das ist doppelt so viel wie geschätzt, was wiederum typisch ist, weil exponentielles Wachstum von den Menschen üblicherweise unterschätzt wird.

d) Nach 40 Jahren ist der Kontostand (nach Teilaufgabe a) 48 010,21 €. 4 % davon sind 1 920,41 € Zinsertrag.

e) Wenn eine jährliche Inflationsrate von 1,5 % zugrunde gelegt wird und 4 % Zinsertrag vorgesehen sind, so wächst der Betrag real nur um 4 % − 1,5 % = 2,5 %, entsprechend um 1,5 %, bei 2,5 % Inflation. Dann ergeben sich die folgenden realen, in Kaufkraft von jetzt angegebenen Beträge:
Inflation 1,5 % $\Rightarrow K_{40} = 10\,000 \cdot 1{,}025^{40} \approx 26\,850{,}64$
Inflation 2,5 % $\Rightarrow K_{40} = 10\,000 \cdot 1{,}015^{40} \approx 18\,140{,}18$

2. Durch Massenfertigung sinkt der Preis von Solarzellen um 10 % pro Jahr. Wieviel Prozent des jetzigen Preises kosten sie unter o. g. Annahme noch

a) nach 5 Jahren,

b) nach 10 Jahren?

Lösung:
a) Nach 5 Jahren: $\left(1-\frac{10}{100}\right)^5 = 0,9^5 \approx 0,59 = 59\ \%$

b) Nach 10 Jahren: $0,9^{10} \approx 0,35 = 35\ \%$

Verallgemeinerte Exponentialfunktion

Betrachtet man die Zeit n in der Zinseszinsformel als die unabhängige Funktionsvariable x, so stellt der Term $1+\frac{p}{100}$ die konstante Basis und K_0 einen konstanten Vorfaktor dar.

Definition

Verallgemeinerte Exponentialfunktion
Eine Funktion der Form

$f(x) = a \cdot b^x$

mit dem Anfangswert $a \in \mathbb{R}$ und $a > 0$ und der Basis $b \in \mathbb{R} \setminus \{1\}$ und $b > 0$ heißt **verallgemeinerte Exponentialfunktion**.
Der maximale Definitionsbereich ist $\mathbb{R}$.
Die y-Achse wird in der Höhe von a geschnitten.

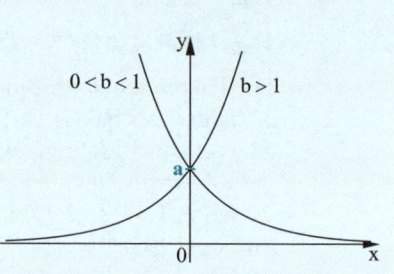

Demnach ist die Zinseszinsformel eine **verallgemeinerte Exponentialfunktion der Form $f(x) = a \cdot b^x$**, deren Bedeutung weit über Kapitalberechnungen hinausgeht. Damit lassen sich alle **exponentiellen Wachstumsprozesse** (etwas nimmt proportional zur bereits vorhandenen Menge zu – angelegtes Kapital, Energieverbrauch, Bakterienwachstum) und alle **exponentiellen Abnahmeprozesse** (etwas nimmt proportional zur vorhandenen Menge ab – Waldfläche, Wert eines Gebrauchsgegenstandes) rechnerisch (= quantitativ) erfassen.

Wenn $b = 1+\frac{p}{100}$ größer als 1 ist, handelt es sich um exponentielles Wachstum, wenn $b < 1$ ist, um exponentielle Abnahme (Schrumpfungsprozess).

Ist beispielsweise $b = 1,\mathbf{25}$, so nehmen die Funktionswerte um 25 % (= 0,**25**) zu, wenn sich x um 1 erhöht. Wenn $b = 0,\mathbf{85}$ ist, so wird der Funktionswert um 15 % (= 0,**15** = 1 − 0,**85**) kleiner, wenn x um 1 zunimmt.

Außer dem Definitions- und Wertebereich – und der daraus folgenden Tatsache, dass Exponentialfunktionen keine Nullstellen haben – haben die Graphen dieser Funktionen weitere wichtige Eigenschaften.

Regel

Eigenschaften der Exponentialfunktionen

Für Exponentialfunktionen der Form $f(x) = b^x$ mit der Basis $b \in \mathbb{R} \setminus \{1\}$ und $b > 0$ gelten folgende Eigenschaften:

(1) Alle Funktionsgraphen sind **linksgekrümmt**.

(2) a) Für **b > 1** ist der zugehörige Graph **streng monoton steigend** (exponentielle Wachstumsfunktion) und die x-Achse $(y = 0)$ ist linksseitige horizontale Asymptote.

   b) Für **0 < b < 1** ist der zugehörige Graph **streng monoton fallend** (exponentielle Abnahmefunktion) und die x-Achse $(y = 0)$ ist rechtsseitige horizontale Asymptote.

(3) Alle Graphen schneiden die y-Achse in der Höhe 1, da $b^0 = 1$.

(4) Die Graphen von $x \mapsto b^x$ und $x \mapsto \left(\frac{1}{b}\right)^x = b^{-x}$ sind zueinander spiegelbildlich bezüglich der y-Achse.

Beispiel

Zeichnen Sie die Graphen der Exponentialfunktionen mit den Basen

$$b \in \left\{\tfrac{1}{4}; 0,7; 1,4; 2\right\}$$

in ein gemeinsames Diagramm.

Lösung:

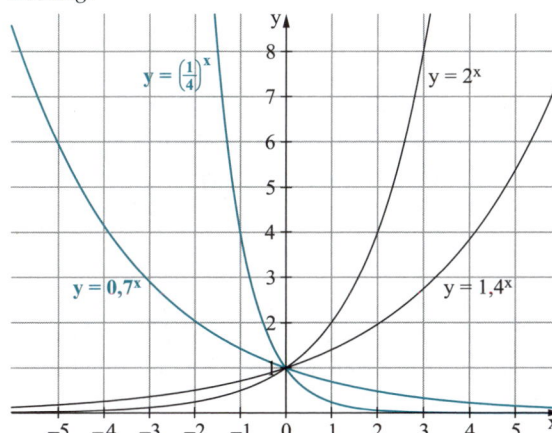

Aufgaben **36.** a) Ein Blatt Papier hat eine Dicke von 1 mm. Das Blatt wird (theoretisch) 40-mal gefaltet.
Welche Höhe (in km) erreicht der dadurch entstehende Papierstapel?

b) Es wird erwartet, dass der Weltenergieverbrauch in den nächsten 20 Jahren um 2 % jährlich zunimmt.
Um wie viel Prozent wird nach dieser Zeit der Energieverbrauch größer sein als heute?

c) Durch die Rodung der Regenwälder nimmt ihre Fläche pro Jahr um 3 % ab.
Auf wie viel Prozent wird die jetzige Regenwaldfläche in 10; 25 und 50 Jahren schrumpfen?

d) Für ein neugeborenes Kind werden 10 000 € auf ein Sperrkonto zu einem jährlichen Zinssatz von 5 % eingezahlt. Mit dem Renteneintritt in 65 Jahren wird das Geld fällig.
Über welchen Betrag kann sich der Ruheständler freuen?
Vergleichen Sie diesen Betrag mit demjenigen, der sich ergibt, wenn der Zinssatz nur 2 % beträgt und der Eintritt in die Rente erst nach 67 Jahren erfolgt.

e) Der Wert eines Neuwagens sinkt um 10 % pro Jahr.
Welchen Restwert hat das Auto in 6 Jahren noch, wenn es 25 000 € gekostet hat?

37. a) Zeichnen Sie die Graphen der Exponentialfunktionen für die Basen mit $b \in \{0,4; 2,5\}$ in ein gemeinsames Koordinatensystem ein.

b) Vom $(x \mid y)$-Wertepaar $(0 \mid 1)$ ausgehend, sollen für alle ganzzahligen x-Werte mit $0 \leq x \leq 10$ die weiteren Wertepaare so bestimmt werden, dass die y-Werte von einem Punkt zum nächsten jeweils mit dem Faktor 1,5 multipliziert werden.
Bestimmen Sie die zugehörige Wertetabelle und zeichnen Sie die ersten sechs Punkte in ein Diagramm ein. Um wie viel Prozent nehmen die y-Werte jeweils zu? Um wie viel Prozent ist der letzte y-Wert größer als der erste? Wie lautet die diesen Punkten zugrunde liegende Funktion? Zeichnen Sie ihren Graphen ebenfalls in das Diagramm ein.

3.2 Die e-Funktion

Die allgemeine Exponentialfunktion $f(x) = b^x$ gibt es für
jede positive reelle Zahl $b \neq 1$. Es stellt sich die Frage, ob es
eine bestimmte Basis gibt, die besonders „schöne" Eigenschaften der zugehörigen Exponentialfunktion zur Folge
hat. Die Antwort lautet: Ja, die gibt es. Und es ist nicht
$b = 2$ oder $b = 10$, wie man vielleicht vermuten könnte. Es
ist vielmehr $b = e = 2{,}71828\ldots$, die nach dem Schweizer
Mathematiker Leonhard Euler (1707–1783) benannte
Euler'sche Zahl e. Die Zahl e ist, genau wie die Kreiszahl π
auch, eine irrationale Zahl, die sich nicht durch einen Bruch
darstellen lässt. In ihrer Bedeutung als mathematische Konstante steht e der berühmten Kreiszahl in nichts nach!

Wie kommt es zu dieser „krummen" Basis e, die dann die sogenannte **natürliche
Exponentialfunktion** oder eben kurz die **e-Funktion** darstellt?

Es stellt sich zunächst die Frage, wie die Ableitungsfunktion von $x \mapsto b^x$ aussieht.
Eine Ableitung mit der Potenzregel $(x^r)' = rx^{r-1}$ ist nicht möglich, da nun x im
Exponenten, nicht in der Basis steht. Deshalb muss zum Ableiten auf den Diffe-
renzialquotienten zurückgegriffen werden:

$$(b^x)' = \lim_{h \to 0} \frac{b^{x+h} - b^x}{h} = \lim_{h \to 0} \frac{b^x \cdot b^h - b^x}{h} = b^x \cdot \lim_{h \to 0} \frac{b^h - 1}{h}$$

Bei dieser Rechnung ist der erste Grenzwert der Differenzialquotient (laut Definition). Im 2. Bruch wurde das Potenzgesetz (1) angewandt (von rechts nach links
gelesen). Schließlich wurde der Faktor b^x vorgeklammert. Der verbliebene Grenzwert (ganz rechts) hat nur noch einen Parameter, über den verfügt werden kann,
nämlich b (h geht gegen null). Um eine möglichst einfache Ableitungsfunktion zu
bekommen, soll dieser Grenzwert 1 sein. Für dieses b gilt dann einfach $(b^x)' = b^x$;
einfacher geht es nicht mehr! Die Frage ist, für welchen Wert von b das zutrifft.
Um dies zu beantworten, wird der rechte Bruch nach b aufgelöst. Für h gegen
null, aber $h \neq 0$, soll also gelten:

$$\frac{b^h - 1}{h} \approx 1 \quad \Rightarrow \quad b^h - 1 \approx h \quad \Rightarrow \quad b^h \approx 1 + h \quad \Rightarrow \quad b \approx (1 + h)^{\frac{1}{h}}$$

Da h gegen null gehen soll, kann man auf der rechten Seite der letzten Gleichung
$h = \frac{1}{n}$ setzen und n gegen unendlich gehen lassen, dann geht h gegen null:

$$b = \lim_{h \to 0} (1 + h)^{\frac{1}{h}} = \lim_{n \to \infty} \left(1 + \frac{1}{n}\right)^n$$

Der so entstandene Ausdruck wird mit e_n bezeichnet, sodass gilt:

$$e_n := \left(1 + \frac{1}{n}\right)^n, \text{ wobei } n \in \mathbb{N}^*$$

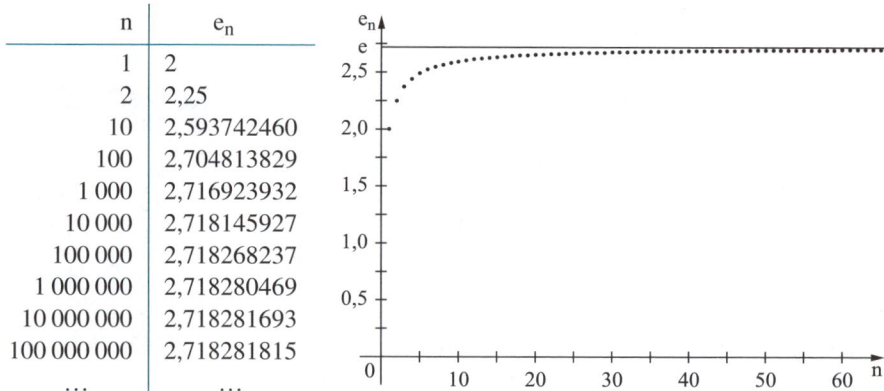

n	e_n
1	2
2	2,25
10	2,593742460
100	2,704813829
1 000	2,716923932
10 000	2,718145927
100 000	2,718268237
1 000 000	2,718280469
10 000 000	2,718281693
100 000 000	2,718281815
...	...

Man erkennt, dass e_n für $n \to \infty$ „konvergiert", sich also einer konstanten, feststehenden Zahl beliebig genau annähert, eben der **Euler'schen Zahl e:**

$$e := \lim_{n \to \infty} e_n = \lim_{n \to \infty} \left(1 + \tfrac{1}{n}\right)^n = 2,718281828459045235360287471135\ldots$$

Mit dieser Zahl als Basis gilt dann: $(e^x)' = e^x$. An jeder Stelle x sind bei der e-Funktion also Funktionswert und Steigung gleich groß.

Definition

> **Die e-Funktion**
> Mit der **Euler'schen Zahl e** als Basis heißt
> $x \mapsto \exp(x) = e^x$
> die **natürliche Exponentialfunktion** oder einfach **e-Funktion** (die Schreibweisen $\exp(x)$ und e^x werden synonym verwendet, meist die letztere).
> Für den größtmöglichen Definitionsbereich gilt $\mathbf{D_{exp} = \mathbb{R}}$.
> Der Wertebereich ist $\mathbf{W_{exp} = \mathbb{R}^+ = \,]\,0;\,\infty\,[}$.

Die e-Funktion hat nur positive Funktionswerte: $\mathbf{e^x > 0}$ für alle $x \in \mathbb{R}$.
Der Graph verläuft also vollständig oberhalb der x-Achse.

Regel

> **Grenzwerte**
> Für alle $n \in \mathbb{N}$ gilt:
> $$\lim_{x \to \infty} \frac{e^x}{x^n} = \infty \quad \text{und} \quad \lim_{x \to \infty} \frac{x^n}{e^x} = 0,$$
> d. h., e^x strebt **stärker** gegen ∞ als jede Potenzfunktion x^n.
>
> **Ableitung**: $(e^x)' = e^x$ **Integral**: $\int e^x \, dx = e^x + C$

Eine Kurvendiskussion der e-Funktion ergibt den Verlauf des zugehörigen Graphen. Zur Berechnung der Funktionswerte haben Taschenrechner die Taste $[e^x]$.

Regel	**Eigenschaften von exp: $\mathbb{R} \to \mathbb{R}^+$ mit $\exp(x) = e^x$** $D_{max} = \mathbb{R}$ und $e^x > 0$ in $\mathbb{R}$, also hat exp insbesondere keine Nullstellen. $\lim\limits_{x \to -\infty} e^x = 0$ $y = 0$ (die x-Achse) ist linksseitige horizontale Asymptote. $\lim\limits_{x \to \infty} e^x = +\infty$ Die e-Funktion wächst gegen ∞, und zwar schneller als jede andere Funktion. $(e^x)' = e^x > 0$ Die e-Funktion ist streng monoton zunehmend, ihr Graph hat keine Extrema. $(e^x)'' = e^x > 0$ Der Graph der e-Funktion ist linksgekrümmt und hat keine Wendepunkte.

Wertetabelle und Zeichnung des Graphen:

x	exp(x)
−5	0,00674
−4	0,01832
−3	0,04979
−2	0,13534
−1	0,36788
0	1,00000
1	2,71828
2	7,38906
3	20,08554
4	54,59815
5	148,41316

Man erkennt, dass für den Wertebereich $W_{exp} = \,]0; \infty[$ gilt:

$0 < e^x < 1$ für alle $x < 0$

$e^0 = 1$

$e^x > 1$ für alle $x > 0$

Für das Bestimmen der Ableitungsfunktion gelten alle Ableitungsregeln weiterhin. Hinzugekommen ist lediglich die Ableitung der Grundfunktion: $(e^x)' = e^x$. Da Integrieren die Umkehrung des Ableitens ist, hat man sofort auch die Formel $\int e^x \, dx = e^x + C$ für die Stammfunktion parat.

Natürlich gelten die in Band 1 ab Seite 93 eingeführten Ableitungsregeln (Summen- und Faktorregel) auch in Zusammenhang mit der e-Funktion. Entsprechendes gilt für die Integrationsregeln.

Beispiele

1. Bestimmen Sie die Ableitungsfunktionen der folgenden Funktionen:

   a) $f(x) = e^x + 1$

   b) $f(x) = x^2 - x + e^x$

   c) $f(x) = 3e^x$

   d) $f(x) = 2x^2 - \frac{x}{2} + \frac{e^x}{4}$

   Lösung:

   a) $f'(x) = (e^x + 1)' = (e^x)' + 1' = e^x + 0 = e^x$ 　　　 Ausführliche Version der Summenregel

   b) $f'(x) = (x^2 - x + e^x)' = 2x - 1 + e^x$

   c) $f'(x) = (3e^x)' = 3 \cdot (e^x)' = 3e^x$ 　　　 Faktorregel: Multiplikative Konstante bleibt erhalten.

   d) $f'(x) = 4x - \frac{1}{2} + \frac{e^x}{4}$

2. Ermitteln Sie die Stammfunktionen:

   a) $\int (e^x + 1)\, dx$

   b) $\int (x^2 - x + e^x)\, dx$

   c) $\int 3e^x\, dx$

   d) $\int \left(3x^2 - \frac{x}{2} + \frac{e^x}{4}\right) dx$

   Lösung:

   a) $\int (e^x + 1)\, dx = \int e^x\, dx + \int 1\, dx = e^x + x + C$ 　　 Summenregel in der ausführlichen Version

   b) $\int (x^2 - x + e^x)\, dx = \frac{1}{3}x^3 - \frac{1}{2}x^2 + e^x + C$

   c) $\int 3e^x\, dx = 3 \cdot \int e^x\, dx = 3e^x + C$ 　　 Faktorregel

   d) $\int \left(3x^2 - \frac{x}{2} + \frac{e^x}{4}\right) dx = 3 \cdot \frac{1}{3}x^3 - \frac{1}{2} \cdot \frac{1}{2}x^2 + \frac{1}{4}e^x + C = x^3 - \frac{1}{4}x^2 + \frac{1}{4}e^x + C$

Häufig ist die e-Funktion mit anderen Funktionen kombiniert. Um dann die Ableitungsfunktionen bestimmen zu können, sind über die aus Band 1 bekannten Regeln hinausgehende Ableitungsregeln erforderlich.

Regel

> **Produktregel**
> Sind f und g zwei in einem gemeinsamen Definitionsbereich differenzierbare Funktionen, dann ist auch die Produktfunktion $f \cdot g$ differenzierbar und für ihre Ableitung gilt:
> $$(f \cdot g)' = f' \cdot g + f \cdot g'$$

Zum Einüben der Produktregel hilft anfangs folgender **Merkspruch**: „Die Erste ableiten, die Zweite abschreiben plus die Erste abschreiben und die Zweite ableiten."

1. $h(x) = x \cdot e^x$ ist ohne Kenntnis der Produktregel nicht ableitbar. Mit den obigen Bezeichnungen gilt $f(x) = x$ und $g(x) = e^x$. Für die Ableitung ergibt sich:
    $h'(x) = (x \cdot e^x)' = x' \cdot e^x + x \cdot (e^x)' = 1 \cdot e^x + x \cdot e^x = (1 + x)e^x$

2. Die Richtigkeit der Produktregel wird anhand der Funktion $f(x) = x^2 \cdot x^3$ überprüft. In diesem Fall lässt sich das Produkt mithilfe der Potenzgesetze (Potenzen werden multipliziert, indem man die Exponenten addiert) bilden: $f(x) = x^2 \cdot x^3 = x^5$. Man weiß, es muss (Potenzregel) $f'(x) = 5x^4$ heraus kommen.
    Überprüfen Sie das mit der Produktregel.

    Lösung:
    $f'(x) = (x^2 \cdot x^3)' = (x^2)' \cdot x^3 + x^2 \cdot (x^3)' = 2x \cdot x^3 + x^2 \cdot 3x^2 = 2x^4 + 3x^4 = 5x^4$
    Dies ist dasselbe Ergebnis wie oben.

3. Die Faktorregel ist ein Spezialfall der allgemeineren Produktregel. Bei ersterer muss ein Faktor konstant sein, bei der Produktregel nicht.
    Die Produktregel auf den Spezialfall angewandt, ergibt
    $(k \cdot f(x))' = k' \cdot f(x) + k \cdot f'(x) = 0 \cdot f(x) + k \cdot f'(x) = k \cdot f'(x)$,
    also genau das gleiche Ergebnis wie bei der Faktorregel.

Eine **verkettete Funktion** erhält man, wenn man Funktionen ineinander einsetzt. Ist $f(x) = e^x$ und $g(x) = 2x$, dann erhält man die verkettete Funktion $h_1(x) = f(g(x))$, indem man in der Funktion f das x durch $g(x)$ ersetzt, also $h_1(x) = e^{2x}$. Dabei ist „e^x" die **äußere Funktion** und „2x" die **innere Funktion**.
Es ist für die richtige Anwendung der Kettenregel wichtig zu erkennen, welches die innere und welches die äußere Funktion ist. In Zusammenhang mit e-Funktionen ist die e-Funktion die äußere Funktion und der im Exponenten stehende Term die innere Funktion.

Kettenregel
f und g sind zwei differenzierbare Funktionen, die sich in geeigneten Definitionsbereichen ineinander einsetzen lassen. Die verkettete Funktion $h(x) = f(g(x))$ mit der äußeren Funktion f und der inneren Funktion g ist dann ebenfalls differenzierbar und es gilt:
$$h(x) = f(g(x)) \implies h'(x) = f'(g(x)) \cdot g'(x)$$
Man muss also, um die Ableitung einer verketteten Funktion zu erhalten, die äußere Funktion ableiten und die innere stehen lassen: $f'(g(x))$. Anschließend muss man die innere Funktion ableiten, also $g'(x)$ bilden, und mit dem Bisherigen multiplizieren. Das – leicht zu vergessene, aber wichtige – Multiplizieren mit der Ableitung der inneren Funktion nennt man **Nachdifferenzieren**.

Beispiele

1. $f(x) = e^{3x+4}$ soll abgeleitet werden.

   Lösung:
   Die äußere Funktion ist „e^x", die innere $3x+4$. Die äußere abgeleitet ist „e^x", die innere bleibt stehen, also e^{3x+4}. Jetzt muss die innere abgeleitet werden (Nachdifferenzieren), das ergibt 3 und das muss mit „mal" angehängt werden:
   $h'(x) = (e^{3x+4})' = e^{3x+4} \cdot 3$, also hat man $h'(x) = 3e^{3x+4}$

2. Die Ableitung von $f(x) = (x^2+3x)^5$ soll bestimmt werden. Ohne Kettenregel hätte man das „hoch 5" ausmultiplizieren müssen.

   Lösung:
   Die äußere Funktion ist das „x hoch 5", was sich mit der Potenzregel zu $5x^4$ ableiten lässt. In die äußere Funktion ist „x^2+3x" eingesetzt, das ist die innere Funktion mit der Ableitung „$2x+3$". Mit diesen Überlegungen erhält man die Ableitungsfunktion:
   $f'(x) = 5(x^2+3x)^4 \cdot (2x+3)$
   Da das „Nachdifferenzierte" hier eine Summe ist, muss es in Klammern gesetzt werden.

3. $f(x) = e^{x^2+3x+1}$ soll abgeleitet werden.

   Lösung:
   $f'(x) = e^{x^2+3x+1} \cdot (x^2+3x+1)' = e^{x^2+3x+1} \cdot (2x+3)$

4. Auch mehrfache Verkettungen wie $f(x) = (e^{\frac{x}{3}})^2$ sind möglich: Ganz außen ist die Funktion „hoch 2", gefolgt von „e^x" und ganz innen „$\frac{x}{3}$". Bestimmen Sie die Ableitungsfunktion.

   Lösung:
   $f'(x) = 2(e^{\frac{x}{3}})^1 \cdot (e^{\frac{x}{3}})' = 2e^{\frac{x}{3}} \cdot e^{\frac{x}{3}} \cdot \frac{1}{3} = \frac{2}{3}e^{\frac{x}{3}+\frac{x}{3}} = \frac{2}{3}e^{\frac{2x}{3}}$
   Zunächst wurde die äußere Funktion mit der Potenzregel abgeleitet, die innere stehen gelassen und dann mit „mal" dahinter die Ableitung der inneren Funktion geschrieben. Da dieses Nachdifferenzieren selbst wieder eine verkettete Funktion betrifft, muss beim Nachdifferenzieren auch die Kettenregel angewandt werden.
   Einfacher wäre es gewesen, vor dem Ableiten mittels Potenzgesetzen die Ausgangsfunktion zu vereinfachen:
   $f(x) = (e^{\frac{x}{3}})^2 = e^{\frac{2x}{3}}$; $f'(x) = \frac{2}{3}e^{\frac{2x}{3}}$

Aufgaben **38.** Bestimmen Sie die Ableitungsfunktionen der folgenden Funktionen:

   a) $f(x) = x^2 e^x$ b) $f(x) = xe^x + 3e^x$

   c) $f(x) = (1+2x+x^2)e^x$ d) $f_t(x) = (x^2+t^2)e^x$

39. Ermitteln Sie jeweils f':

a) $f(x) = e^{-2x}$

b) $f(x) = xe^{\frac{x}{2}}$

c) $f(x) = (1 + 2x + x^2)e^{2x+4}$

d) $f(x) = (x-1)^2 e^{-3x} + 5$

40. Leiten Sie nachfolgende Funktionen ab und schreiben Sie die Ableitungsfunktionen so einfach wie möglich.

a) $f(x) = 1 + e^{-x}$

b) $f(x) = e^2 - e^{-(x-1,5)}$

c) $f(x) = 4x \cdot e^{-\frac{x}{2}}$

d) $f(x) = (x^2 - x)e^{-x}$

e) $f(x) = ae^{kx} + c$

3.3 Logarithmen

Die Bedeutung des Wurzelsymbols ist bekannt, so beschreibt $\sqrt[n]{x}$ eine bestimmte Zahl, die mit dem Radikanden x und der n-ten Wurzel zusammenhängt: $\sqrt[n]{x}$ ist diejenige nicht negative Zahl, die n-mal mit sich selbst multipliziert genau x ergibt. In der Formelsprache ausgedrückt bedeutet das:

$$\left(\sqrt[n]{x}\right)^n = x$$

Anhand der Formel erkennt man, dass sich das Ziehen der n-ten Wurzel und das Potenzieren mit n gegenseitig aufheben und den Radikanden x freilegen. Entsprechendes gilt für den Logarithmus und das Potenzieren. Auch das Logarithmussymbol (genauer: „der Logarithmus von x zur Basis b") beschreibt zunächst einmal lediglich eine Zahl.

inition

> **Logarithmus zur Basis b**
> $\log_b(x)$ ist diejenige Zahl, mit der man b potenzieren muss, um x zu erhalten.
> Als Formel heißt dies: $\qquad b^{\log_b(x)} = x$
> Außerdem folgt aus der Definition: $\log_b(b^x) = x$

„b hoch" und „log zur Basis b" heben sich also in ihrer Wirkung gegenseitig auf; sie sind wie Wurzel und Potenzieren **Umkehroperationen** zueinander. Die Formeln zeigen, dass man mit dem Logarithmus den Exponenten x freilegen kann.

spiele

1. Welche Zahl ist $\log_2(16)$?

   Lösung:
   Das ist nach der Definition diejenige Zahl, mit der man 2 potenzieren muss, wenn man 16 erhalten will. Somit ist das die Lösung der Gleichung $2^x = 16$. Für $x = 4$ ist die Gleichung erfüllt, sodass gilt:
   $\log_2(16) = \log_2(2^4) = 4$

2. Ermitteln Sie die Zahlenwerte der folgenden Logarithmen.
   a) $\log_3(27)$ b) $\log_{10}(100)$ c) $\log_2(1\,024)$ d) $\log_{10}(0{,}01)$

   Lösung:
   a) $\log_3(27) = \mathbf{3}$,   da $3^3 = 27$
   b) $\log_{10}(100) = \mathbf{2}$,   da $10^2 = 100$
   c) $\log_2(1\,024) = \mathbf{10}$,   da $2^{10} = 1\,024$
   d) $\log_{10}(0{,}01) = \mathbf{-2}$,   da $10^{-2} = \frac{1}{10^2} = 0{,}01$

Zu jeder Basis $b \in \mathbb{R}^+ \setminus \{1\}$ gibt es einen Logarithmus. Bestimmte Basen haben besonders weite Verbreitung gefunden; es sind die Basen $b = 10$ (Zehner- oder dekadischer Logarithmus), $b = e \approx 2{,}71828$ (natürlicher Logarithmus zur Basis e, der Euler'schen Zahl; das ist mathematisch der bei weitem wichtigste Logarithmus) und $b = 2$ (dualer oder binärer Logarithmus). Man hat dafür eigene Symbole eingeführt:

$\lg(x) := \log_{10}(x)$ Zehnerlogarithmus
$\ln(x) := \log_e(x)$ natürlicher Logarithmus, neuerdings auch einfach als $\log(x)$
       geschrieben
$\mathrm{ld}(x) := \log_2(x)$ Zweier- oder dualer, manchmal auch binärer Logarithmus

Auf einem gewöhnlichen Taschenrechner finden sich der Zehnerlogarithmus (Taste [log]) und der natürliche Logarithmus (Taste [ln]).

Zwischen Logarithmen unterschiedlicher Basen kann man eine Umrechnung vornehmen. Die **Basisumrechnungsformel** wird hier für den Zehnerlogarithmus angegeben, da sich dieser mit dem Taschenrechner berechnen lässt:

$$\log_b(x) = \frac{\lg(x)}{\lg(b)}$$

Es muss also der Zehnerlogarithmus der Zahl x durch den Zehnerlogarithmus der Basis b dividiert werden, damit man den Logarithmus von x zur Basis b erhält. Statt des Zehnerlogarithmus in der rechten Seite der Formel kann auch jeder andere Logarithmus herangezogen werden.

Beispiele

1. Berechnen Sie im Kopf und anschließend mithilfe des Taschenrechners und der Basisumrechnungsformel den Logarithmus von 125 zur Basis 5.

   Lösung:
   $\log_5(125)$ ist diejenige Zahl x, mit der man 5 potenzieren muss, um 125 zu erhalten, also $5^x = 125$. Das gilt für $x = 3$, weil $5^3 = 125$ ist, sodass gilt:
   $\log_5(125) = \log_5(5^3) = \mathbf{3}$

   Nun mit dem Taschenrechner und der Basisumrechnungsformel:
   $$\log_5(125) = \frac{\lg(125)}{\lg(5)} \approx \frac{2{,}097}{0{,}699} = 3$$

2. Womit muss man 3 potenzieren, wenn man 5 erhalten will?

Lösung:

Als Gleichung ausgedrückt, geht es um $3^x = 5$. Da $3^1 = 3$ und $3^2 = 9$, muss x irgendwo zwischen 1 und 2 liegen. Mit dem Logarithmus wird die Gleichung nach x aufgelöst:

$3^x = 5 \quad \mid \log_3$	Die Gleichung wird logarithmiert, indem von beiden Seiten der Logarithmus gebildet wird.
$\log_3(3^x) = \log_3(5)$	Die linke Seite ist nach Definition des Logarithmus einfach x.
$x = \log_3(5)$	Die rechte Seite wird mit der Basisumrechnungsformel berechnet.
$x = \dfrac{\lg(5)}{\lg(3)} = \dfrac{0,69897\ldots}{0,47712\ldots} \approx 1,46497$	Die Probe ergibt: $3^{1,46497} \approx 5$

Da die nachfolgenden Logarithmengesetze für jede Basis gelten, wird auf das Mitführen der Basis beim log-Symbol verzichtet.

Regel

Rechengesetze für Logarithmen

Für $x, y \in \mathbb{R}^+$ und $r \in \mathbb{R}$ gilt:

(1) $\log(x \cdot y) = \log(x) + \log(y)$ — Aus **mal** im Logarithmus wird **plus** zwischen den Logarithmen.

(2) $\log\left(\dfrac{x}{y}\right) = \log(x) - \log(y)$ — Aus **geteilt** im Logarithmus wird **minus** zwischen den Logarithmen.

(3) $\log(x^r) = r \cdot \log(x)$ — Aus der **Potenz** im Logarithmus wird die **Multiplikation** mit dem Exponenten.

Ferner gilt $\log_b(1) = 0$, da stets $b^0 = 1$.

Beispiel

Formen Sie den Term $\log_3(9x^2)$ mithilfe der Logarithmengesetze um.

Lösung:

$\log_3(9x^2) = \log_3(9) + \log_3(x^2) = 2 + \log_3(x^2)$

Falls $x > 0$, kann weiter umgeformt werden: $\log_3(9x^2) = 2 + 2\log_3(x)$

Aufgaben

41. a) Bestimmen Sie im Kopf und kontrollieren Sie mit dem Taschenrechner die Zehnerlogarithmen der folgenden Zahlen:

$$1 \qquad 10 \qquad 100 \qquad 0,1 \qquad 10^6 \qquad \frac{1}{1\,000} \qquad \sqrt[3]{100}$$

b) Verfahren Sie in gleicher Weise mit den unten stehenden Zahlen, jedoch mit dem Zweierlogarithmus.

2   8   512   0,25 $\frac{1}{2}$ $\sqrt{2}$ 1 2^{10}

42. Formen Sie die folgenden Terme mithilfe der drei Logarithmengesetze um:

a) $\lg\left(\frac{10x^2}{(x+1)^2}\right)$

b) $\log_2(4\sqrt{x})$

c) $2\log_5(x) - 0,5\log_5(x)$

d) $\log_2(x^2+1)$

3.4 Exponentialgleichungen

Bei der Anwendung und Untersuchung von Exponentialfunktionen, insbesondere von e-Funktionen, treten Gleichungen auf, in denen Exponentialterme enthalten sind. Diese kann man in vielen Fällen mithilfe von Logarithmen lösen.
Wenn sich die Potenz mit der Unbekannten x im Exponenten auf einer Seite isolieren lässt, dann löst man derartige Gleichungen in folgenden Schritten.

Regel

> **Lösen von einfachen Exponentialgleichungen**
> (1) Die Gleichung auf die Form $b^x = c$ bringen. Wenn $c \le 0$ gilt, gibt es keine reelle Lösung. Andernfalls:
> (2) Die Gleichung **logarithmieren**: $b^x = c \mid \ln \Leftrightarrow \ln(b^x) = \ln(c)$
> (3) Logarithmusgesetz für Exponenten anwenden, $x \cdot \ln(b) = \ln(c)$, und nach x auflösen:
> $x = \frac{\ln(c)}{\ln(b)}$

Beispiele

Bestimmen Sie die Lösungen der Gleichungen.

a) $4^x + 12 = 20$ b) $4e^x - 10 = 2e^x + 3$ c) $2K_0 = K_0 \cdot 1,07^t$

Lösung:

a) $4^x = 8$

$\ln(4^x) = \ln(8)$

$x \cdot \ln(4) = \ln(8)$

$x = \frac{\ln(8)}{\ln(4)} = 1,5$

Wichtig ist es, im ersten Schritt die Potenz auf einer Seite zu isolieren.

Erst danach erfolgt das Logarithmieren der Gleichung.

Der Exponent wird herausgezogen und zu einem Faktor des Logarithmus.

b) $2e^x = 13$

$e^x = 6,5$

$x = \ln(6,5) \approx 1,87$

Zur Erinnerung: ln und e neutralisieren sich.

c) Die Lösung dieser Gleichung beantwortet die Frage, wie lange man ein Startkapital K_0 anlegen muss, bis es sich bei einem Zinssatz von 7 % auf $2K_0$ verdoppelt (siehe **Zinseszinsformel**):

$$2K_0 = K_0 \cdot 1{,}07^t \quad |: K_0$$
$$\Leftrightarrow \quad 2 = 1{,}07^t \quad | \ln$$
$$\Leftrightarrow \quad \ln(2) = t \cdot \ln(1{,}07)$$
$$\Leftrightarrow \quad t = \frac{\ln(2)}{\ln(1{,}07)}$$
$$\approx 10{,}2 \text{ Jahre}$$

Da K_0 selbst herausfällt, ist diese Verdopplungszeit von 10 Zeiteinheiten (Jahren) unabhängig von der Höhe des Startkapitals.

43. Ermitteln Sie die Lösungen der folgenden Gleichungen:

a) $2^x = 6$

b) $2e^{2x} = 3$

c) $2(e^x - 2) = 6$

d) $2e^x = 3e^x - 4$

44. Bestimmen Sie, sofern vorhanden, die Nullstellen der folgenden Funktionen:

a) $f(x) = e^x - 1$

b) $f(x) = e^{-x} + 1$

c) $f(x) = (x^2 - x)e^{2x}$

d) $f(x) = (2x^2 - x - 3)e^{2x-3}$

45. a) Der Weltenergieverbrauch nimmt pro Jahr um 5 % zu. In wieviel Jahren ist der Energieverbrauch um 20 % gegenüber jetzt gestiegen?

b) Der Wert eines Neuwagens sinkt um 10 % pro Jahr. Sein Anschaffungspreis beträgt 25 000 €. Wie lange dauert es, bis der Restwert nur noch 10 000 € beträgt?

3.5 Wachstums- und Abnahmeprozesse

Mit der verallgemeinerten e-Funktion $f(x) = ae^{kx}$ lassen sich Wachstums- und Abnahmeprozesse beschreiben. Dabei stellt die unabhängige Variable x meist die Zeit dar und der Definitionsbereich wird auf $x \geq 0$ eingeschränkt. Zum Zeitpunkt $x = 0$ ist dann mit $f(0) = a$ der Anfangsbestand bezeichnet.

Definition

Wachstums- und Abnahmefunktion

Eine Funktion $f(x) = ae^{kx}$ mit $x \geq 0$ und den konstanten Parametern $a > 0$ (Anfangs-bestand) sowie $k \neq 0$ heißt:

Wachstumsfunktion, wenn $k > 0$. k heißt Wachstumskonstante; je größer k, um so stärker ist das Wachstum.

Abnahmefunktion, wenn $k < 0$. k heißt Abnahmekonstante; je größer $|k|$, um so schneller erfolgt die Abnahme.

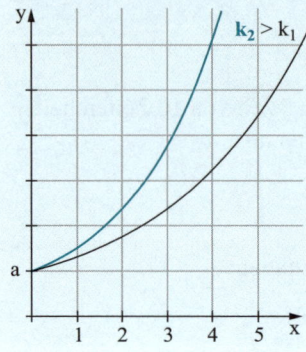
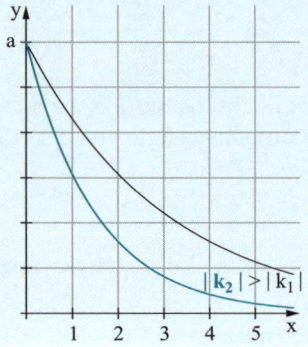

Bei Wachstumsfunktionen berechnet sich die **Verdopplungszeit** x_D gemäß:

$$f(x_D) = 2a \iff 2a = ae^{kx_D} \iff e^{kx_D} = 2 \iff kx_D = \ln(2) \iff x_D = \frac{\ln(2)}{k}$$

Bei Abnahmefunktionen berechnet sich die **Halbierungszeit** x_H gemäß:

$$f(x_H) = \frac{a}{2} \iff \frac{a}{2} = ae^{kx_H} \iff e^{kx_H} = \frac{1}{2} \iff kx_H = \ln(\tfrac{1}{2}) \iff x_H = -\frac{\ln(2)}{k}$$

Im letzten Schritt wurde $\ln(\frac{1}{2}) = \ln(2^{-1}) = -\ln(2)$ verwendet.

Beispiele

1. **Zellteilung**

   Eine Zellkultur hat zum Zeitpunkt $t = 0$ genau 100 Zel-len. Durch Zellteilung wächst ihre Anzahl nach der Wachstumsfunktion $N(t) = 100e^{\frac{t}{2}}$, t in Tagen.

   a) Wie viele Zellen sind es in 3 Tagen, in 14 Tagen, nach 1 Monat?

   b) In wie vielen Tagen verdoppelt sich ihre Anzahl?

   c) Nach wie viel Tagen sind es 1 000 Zellen?

   Lösung:

   a) $N(3) = 100e^{\frac{3}{2}} \approx 448$

   $N(14) = 100e^7 \approx 109\ 663$

   $N(30) = 100e^{15} \approx 326\ 901\ 737$

   b) $t_D = \frac{\ln(2)}{\frac{1}{2}} = 2\ln(2) = \ln(4) \approx 1,39$ [Tage]   Setze in der Formel $k = \frac{1}{2}$.

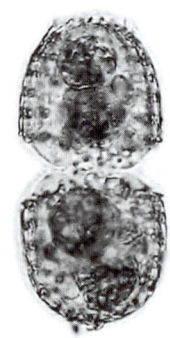

c) $100e^{\frac{t_T}{2}} = 1\,000 \iff e^{\frac{t_T}{2}} = 10 \iff \frac{t_T}{2} = \ln(10)$ Ansatz $N(t_T) = 1\,000$

$\Rightarrow t_T = 2\ln(10) \approx 4,6$ [Tage]

2. Kondensatorentladung

Ein Kondensator wird auf die Ladung Q_0 aufgeladen. Zum Zeitpunkt $t=0$ wird der Schalter umgelegt und der Kondensator entlädt sich über einen Widerstand nach der Funktion: $Q(t) = Q_0 e^{-\frac{t}{\tau}}$
Darin ist τ die Zeitkonstante (in Sekunden) des RC-Glieds.

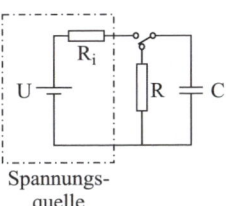

Spannungs-
quelle

a) Berechnen Sie in Abhängigkeit von der Zeitkonstanten τ, in welcher Zeit die Ladung auf den Faktor $\frac{1}{e} \approx 0,37 = 37\,\%$ abnimmt.

b) Wie viel Prozent der Ladung hat der Kondensator noch nach 2 und nach 5 Zeitkonstanten?

c) Bestimmen Sie die Halbierungszeit der Ladung, wenn $\tau = 1$ s beträgt.

Lösung:

a) $Q(t) = Q_0 \cdot \frac{1}{e} \Rightarrow Q_0 e^{-\frac{t}{\tau}} = Q_0 e^{-1} \Rightarrow -\frac{t}{\tau} = -1 \Rightarrow t = \tau$
Nach einer Zeitkonstanten sinkt die Ladung also auf ca. 37 % ihres Anfangswerts ab.

b) $Q(2\tau) = Q_0 e^{-2} \approx 0,135\,Q_0$
Nach 2τ sind nur noch 13,5 % der ursprünglichen Ladung vorhanden.
$Q(5\tau) = Q_0 e^{-5} \approx 0,0067\,Q_0$
Nach 5τ sind nur noch 0,67 % der ursprünglichen Ladung vorhanden.

c) $t_H = -\frac{\ln(2)}{\frac{1}{-\tau}} = \tau\ln(2) \approx 0,69$ s   Setze in der Formel $k = -\frac{1}{\tau}$.

Die Geschwindigkeit eines Fallschirmspringers vor dem Öffnen des Fallschirms nimmt nicht unbegrenzt zu, wie das im luftleeren Raum der Fall wäre. Vielmehr nähert sich seine Geschwindigkeit asymptotisch einem Maximalwert.
Solche Kurvenverläufe werden durch Funktionen der Form

$$f(x) = c \cdot \left(1 - e^{-\frac{x}{T}}\right)$$

beschrieben, wobei die unabhängige Variable x meist die Zeit ist, die nur für $x \geq 0$ betrachtet wird. c ist der asymptotische Endwert und T eine Zeitkonstante.

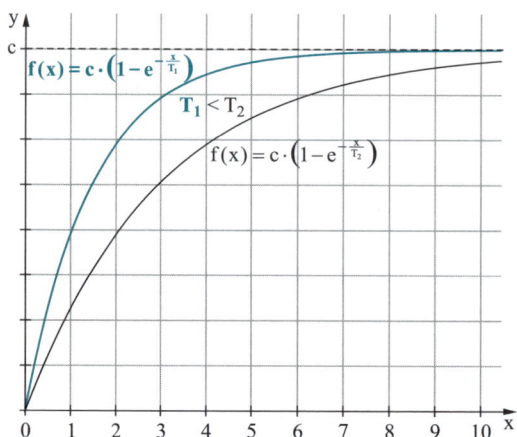

Beispiel Ein Fallschirmspringer springt zum Zeitpunkt $t = 0$ aus dem Flugzeug. Seine Geschwindigkeit vor dem Öffnen des Schirms nimmt nach der Funktion $v(t) = v_e \cdot \left(1 - e^{-\frac{t}{T}}\right)$ zu, wobei die Grenzgeschwindigkeit $v_e = 50 \frac{m}{s}$ und die Zeitkonstante $T = 1,5$ s beträgt.

a) Skizzieren Sie den Verlauf von $v(t)$.

b) Berechnen Sie, nach welcher Fallzeit der Springer $100 \frac{km}{h}$ erreicht hat.
   Hinweis: Den Umrechnungsfaktor von $\frac{km}{h}$ in $\frac{m}{s}$ recherchieren Sie selbst.

c) Wie lange dauert es, bis er bei 90 % der Endgeschwindigkeit angelangt ist?

d) Mit den aus der Physik bekannten Bezeichnungen für zurückgelegte Strecke s und Beschleunigung a gilt: $v(t) = s'(t)$ und $a(t) = v'(t)$.
   Zeichnen Sie in Ihr Diagramm von Teilaufgabe a ein, wo $a(2)$ zu finden ist. Lesen Sie den ungefähren Wert aus dem Diagramm ab und berechnen Sie anschließend diese Größe.

Lösung:

a)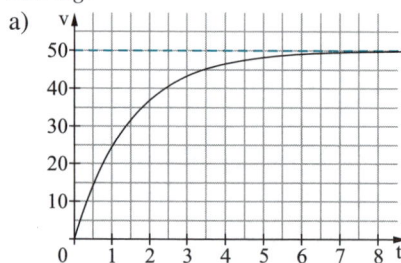

b) $v = 100 \frac{km}{h} = \frac{100}{3,6} \frac{m}{s} \approx 27,8 \frac{m}{s}$

   Ansatz: $v(t) = 27,8$

   $50\left(1 - e^{-\frac{t}{1,5}}\right) = 27,8 \iff e^{-\frac{t}{1,5}} = 0,444 \implies t_1 = -1,5 \cdot \ln(0,444) \approx 1,22 \, [s]$

c) $0,9 \cdot 50 = 50 \cdot \left(1 - e^{-\frac{t}{1,5}}\right) \iff e^{-\frac{t}{1,5}} = 0,1 \implies t_2 = -1,5 \cdot \ln(0,1) \approx 3,45 \,[\text{s}]$

d) Aus dem Diagramm abgelesen:
$a(2) \approx 10$ (Steigung der Tangente)

Berechnet:

$a(t) = v'(t) = 50 \left(0 - e^{-\frac{t}{1,5}} \left(-\frac{1}{1,5}\right)\right)$

$= \frac{100}{3} e^{-\frac{t}{1,5}} \implies a(2) \approx 8,79 \left[\frac{m}{s^2}\right]$

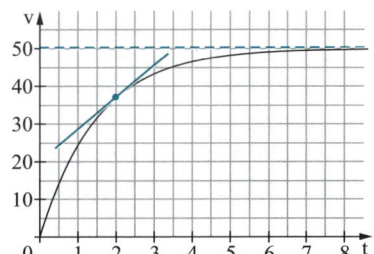

aben **46.** a) Skizzieren Sie den Verlauf der Funktion $f(x) = ae^{kx} + c$ für $x \geq 0$ mit den positiven Parametern a und c sowie negativem k. Kennzeichnen Sie insbesondere, wo die Parameter a und c auftreten.

b) Der zeitliche Verlauf des Aufladens eines Akkus werde mit folgender Funktion beschrieben:
$Q(t) = 100(1 - e^{-t})$ mit t in Stunden
Welche Bedeutung hat die Zahl 100 in diesem Zusammenhang?
Zu wie viel Prozent ist der Akku nach einer Stunde aufgeladen, wenn er vorher leer war?
Wie lange dauert es, ihn auf 95 % aufzuladen?

c) Die sogenannte Differenzialgleichung
$f'(x) = k \cdot f(x)$
bringt zum Ausdruck, dass die Änderungsrate $f'(x)$ proportional zur vorhandenen Menge $f(x)$ ist. Dabei ist k die Proportionalitätskonstante.
Zeigen Sie, dass diese Differenzialgleichung von Funktionen der Form $f(x) = ae^{kx}$ erfüllt wird.

47. Die Sinkgeschwindigkeit v einer Kugel zum Zeitpunkt t in einer Flüssigkeit kann für $t \geq 0$ durch die Beziehung

$v(t) = -g\mu + g\mu e^{-\frac{1}{\mu}t}$

beschrieben werden, wobei g die Erdbeschleunigung und $\mu > 0$ eine Materialkonstante ist, die von der Größe der Kugel und der Viskosität der Flüssigkeit abhängt.

a) Geben Sie die Beschleunigung $a(t)$ in Abhängigkeit von der Zeit t an, wobei $a(t) = v'(t)$ gilt.

b) Bestimmen Sie $\lim_{t \to \infty} v(t)$ und geben Sie an, was dieser Grenzwert in diesem Zusammenhang bedeutet.

3.6 Kurvendiskussion

Kurvendiskussionen, wie sie im Band 1 ab Seite 102 mit ganzrationalen Funktionen durchgeführt wurden, also die Untersuchung von Funktionen auf Nullstellen, Monotonie, Extrema, Krümmung usw., lassen sich auch bei Exponentialfunktionen anwenden.

Dazu werden die wichtigsten Sachverhalte zur Untersuchung einer Funktion f nochmals kurz zusammengestellt.

Nullstellen

$f(x) = 0$ Gleichung lösen, ergibt die Nullstellen

Monotonie

Die erste Ableitungsfunktion bestimmen und deren Nullstellen berechnen:

$f'(x) = 0$ Gleichung lösen, ergibt die Grenzen der Monotonieintervalle x_1; x_2; … (in aufsteigender Reihenfolgen angeben)

Monotonietabelle anlegen und aus den Vorzeichen von f' auf die Monotonie von f schließen. Beispiel:

x		x_1		x_2	
f'(x)	+	0	–	0	+
f(x)	↗	H	↘	T	↗

Zur Erinnerung: Gilt $f'(x) > 0$ auf einem Intervall I, so folgt, dass f auf I streng monoton wächst. Entsprechend gilt, dass bei negativem f' die zugehörige Funktion f streng monoton abnimmt.

Aus den Monotoniewechseln lässt sich auf das Vorliegen der Extrema schließen. Geht G_f von steigend in fallend über, so liegt ein Maximum vor, ist es umgekehrt, so ergibt sich ein Minimum.

Krümmung

Die zweite Ableitungsfunktion bestimmen und mit f" genauso vorgehen wie oben mit f' (einschließlich der Tabelle, nur eben mit dem Vorzeichen von f"). Aus den Krümmungswechseln an den Intervallgrenzen auf Wendepunkte schließen.

Im Zusammenhang mit Exponentialfunktionen ist schließlich zu beachten, dass immer $e^{g(x)} > 0$ gilt, unabhängig davon, welcher Funktionsterm $g(x)$ im Exponenten auftritt.

Beispiele

1. Gegeben ist auf $\mathbb{R}$ die Funktion $f(x) = xe^{-x}$.

   a) Untersuchen Sie f auf Nullstellen.

   b) Ermitteln Sie die maximalen Monotonieintervalle von f und geben Sie das zugehörige Monotonieverhalten an.

c) Bestimmen Sie Art und Lage der Extrempunkte des Graphen von f.

d) Stellen Sie die Funktionsgleichung der Tangente im Ursprung auf.

e) Untersuchen Sie das Krümmungsverhalten des Graphen von f und geben Sie die Koordinaten des Wendepunktes an.

f) Zeichnen Sie den Graphen von f samt obiger Tangente in ein Koordinatensystem ein, wobei gilt: $-1 \le x \le 3$. Verwenden Sie auch die rechnerisch ermittelten Koordinaten von Hoch- und Wendepunkt.
   Legen Sie eine Wertetabelle mit einer Schrittweite von 0,5 an. Auf der y-Achse gilt: 1 LE = 2 cm

g) Geben Sie aus dem Diagramm heraus in formal korrekter Schreibweise die Grenzwerte an den Rändern des Definitionsbereiches an. Welche Folgerung können Sie aus den Grenzwerten an den Rändern und den Koordinaten des Hochpunktes über eben diesen Hochpunkt ziehen? Geben Sie schließlich noch die Wertemenge von f an.

h) Erläutern Sie, wo der Graph von f die maximale negative Steigung hat, und berechnen Sie diese.

Lösung

a) $f(x) = 0 \iff \underset{\substack{\uparrow \\ x_1=0}}{x} \cdot \underset{\substack{\uparrow \\ >0 \text{ immer}}}{e^{-x}} = 0$

   Nullstelle: $x_1 = 0$

b) $f'(x) = x' \cdot e^{-x} + x \cdot (e^{-x})'$ Produktregel

   $\quad = 1 \cdot e^{-x} + x \cdot e^{-x} \cdot \underbrace{(-1)}_{\text{Nachdifferenzieren}}$ Kettenregel

   $\quad = e^{-x} - xe^{-x} = (1-x) \cdot e^{-x}$ e⁻ˣ immer ausklammern

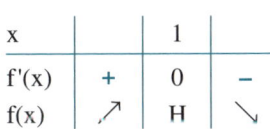

x		1	
f'(x)	+	0	−
f(x)	↗	H	↘

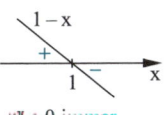

c) An der Stelle $x_1 = 1$ hat f ein Maximum.

   $f(1) = 1 \cdot e^{-1} = \frac{1}{e} \approx 0,368 \implies H(1\,|\,0,368)$

d) $x_0 = 0;\ f(0) = 0;\ f'(0) = (1-0) \cdot e^{-0} = 1$

   Tangentengleichung: t: $y = f(x_0) + f'(x_0) \cdot (x - x_0)$

   Einsetzen: t: $y = 0 + 1 \cdot (x - 0) \implies y = x$

e) $f''(x)$ bestimmen:

   $f''(x) = -1 \cdot e^{-x} + (1-x)e^{-x} \cdot (-1)$ Produkt- und Kettenregel bei e⁻ˣ

   $\quad = -e^{-x} + (x-1)e^{-x}$

   $\quad = (-1 + x - 1)e^{-x} = (x-2)e^{-x}$

   $f''(x) = 0 \implies x_1 = 2$

x		2	
f''(x)	–	0	+
f(x)	⤴	W	⤵

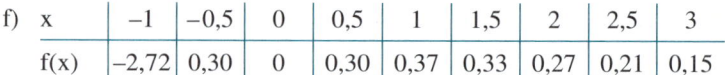

$$f(x) = 2 \cdot e^{-2} = \frac{2}{e^2} \approx 0,271 \quad \Rightarrow \quad W(2 \mid 0,271)$$

f)

x	–1	–0,5	0	0,5	1	1,5	2	2,5	3
f(x)	–2,72	0,30	0	0,30	0,37	0,33	0,27	0,21	0,15

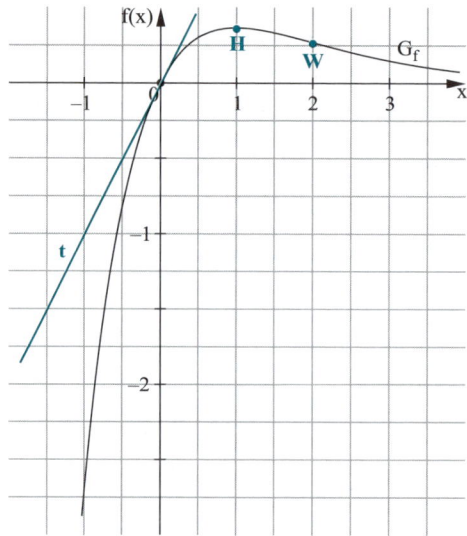

g) $$\lim_{x \to -\infty} f(x) = \lim_{x \to -\infty} \underbrace{x}_{\to -\infty} \cdot \underbrace{e^{-x}}_{\to +\infty} = -\infty$$

$$\lim_{x \to +\infty} f(x) = \lim_{x \to +\infty} \underbrace{x}_{\to \infty} \cdot \underbrace{e^{-x}}_{\to 0} = 0 \qquad \text{„e gewinnt.“}$$

Da es nur einen Extrempunkt gibt, ist dessen y-Koordinate lediglich mit den Grenzwerten an den Rändern des Definitionsbereiches zu vergleichen. Da $y_H \approx 0,368$ größer als beide Randgrenzwerte ist, handelt es sich um den globalen Hochpunkt des Graphen von f.

$W_f =]-\infty; y_H] \approx]-\infty; 0,368]$

h) Über die Steigung gibt f' Auskunft. Ihr extremer Wert liegt beim Wendepunkt. Für diesen gilt:

$f'(2) = (1-2)e^{-2} = -e^{-2} \approx -0,135$

Dies ist die maximale negative Steigung von G_f.

2. Ermitteln Sie beim Graphen der Funktion $f(x) = (x^2-1)e^{\frac{x}{2}}$ sämtliche markanten Punkte (Schnittpunkte mit den Achsen, Extrem- und Wendepunkte), zeichnen Sie den Graphen für $x \in [-8;\ 1,5]$ und markieren Sie die genannten Punkte in Ihrem Diagramm.
Wählen Sie auf der Ordinate: 1 LE = 2 cm

Lösung:

Nullstellen

$f(x) = 0 \iff x^2 - 1 = 0 \iff (x-1)(x+1) = 0$

$x_1 = -1;\ x_2 = 1 \Rightarrow$ Schnittpunkte mit der x-Achse: $N_1(-1\,|\,0)$; $N_2(1\,|\,0)$

Schnittpunkte mit der y-Achse

$f(0) = (0-1)e^0 = -1 \Rightarrow S_y(0\,|-1)$

Extrempunkte

$$f'(x) = 2xe^{\frac{x}{2}} + (x^2-1)e^{\frac{x}{2}} \cdot \frac{1}{2} = \left(2x + \frac{1}{2}(x^2-1)\right)e^{\frac{x}{2}} = \left(\frac{1}{2}x^2 + 2x - \frac{1}{2}\right)e^{\frac{x}{2}}$$

$$f'(x) = 0 \iff \frac{1}{2}x^2 + 2x - \frac{1}{2} = 0 \qquad |\cdot 2$$

$$x^2 + 4x - 1 = 0$$

$$x_{1/2} = \frac{-4 \pm \sqrt{4^2 - 4\cdot1\cdot(-1)}}{2\cdot1} = \frac{-4 \pm \sqrt{20}}{2} = \frac{-2(2\pm\sqrt{5})}{2} = -2 \pm \sqrt{5} \approx \begin{cases} 0,236 \\ -4,236 \end{cases}$$

Vorzeichen von f':

$$f'(x) = \underbrace{\left(\frac{1}{2}x^2 + 2x - \frac{1}{2}\right)}_{\substack{\text{Parabel, nach} \\ \text{oben geöffnet}}} \cdot \underbrace{e^{\frac{x}{2}}}_{\substack{>0 \\ \text{immer}}}$$

x		−4,236		0,236	
f'(x)	+	0	−	0	+
f(x)	↗	H	↘	T	↗

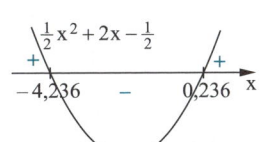

$f(-4,236) \approx 2,04 \Rightarrow H(-4,24\,|\,2,04)$
$f(0,236) \approx -1,06 \Rightarrow T(0,236\,|-1,06)$

Wendepunkte

$$f''(x) = (x+2)e^{\frac{x}{2}} + \left(\frac{1}{2}x^2 + 2x - \frac{1}{2}\right)e^{\frac{x}{2}} \cdot \frac{1}{2}$$

$$= \left[x + 2 + \frac{1}{2}\left(\frac{1}{2}x^2 + 2x - \frac{1}{2}\right)\right]e^{\frac{x}{2}}$$

$$= \underbrace{\left(\frac{1}{4}x^2 + 2x + \frac{7}{4}\right)}_{\substack{\text{Parabel, nach} \\ \text{oben geöffnet}}} \cdot \underbrace{e^{\frac{x}{2}}}_{\substack{>0 \\ \text{immer}}}$$

$$\tfrac{1}{4}x^2 + 2x + \tfrac{7}{4} = 0 \qquad |\cdot 4$$
$$x^2 + 8x + 7 = 0$$
$$x_{1/2} = \frac{-8 \pm \sqrt{8^2 - 4 \cdot 1 \cdot 7}}{2 \cdot 1} = \frac{-8 \pm \sqrt{36}}{2} = \frac{-8 \pm 6}{2} = \begin{cases} -7 \\ -1 \end{cases}$$

Da es sich um Nullstellen mit VZW handelt, ändert sich an diesen Stellen das Krümmungsverhalten. Folglich sind an diesen Stellen Wendepunkte des Graphen von f:
$W_1(-7\,|\,1{,}45);\ W_2(-1\,|\,0)$

Graph

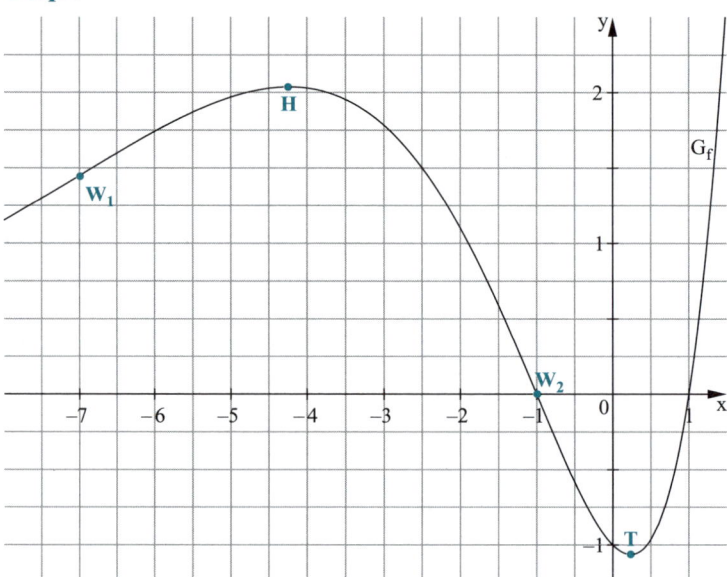

3. Betrachtet wird die Funktion $f:\ x \mapsto f(x)$ mit
$f(x) = (x-1)e^x$ und $D_f = \,]-\infty;\ 1{,}5]$.
Ermitteln Sie rechnerisch, sofern vorhanden, die globalen Extremwerte von f und geben Sie den Wertebereich an. Skizzieren Sie den Verlauf des Graphen und tragen Sie auch die globalen Extrempunkte ein.

Lösung:
Bestimmung der relativen Extrema:
$f'(x) = 1 \cdot e^x + (x-1)e^x = x \cdot e^x$
$f''(x) = 1 \cdot e^x + x \cdot e^x = (x+1)e^x$
$f'(x) = 0 \ \Rightarrow\ x_1 = 0$
$f''(0) = 1 > 0 \ \Rightarrow\ $ relatives Minimum bei $x_1 = 0$
Minimalwert:
$f(0) = -1 \cdot e^0 = -1$

Randuntersuchung:

linker Rand:

$$\lim_{x \to -\infty} f(x) = \lim_{x \to -\infty} \underbrace{(x-1)}_{\to -\infty} \underbrace{e^x}_{\to 0} = 0 \qquad \text{„e gewinnt.“}$$

rechter Rand:

$$f(1{,}5) = (1{,}5 - 1)e^{1{,}5} \approx 2{,}24$$

Der Vergleich des Minimalwertes –1 mit den Randwerten 0 und 2,24 zeigt, dass –1 globales Minimum ist.

Am rechten Rand mit Funktionswert 2,24 liegt demnach der größte Funktionswert, also ist bei $x_2 = 1{,}5$ der globale Maximalwert ca. 2,24.

Für die Wertemenge gilt damit $W_f \approx [-1;\, 2{,}24]$.

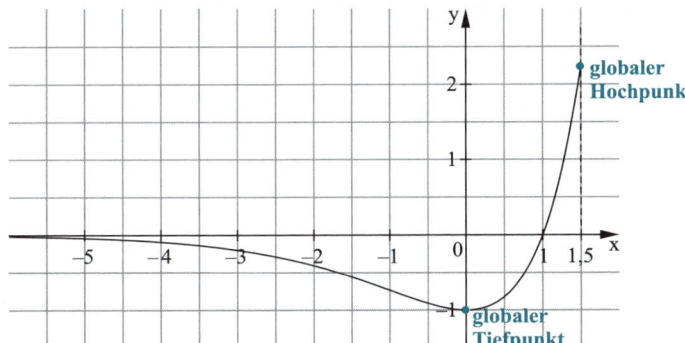

gaben 48. Die Funktion $f(x) = e^{-x}$ mit $D_f = \mathbb{R}$ soll auf ihre jeweiligen Eigenschaften hin untersucht werden.

a) Geben Sie die Grenzwerte an den Rändern des Definitionsbereiches und die Wertemenge von f an.

b) Ermitteln Sie das Monotonieverhalten und schließen Sie auf die Existenz von Extremwerten.

c) Verfahren Sie auf die gleiche Weise mit dem Krümmungsverhalten von G_f.

d) Zeichnen Sie in einem geeigneten Bereich den Graphen von f.

49. Ermitteln Sie beim Graphen der Funktion $f(x) = (x^2 + 1)e^{-\frac{x}{2}}$ sämtliche markanten Punkte (Schnittpunkte mit den Achsen, Extrempunkte und Wendepunkte), zeichnen Sie den Graphen für $x \in [-1;\, 8]$ und markieren Sie die genannten Punkte in Ihrem Diagramm.

Auf der y-Achse soll gelten: 1 LE = 2 cm

50. Die Funktion $f(x) = x^2 e^{-x} + 2$ mit $D_f = [-0,5; 5]$ wird betrachtet.

a) Begründen Sie, warum f keine Nullstellen haben kann, ohne Berechnungen durchzuführen.

b) Erläutern Sie, wiederum ohne Rechnung, an welcher Stelle f sein globales Minimum haben muss.

c) Bestimmen Sie sämtliche Extrema der Funktion im Inneren von D_f.

d) Ermitteln Sie das globale Minimum und das globale Maximum von f und geben Sie daraufhin den Wertebereich an.

e) Zeichnen Sie den Graphen von f.

51. Ein Bakterienstamm mit $N_0 = 100$ Bakterien wird zum Zeitpunkt $t = 0$ auf ein endliches Substrat ausgebracht. Die Entwicklung der Anzahl $N(t)$ der Bakterien in Abhängig der Zeit t, die in der Einheit Stunden gemessen wird, kann näherungsweise durch die Funktion $N(t) = N_0(t+1)e^{-\frac{t}{10}}$ beschrieben werden.

a) Berechnen Sie auf ganze Zahlen gerundet die zu erwartende Anzahl von Bakterien zu den angegebenen Zeiten:

t	0	2	5	10	15	20	25	30
N(t)	100							

b) Zeigen Sie, dass gilt: $N'(t) = 10(9-t)e^{-\frac{t}{10}}$ und $N''(t) = (t-19)e^{-\frac{t}{10}}$

c) Nach wie vielen Stunden hat die Bakterienzahl ihre größtmögliche Anzahl erreicht und wie groß ist diese Menge?

d) Berechnen Sie den Wendepunkt der Funktion $N(t)$ und erläutern Sie, welche Bedeutung er in diesem Zusammenhang hat.

52. Eine Funktion, die in der Wahrscheinlichkeitsrechnung und Statistik eine wichtige Rolle spielt, wird Normalverteilung oder auch Gauß'sche Glockenkurve genannt. Sie lautet, bis auf einen Faktor:

$f(x) = e^{-\frac{x^2}{2}}$ mit $D_f = \mathbb{R}$

Hinweis: Das „hoch 2" bezieht sich ausschließlich auf die Basis x. Wären andere Teile in das Quadrat mit einbezogen, müssten entsprechende Klammern gesetzt werden. Wegen des ausschließlich vorkommenden x zum Quadrat ist G_f achsensymmetrisch zur y-Achse.

a) Geben Sie die Grenzwerte für $x \to \pm\infty$ an. Interpretieren Sie Ihr Ergebnis im Hinblick auf den Graphen.

b) Bestimmen Sie die Koordinaten des globalen Hochpunktes und geben Sie anschließend die Wertemenge der Funktion an.

c) Berechnen Sie die Koordinaten der Wendepunkte.

d) Zeichnen Sie den Graphen im Bereich $|x| \leq 3$ mithilfe einer Wertetabelle für $x = 0$; $\pm 0,25$; $\pm 0,5$; ± 1; $\pm 1,5$; ± 2; $\pm 2,5$; ± 3.
Verwenden Sie 1 LE = 2 cm auf der x-Achse und 1 LE = 4 cm auf der y-Achse.
Markieren Sie Extrem- und Wendepunkte.

4 Integralrechnung

Mit den bisherigen Integrationsregeln (siehe Seite 33) können Stammfunktionen F von ganzrationalen Funktionen f bestimmt werden. Dabei ist F (nach Definition) eine Stammfunktion von f, wenn $F' = f$ gilt.

ispiele

1. Zu der Funktion $f(x) = 2x^3 - \frac{1}{2}x^2 + 4x - 3$ sind sämtliche Stammfunktionen zu ermitteln. Anschließend soll der Nachweis geführt werden, dass die aufgefundenen Funktionen tatsächlich Stammfunktionen sind.

   Lösung:

   $$\int f(x)\,dx = \int (2x^3 - \tfrac{1}{2}x^2 + 4x - 3)\,dx$$
   $$= 2 \cdot \tfrac{1}{4}x^4 - \tfrac{1}{2} \cdot \tfrac{1}{3}x^3 + 4 \cdot \tfrac{1}{2}x^2 - 3x + C$$
   $$= \tfrac{1}{2}x^4 - \tfrac{1}{6}x^3 + 2x^2 - 3x + C$$

   Dabei ist C eine konstante Zahl, Integrationskonstante genannt. Angewandt wurden die Summenregel, nach der die einzelnen Summanden getrennt integriert werden, und die Faktorregel, der zufolge konstante Faktoren beim Integrieren unverändert erhalten bleiben. Ferner wurde die Formel für die Integration der Potenzfunktion verwendet:

   $$\int x^n\,dx = \tfrac{1}{n+1}x^{n+1} + C \quad \text{für } n \in \mathbb{N}$$

   Der Nachweis, dass das Ergebnis Stammfunktionen sind, wird durch Ableiten geführt:

   $$\left(\tfrac{1}{2}x^4 - \tfrac{1}{6}x^3 + 2x^2 - 3x + C\right)' = \tfrac{1}{2} \cdot 4x^3 - \tfrac{1}{6} \cdot 3x^2 + 2 \cdot 2x - 3 + 0$$
   $$= 2x^3 - \tfrac{1}{2}x^2 + 4x - 3$$
   $$= f(x)$$

   Damit ist der Nachweis geführt, dass es sich um Stammfunktionen von f handelt.

2. Bestimmen Sie $\int (x^2 - 2x + 3)^2\, dx$.

Lösung:

Produkte von Funktionen können nicht direkt integriert werden. Um die bekannten Integrationsregeln anwenden zu können, muss zunächst ausmultipliziert werden:

$$(x^2 - 2x + 3)^2 = (x^2 - 2x + 3)(x^2 - 2x + 3) = x^4 - 4x^3 + 10x^2 - 12x + 9$$

Der ausmultiplizierte Term kann nun mit den bekannten Regeln integriert werden.

$$\int (x^4 - 4x^3 + 10x^2 - 12x + 9)\, dx = \tfrac{1}{5}x^5 - x^4 + \tfrac{10}{3}x^3 - 6x^2 + 9x + C$$

Aufgabe 53. Ermitteln Sie jeweils die Stammfunktionen und weisen Sie durch Ableiten nach, dass es tatsächlich Stammfunktionen sind.

a) $\int \left(\tfrac{1}{2} - x\right) dx$

b) $\int (2x - 1)(x + 3)\, dx$

c) $\int 5(x - 2)^2\, dx$

d) $\int \dfrac{(2x + 1)^2}{3}\, dx$

4.1 Integration von e-Funktionen

Die Ableitung der e-Funktion ergibt wieder die e-Funktion:
$(e^x)' = e^x$

Damit sind umgekehrt auch sofort die Stammfunktionen der e-Funktion angegeben, nämlich:

$$\int e^x\, dx = e^x + C$$

Natürlich gelten Summen- und Faktorregel weiterhin.

Beispiele
1. Gegeben ist die Funktion f mit $f(x) = e^x + 1$.
   Bestimmen Sie sämtliche Stammfunktionen von f.

   Lösung:

   $$\int (e^x + 1)\, dx = \int e^x\, dx + \int 1\, dx = e^x + 1 \cdot x + C = e^x + x + C$$

2. Ermitteln Sie zu der Funktion $f(x) = 3e^x + 2x^2 - 4x$ sämtliche Stammfunktionen.

Lösung:

$$\int (3e^x + 2x^2 - 4x)\, dx = \int 3e^x\, dx + \int 2x^2\, dx - \int 4x\, dx$$
$$= 3 \cdot \int e^x\, dx + 2 \cdot \int x^2\, dx - 4 \cdot \int x\, dx$$
$$= 3e^x + \frac{2}{3}x^3 - 2x^2 + C$$

Etwas schwieriger wird es, wenn nicht die e-Funktion in ihrer Grundform zu integrieren ist, sondern eine e-Funktion in der Form $x \mapsto e^{ax+b}$ mit konstanten Zahlen $a \neq 0$ und b. In diesem Fall handelt es sich um zwei miteinander verkettete Funktionen: In die e-Funktion ist die lineare Funktion $y = ax + b$ eingesetzt. Zum Ableiten muss deshalb die Kettenregel (Nachdifferenzieren) zum Einsatz kommen. Wird $x \mapsto e^{ax+b}$ abgeleitet, so erhält man:

$$(e^{ax+b})' = e^{ax+b} \cdot (ax+b)' = e^{ax+b} \cdot a = ae^{ax+b}$$

Es entsteht beim Ableiten der Faktor a gegenüber der ursprünglichen Funktion, weshalb $x \mapsto e^{ax+b}$ selbst keine Stammfunktion ist. Das Auftreten des Faktors a lässt sich aber leicht „korrigieren". Leitet man nämlich $\frac{1}{a}e^{ax+b}$ ab, so erhält man tatsächlich e^{ax+b}, da sich a wegkürzt.

Regel

$$\int e^{ax+b}\, dx = \frac{1}{a}e^{ax+b} + C$$

Bei der **Verkettung der e-Funktion** mit einer linearen Funktion muss beim Bilden der Stammfunktion die ursprüngliche Funktion noch mit dem Kehrwert des bei x stehenden Faktors multipliziert werden.

ispiele

Schreiben Sie die folgenden unbestimmten Integrale in integralfreier Darstellung:

a) $\int e^{3x-1}\, dx$
b) $\int e^{2-x}\, dx$

c) $\int e^{\frac{1}{2}x-1}\, dx$
d) $\int e^{0,1x-2}\, dx$

Lösung:

a) $\int e^{3x-1}\, dx = \frac{1}{3}e^{3x-1} + C$

b) $\int e^{2-x}\, dx = \frac{1}{-1}e^{2-x} + C = -e^{2-x} + C$

c) $\int e^{\frac{1}{2}x-1}\, dx = \frac{1}{\frac{1}{2}}e^{\frac{1}{2}x-1} + C = 2e^{\frac{1}{2}x-1} + C$

d) $\int e^{0,1x-2}\, dx = \frac{1}{0,1}e^{0,1x-2} + C = 10e^{0,1x-2} + C$

54. Stellen Sie nachfolgende unbestimmte Integrale in integralfreier Form dar:

a) $\int \left(1 - x + \frac{1}{2}e^x\right) dx$

b) $\int \frac{3e^x - 2x}{3} dx$

c) $\int 4\left(2x^2 + \frac{1}{2}e^x\right) dx$

55. Berechnen Sie die angegebenen Integrale.

a) $\int e^{\frac{x}{2}} dx$ \qquad\qquad b) $\int e^{-2x} dx$

56. Ermitteln Sie die Stammfunktionen der nachfolgenden Funktionen und machen Sie jeweils die Probe mittels Ableiten.

a) $f(x) = 1 - e^{-x}$ \qquad\qquad b) $f(x) = 4e^{-\frac{x}{2}}$

c) $f(x) = e^{2(x-1)} - e^2$ \qquad\qquad d) $f(x) = ae^{kx} + c; \ k \neq 0$

57. Weisen Sie nach, dass $F(x) = -2 \cdot (x+2) \cdot e^{-\frac{x}{2}}$ eine Stammfunktion von $f(x) = x \cdot e^{-\frac{x}{2}}$ ist.

4.2 Das bestimmte Integral

Neben dem unbestimmten Integral gibt es auch noch ein bestimmtes Integral. Dieses spielt bei Flächenberechnungen eine tragende Rolle.

Das bestimmte Integral
Eine Funktion f sei im Intervall [a; b] definiert und besitze eine Stammfunktion F. Dann heißt

$$\int_a^b f(x)\, dx$$

das **bestimmte Integral** von f(x) in den Grenzen von a bis b. Das bestimmte Integral wird wie folgt berechnet:

$$\int_a^b f(x)\, dx := \left[F(x)\right]_a^b := F(b) - F(a)$$

Um das bestimmte Integral einer Funktion f zu berechnen, geht man folgendermaßen vor: Man verschafft sich eine Stammfunktion F, sprich: Man integriert f und
erhält F. Anschließend setzt man in diese Stammfunktion die **obere Grenze** sowie
die **untere Grenze** ein und bildet die Differenz. Der so erhaltene Zahlenwert ist
das bestimmte Integral.

ispiele

1. Berechnen Sie das bestimmte Integral der Funktion $f(x) = \frac{1}{4}x^2$ in den
   Grenzen von $a = 2$ bis $b = 5$.

   Lösung:
   Ansatz:

   $$\int_2^5 \frac{1}{4}x^2 \, dx$$

   Man braucht eine (beliebige) Stammfunktion von f(x). Man nimmt die
   einfachste, d. h. die mit der Integrationskonstante $C = 0$ (jede andere ginge
   auch, macht die Rechnung aber nur aufwendiger):

   $$\int_2^5 \frac{1}{4}x^2 \, dx = \left[\frac{1}{12}x^3\right]_2^5 = \frac{1}{12}5^3 - \frac{1}{12}2^3 = \frac{117}{12}$$

2. Berechnen Sie:

   $$\int_{-4}^0 x^2(x-4) \, dx$$

   Lösung:

   $$\int_{-4}^0 x^2(x-4) \, dx = \int_{-4}^0 (x^3 - 4x^2) \, dx = \left[\frac{1}{4}x^4 - \frac{4}{3}x^3\right]_{-4}^0$$
   $$= 0 - \left(\frac{1}{4}(-4)^4 - \frac{4}{3}(-4)^3\right) = -\frac{448}{3}$$

3. Ermitteln Sie:

   $$\int_{-1}^2 e^{-\frac{x}{2}} \, dx$$

   Lösung:

   $$\int_{-1}^2 e^{-\frac{x}{2}} \, dx = \left[-2e^{-\frac{x}{2}}\right]_{-1}^2 = -2e^{-\frac{2}{2}} - (-2e^{-\frac{-1}{2}}) = -2e^{-1} + 2e^{\frac{1}{2}}$$
   $$= 2(e^{0,5} - e^{-1}) \approx 2,56$$

Für bestimmte Integrale hat man einige Rechenregeln, die sich unmittelbar aus der Definition des bestimmten Integrals ergeben.

Regel

Rechenregeln für bestimmte Integrale

1. $\int\limits_a^a f(x)\,dx = 0$

2. $\int\limits_a^b f(x)\,dx = -\int\limits_b^a f(x)\,dx$

3. Für $a < b < c$ gilt: $\int\limits_a^c f(x)\,dx = \int\limits_a^b f(x)\,dx + \int\limits_b^c f(x)\,dx$

Nach Regel 1 ergibt das bestimmte Integral den Wert null, wenn obere und untere Grenze gleich sind. Regel 2 besagt, dass sich beim Vertauschen der Integrationsgrenzen beim bestimmten Integral das Vorzeichen wechselt. Regel 3 benötigt man beispielsweise bei der Integration abschnittsweise definierter Funktionen, wie das folgende Beispiel zeigt.

Beispiel

Integrieren Sie die Funktion $x \mapsto |x|$ in den Grenzen von $a = -2$ bis $b = 3$.

Lösung:

$|x|$ wird definitionsgemäß aufgespalten:

$$|x| = \begin{cases} x & \text{für } x \geq 0 \\ -x & \text{für } x < 0 \end{cases}$$

Dann wird über die jeweils zutreffenden Teilintervalle integriert:

$$\int\limits_{-2}^{3} |x|\,dx = \int\limits_{-2}^{0} (-x)\,dx + \int\limits_{0}^{3} x\,dx = \left[-\tfrac{1}{2}x^2\right]_{-2}^{0} + \left[\tfrac{1}{2}x^2\right]_{0}^{3}$$

$$= 0 - \left(-\tfrac{1}{2}(-2)^2\right) + \tfrac{1}{2}3^2 - 0 = \tfrac{13}{2}$$

Aufgaben

58. Berechnen Sie die bestimmten Integrale:

a) $\int\limits_{-2}^{2} x\,dx$

b) $\int\limits_{0}^{5} x(x-3)\,dx$

c) $\int\limits_{-2}^{1} \left(4x^3 + x^2 - \frac{1}{2}x + 5\right) dx$

d) Bestimmen Sie t so, dass gilt:

$\int\limits_{-1}^{t} (x+1)^3 \, dx = 4$

59. Bestimmen Sie ferner:

a) $\int\limits_{0}^{1} e^x \, dx$

b) $\int\limits_{-2}^{2} 3e^{-x+1} \, dx$

c) $\int\limits_{-1}^{0} \frac{1}{2}e^{3-\frac{x}{2}} \, dx$

4.3 Flächenberechnung

Die Notwendigkeit, die Inhalte ebener Flächenstücke zu berechnen, ist in der Praxis an vielen Stellen vorhanden: Bei Grundstückskäufen benötigt man die Quadratmeterzahl des betreffenden Stück Landes. Vor dem Kauf eines Teppichbodens muss der Flächeninhalt des Zimmers ermittelt werden, in dem er verlegt werden soll, usw. Mit dem bestimmten Integral können nun auch die Inhalte krummlinig begrenzter Flächen berechnet werden.

Das bestimmte Integral hängt mit der Berechnung von Flächeninhalten wie folgt zusammen.

Regel

> **Fläche oberhalb der x-Achse**
> Hat eine Funktion f im Intervall [a; b] keinen Sprung und keine negativen Werte, dann gilt für den Inhalt A der vom Graphen von f, der x-Achse sowie den Grenzgeraden x = a und x = b eingeschlossenen Fläche:
>
> $A = \int\limits_{a}^{b} f(x) \, dx$

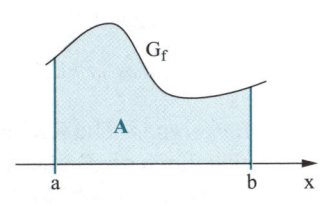

Beispiele

1. Berechnen Sie den Flächeninhalt A der Fläche, die vom Graphen der Funktion $f(x) = \frac{1}{4}x^2$, der x-Achse sowie den Grenzgeraden x = 2 und x = 5 eingeschlossen wird.

Lösung:
Die Fläche liegt vollständig oberhalb der x-Achse. Deshalb liefert das bestimmte Integral den gewünschten Flächeninhalt (Angabe in **F**lächen-**E**inheiten FE):

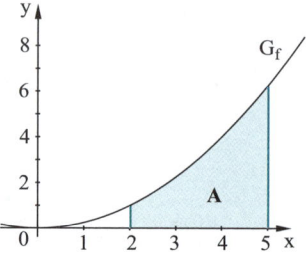

$$A = \int_2^5 \tfrac{1}{4} x^2 \, dx = \left[\tfrac{1}{12} x^3 \right]_2^5$$

$$= \tfrac{1}{12} 5^3 - \tfrac{1}{12} 2^3 = \tfrac{39}{4} \text{ FE} = 9{,}75 \text{ FE}$$

2. Berechnen Sie den Inhalt der vom Graphen der Funktion $f(x) = -x^2 + 2$ und der x-Achse eingeschlossenen Fläche.

Lösung:
Die eingeschlossene Fläche ist in der Abbildung eingefärbt. Eine andere endliche zwischen Graph und x-Achse eingeschlossene Fläche gibt es nicht. Diesmal sind die untere und obere Grenze des Integrals nicht angegeben. Sie müssen berechnet werden. Es sind die Nullstellen von $f(x)$:

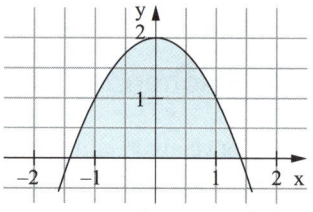

$$f(x) = 0 \iff -x^2 + 2 = 0 \iff x^2 = 2 \implies x_{1/2} = \pm\sqrt{2}$$

Damit kann das bestimmte Integral angesetzt werden:

$$A = \int_{-\sqrt{2}}^{\sqrt{2}} (-x^2 + 2) \, dx = \left[-\tfrac{1}{3} x^3 + 2x \right]_{-\sqrt{2}}^{\sqrt{2}}$$

$$= -\tfrac{1}{3} \sqrt{2}^3 + 2\sqrt{2} - \left(-\tfrac{1}{3} (-\sqrt{2})^3 + 2(-\sqrt{2}) \right)$$

$$= -\tfrac{2}{3} \sqrt{2} + 2\sqrt{2} - \left(\tfrac{2}{3} \sqrt{2} - 2\sqrt{2} \right)$$

$$= \sqrt{2} \cdot \left(-\tfrac{2}{3} + 2 - \tfrac{2}{3} + 2 \right) = \tfrac{8}{3} \sqrt{2} \text{ FE} \approx 3{,}77 \text{ FE}$$

Bemerkung: Die Rechnung vereinfacht sich durch die Berücksichtigung der **Symmetrie** erheblich, weil die untere Grenze jetzt 0 ist:

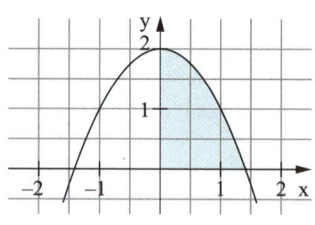

$$A = 2 \cdot \int_0^{\sqrt{2}} (-x^2 + 2) \, dx = 2 \cdot \left[-\tfrac{1}{3} x^3 + 2x \right]_0^{\sqrt{2}}$$

$$= 2 \cdot \left(-\tfrac{1}{3} \sqrt{2}^3 + 2\sqrt{2} - 0 \right)$$

$$= 2\sqrt{2} \cdot \left(-\tfrac{2}{3} + 2 \right) = \tfrac{8}{3} \sqrt{2} \text{ FE}$$

Regel

Fläche unterhalb der x-Achse

Wenn die Fläche vollständig unter der x-Achse liegt, muss man berücksichtigen, dass das zugehörige bestimmte Integral zwar den richtigen Zahlenwert liefert, jedoch mit negativem Vorzeichen. Deshalb lautet der Ansatz für den Flächeninhalt in solchen Fällen:

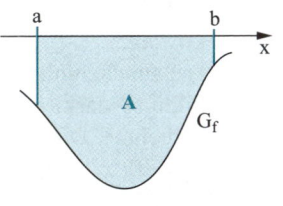

$$A = \left| \int_a^b f(x)\, dx \right|$$

Beispiel

Der Graph der Funktion $f(x) = x^2(x-3)$ schließt mit der x-Achse ein endliches Flächenstück ein. Berechnen Sie seinen Inhalt.

Lösung:

Da das Flächenstück vollständig unter der x-Achse liegt und Flächeninhalte nicht negativ sein können, wird der Betrag angesetzt. Die Integrationsgrenzen sind die Nullstellen der Funktion; man erkennt sie sofort am faktorisierten Funktionsterm: $x_{1/2} = 0,\ x_3 = 3$

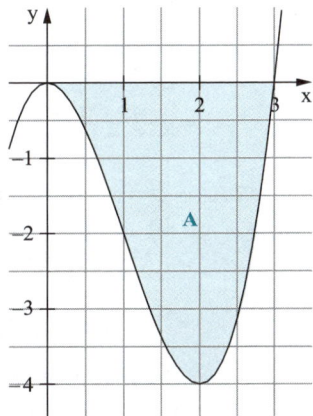

$$A = \left| \int_0^3 x^2(x-3)\, dx \right| = \left| \int_0^3 (x^3 - 3x^2)\, dx \right|$$

$$= \left| \left[\tfrac{1}{4}x^4 - x^3 \right]_0^3 \right| = \left| \tfrac{1}{4}3^4 - 3^3 - 0 \right|$$

$$= 3^3 \cdot \left| \tfrac{3}{4} - 1 \right| = 27 \cdot \left| -\tfrac{1}{4} \right| = \tfrac{27}{4}\ \text{FE}$$

$$= 6,75\ \text{FE}$$

Regel

Flächenanteile ober- und unterhalb der x-Achse

Hat eine Fläche Anteile ober- und unterhalb der x-Achse und soll der gesamte Flächeninhalt bestimmt werden, so muss man die Anteile einzeln integrieren und ihr Vorzeichen berücksichtigen. Als Formel kann man das folgendermaßen angeben (siehe Abbildung):

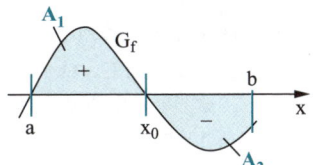

$$A_1 = \int_a^{x_0} f(x)\, dx \quad \text{und} \quad A_2 = \left| \int_{x_0}^b f(x)\, dx \right|$$

$$A = A_1 + A_2$$

1. Der Graph der Funktion $f(x) = x^2(x-2)(x-3)$ schließt mit der x-Achse eine endliche Fläche ein. Berechnen Sie den Inhalt.

   Lösung:
   Der Flächeninhalt der in der Abbildung markierten Fläche wird berechnet. Die Nullstellen sind:
   $x_{1/2} = 0$; $x_3 = 2$ und $x_4 = 3$

   Die Inhalte der zwei Flächenanteile werden getrennt berechnet:

   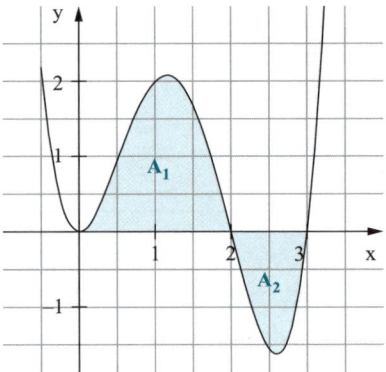

   $$A_1 = \int_0^2 f(x)\,dx$$

   $$= \int_0^2 (x^4 - 5x^3 + 6x^2)\,dx$$

   $$= \left[\tfrac{1}{5}x^5 - \tfrac{5}{4}x^4 + 2x^3 \right]_0^2$$

   $$= \tfrac{1}{5} \cdot 2^5 - \tfrac{5}{4} \cdot 2^4 + 2 \cdot 2^3 - 0 = \tfrac{32}{5} - 20 + 16 = \tfrac{12}{5}\ \text{FE} = 2,4\ \text{FE}$$

   $$A_2 = \left| \int_2^3 f(x)\,dx \right| = \left| \int_2^3 (x^4 - 5x^3 + 6x^2)\,dx \right| = \left| \left[\tfrac{1}{5}x^5 - \tfrac{5}{4}x^4 + 2x^3 \right]_2^3 \right|$$

   $$= \left| \tfrac{1}{5} \cdot 3^5 - \tfrac{5}{4} \cdot 3^4 + 2 \cdot 3^3 - \left(\tfrac{1}{5} \cdot 2^5 - \tfrac{5}{4} \cdot 2^4 + 2 \cdot 2^3 \right) \right|$$

   $$= \left| 3^3 \cdot \left(\tfrac{9}{5} - \tfrac{15}{4} + 2 \right) - \tfrac{12}{5} \right| = \left| 27 \cdot \tfrac{1}{20} - \tfrac{12}{5} \right| = \left| -\tfrac{21}{20} \right|\ \text{FE} = 1,05\ \text{FE}$$

   Der Gesamtinhalt ist damit:
   $A = A_1 + A_2 = 2,4\ \text{FE} + 1,05\ \text{FE} = 3,45\ \text{FE}$

2. Es wird nochmals die Funktion f von Beispiel 1 betrachtet.

   Berechnen Sie das bestimmte Integral $\int_0^3 f(x)\,dx$

   a) durch direkte Integration und

   b) mit den Ergebnissen von Beispiel 1.
   Erläutern Sie, wie der Zahlenwert dieses bestimmten Integrals zustande kommt.

   Lösung:

   a) $\displaystyle \int_0^3 f(x)\,dx = \int_0^3 (x^4 - 5x^3 + 6x^2)\,dx = \left[\tfrac{1}{5}x^5 - \tfrac{5}{4}x^4 + 2x^3 \right]_0^3 = \tfrac{27}{20} = 1,35$

b) $\displaystyle\int_0^3 f(x)\,dx = A_1 - A_2$

$$= 2,40 - 1,05 = 1,35$$

Das bestimmte Integral ist die Bilanz der Flächenanteile über der x-Achse abzüglich der Anteile unter der x-Achse.

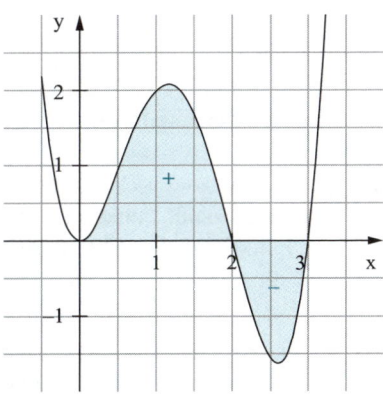

60. Bei der in den obigen Beispielen verwendeten Funktion
$f(x) = x^2(x-2)(x-3)$ gilt:

$$\int_{-0,5}^3 f(x)\,dx = \tfrac{539}{320} = 1,684375$$

Berechnen Sie den Flächeninhalt von A_0 (siehe Abbildung)

a) ohne Integration, aber unter Verwendung der Ergebnisse von Beispiel 2,

b) durch direkte Berechnung.

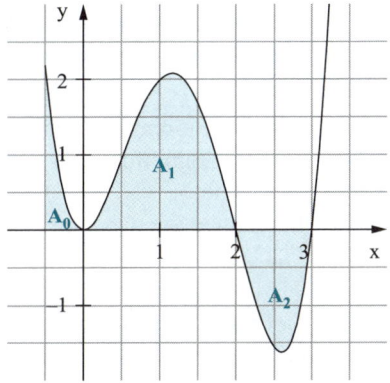

61. Der Graph der Funktion $f(x) = x^4 - 2x^2 + 1$, die x-Achse sowie die Geraden $x = -2$ und $x = 2$ schließen ein Flächenstück ein.

a) Fertigen Sie eine Skizze des Graphen von f und markieren Sie das beschriebene Flächenstück.

b) Berechnen Sie den zugehörigen Flächeninhalt.

62. Der Graph der Funktion $g(x) = -\tfrac{1}{2}(x^3 + 6x^2 + 9x)$ schließt mit der x-Achse ein Flächenstück ein.

a) Berechnen Sie die Lage und Vielfachheit der Nullstellen von g.

b) Skizzieren Sie den Graphen von g und schraffieren Sie die genannte Fläche.

c) Berechnen Sie den zugehörigen Flächeninhalt.

63. Berechnen Sie den Flächeninhalt der zwischen $h(x) = -x^3 + x^2 + 5x + 3$ und der x-Achse eingeschlossenen Fläche.

Hinweis: Fertigen Sie vorher eine Skizze des Graphen von h an und berechnen Sie relevante Punkte.

64. Im nachfolgenden Diagramm sind die Graphen zweier Funktionen abgebildet: Der Graph einer Funktion f (schwarz) und der Graph einer Stammfunktion F von Funktion f. Es geht um den Flächeninhalt, den G_f im I. Quadranten einschließt.

a) Versuchen Sie, den Inhalt dieser Fläche näherungsweise zu bestimmen, indem Sie die Kästchen im Gitter des Koordinatensystems zählen.

b) Ermitteln Sie durch Ablesen aus dem Diagramm den gesuchten Flächeninhalt mithilfe des Graphen G_F.

c) Statt der Stammfunktion F wird nun die Stammfunktion $F^* = F - 1$ verwendet.
Berechnen Sie den genannten Flächeninhalt mit F^*.

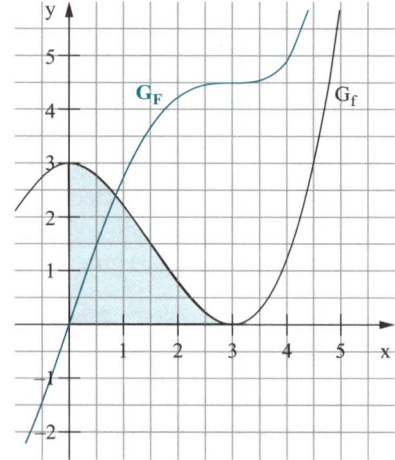

65. a) Der Graph der Funktion $f(x) = x^3 - 6x$ schließt mit der positiven x-Achse ein Flächenstück ein. Berechnen Sie seinen Inhalt.

b) Berechnen Sie den Inhalt der Fläche, den die Funktion $g(x) = \frac{1}{4}x^4 - x^2$ mit der x-Achse einschließt.

66. Gegeben ist die Funktion $f(x) = x^3 - 3x$.

a) Berechnen Sie ihre Nullstellen und Extremwerte. Skizzieren Sie mit diesen Informationen den Graphen.

b) Berechnen Sie den Inhalt der Fläche, die der Graph von f mit der x-Achse einschließt. Nutzen Sie Rechenvorteile aus, die sich aus speziellen Eigenschaften des Graphen von f ergeben.

c) Geben Sie den Wert des bestimmten Integrals $\int\limits_{-\sqrt{3}}^{\sqrt{3}} (x^3 - 3x)\, dx$ begründet an.

67. Gegeben sind die Funktionen $f_t(x) = x^2 - t^2$ mit $t \in \mathbb{R} \wedge t > 0$.

a) Zunächst ist $t = 1$.
 Berechnen Sie den Inhalt derjenigen Fläche, die von G_{f_1}, der x-Achse sowie den Grenzen $x_1 = 0$ und $x_2 = 3$ eingeschlossen wird. Fertigen Sie zuerst eine Skizze der beschriebenen Fläche.

b) Bestimmen Sie die Nullstellen von f_t in Abhängigkeit von t.

c) Für welchen Wert von t schließen der Graph von f_t und die x-Achse ein Flächenstück mit einem Inhalt von $\frac{9}{16}$ FE ein?

4.4 Fläche zwischen zwei Graphen

Wird eine Fläche von den Graphen zweier Funktionen f und g begrenzt, so muss man zur Berechnung des Flächeninhalts das Integral über die **Differenzfunktion** $f(x) - g(x)$ bilden. Achtet man darauf, dass man bei der Differenzbildung die obere Randfunktion (im Bild $f(x)$) minus die untere Randfunktion ansetzt, so ergibt sich automatisch das richtige Vorzeichen „+" für den Flächeninhalt. Für den Inhalt A der abgebildeten Fläche gilt dann:

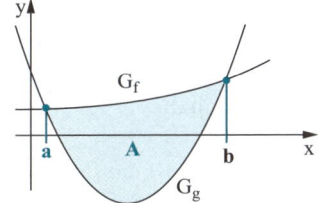

$$A = \int_a^b \left(f(x) - g(x) \right) dx$$

Bestimmen Sie den Inhalt der zwischen den beiden Graphen von f_1 und f_2 eingeschlossenen Fläche, wobei $f_1(x) = x^2 - 2x + 1$ und $f_2(x) = -x^2 + \frac{5}{2}$.

Lösung:
Als Integrationsgrenzen sind die Schnittstellen zu bestimmen.

Ansatz auf Schneiden:
$f_1(x) = f_2(x)$
Man erhält:

$$x_1 = -\frac{1}{2}; \quad x_2 = \frac{3}{2}$$

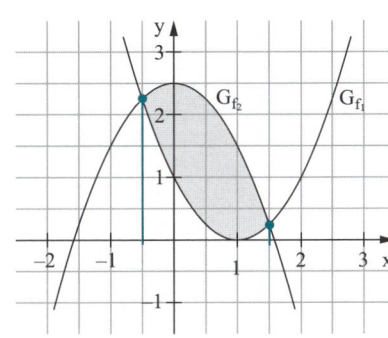

Zur Flächeninhaltsbestimmung überlegt man sich, dass der Graph von f_2 den oberen Rand bildet und der Graph von f_1 den unteren.

Damit lautet der Ansatz:

$$A = \int\limits_{-\frac{1}{2}}^{\frac{3}{2}} (f_2(x) - f_1(x))\, dx = \int\limits_{-\frac{1}{2}}^{\frac{3}{2}} \left(-x^2 + \frac{5}{2} - (x^2 - 2x + 1)\right) dx$$

$$= \int\limits_{-\frac{1}{2}}^{\frac{3}{2}} \left(-2x^2 + 2x + \frac{3}{2}\right) dx = \left[-\frac{2}{3}x^3 + x^2 + \frac{3}{2}x\right]_{-\frac{1}{2}}^{\frac{3}{2}}$$

$$= -\frac{2}{3}\left(\frac{3}{2}\right)^3 + \left(\frac{3}{2}\right)^2 + \frac{3}{2}\cdot\frac{3}{2} - \left(-\frac{2}{3}\left(-\frac{1}{2}\right)^3 + \left(-\frac{1}{2}\right)^2 + \frac{3}{2}\cdot\left(-\frac{1}{2}\right)\right)$$

$$= -\frac{9}{4} + \frac{9}{4} + \frac{9}{4} - \left(\frac{1}{12} + \frac{1}{4} - \frac{3}{4}\right) = \frac{9}{4} + \frac{5}{12} = \frac{32}{12} = \frac{8}{3}\ \text{FE}$$

Aufgaben

68. Die Parabeln der beiden Funktionen $f(x) = x^2$ und $g(x) = \frac{1}{4}x^2 + 2$ schließen ein Flächenstück ein. Fertigen Sie eine Skizze und berechnen Sie den Flächeninhalt.

69. Gegeben ist die Funktion $f(x) = \frac{1}{2}x^3 - 3x^2 + \frac{9}{2}x$. Die Gerade g, die senkrecht auf der Wendetangente steht und durch den Wendepunkt verläuft, schließt mit dem Graphen von f zwei Flächenstücke ein.

a) Zeichnen Sie den Graphen von f sowie die Gerade g und kennzeichnen Sie die Flächenstücke.

b) Ermitteln Sie die Inhalte der Flächenstücke.

70. Parabelherz

Berechnen Sie den Flächeninhalt des nebenstehenden „Parabelherzens".

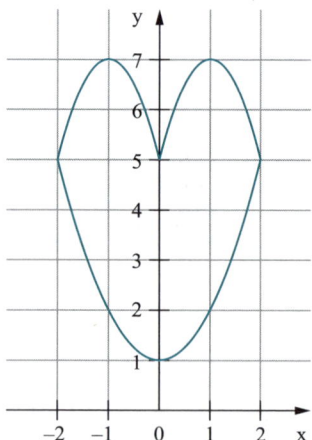

71. Ermitteln Sie die Inhalte der beiden grau gefärbten Flächen und zeigen Sie, dass sie in einem bestimmten, von a unabhängigen Verhältnis zueinander stehen. Geben Sie auch dieses Verhältnis an.

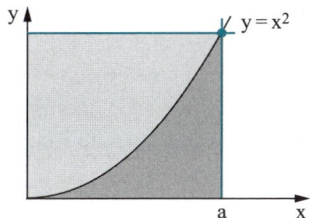

72. Für eine Funktion g soll gelten, dass $g(0) = g'(0) = 0$ und

$$\int_0^a g(x)\,dx = -2 \text{ für } a \in \mathbb{R} \wedge a > 0.$$

Skizzieren Sie einen möglichen Verlauf für den Graphen von g in $0 \leq x \leq a$.

73. Staumauer
Die Abbildung zeigt den Querschnitt einer 10 m hohen, symmetrischen Staumauer.
Alle Längeneinheiten sind in Meter angegeben. Der rechte Mauerrand wird in einem geeigneten Intervall durch den quadratischen Funktionsterm

$r_a(x) = a(x-2)^2$, mit $a \in \mathbb{R}$,

dargestellt.

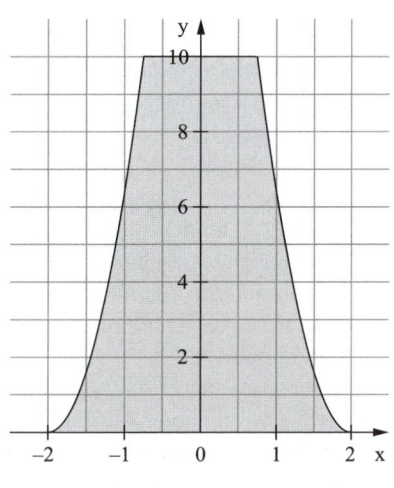

a) Bestimmen Sie a so, dass die Mauer oben noch 1,5 m breit ist.
[Ergebnis: a = 6,4]

b) Berechnen Sie den Flächeninhalt des Mauerquerschnitts.

c) Stellen Sie die seitlichen Mauerränder und den oberen Mauerrand als abschnittsweise definierte Funktion g dar.

d) Welche mathematischen Eigenschaften hat diese Funktion g an den Übergangsstellen?

74. a) Betrachten Sie einen Halbkreis mit Radius 1 und ein flächenmäßig gleich großes Rechteck. Ermitteln Sie die Rechteckhöhe (ohne Integralrechnung).
Identifizieren Sie in der Abbildung weitere gleich große Flächenstücke.

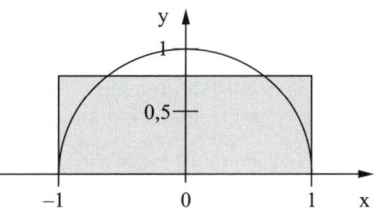

b) Jetzt ist der Halbkreis durch ein Parabelstück der Funktion $p(x) = 1 - x^2$ ersetzt. Berechnen Sie auch in diesem Fall die passende Rechteckhöhe.

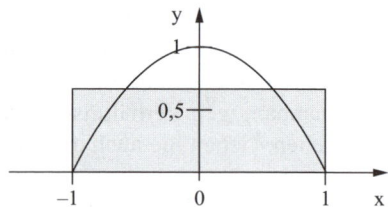

c) Diese ermittelten Rechteckhöhen bezeichnet man als die Mittelwerte der entsprechenden Funktionen auf den betrachteten Intervallen.

   (1) Geben Sie eine allgemeine Formel für den Mittelwert einer Funktion $f(x)$ auf dem Intervall $[a; b]$ an.

   (2) Bestimmen Sie den Mittelwert der Funktion $f(x) = x^2$ auf dem Intervall $[0; 3]$.

75. Kanal

Gemäß nebenstehender Abbildung soll ein parabelförmiger Kanal mit 4 m Breite und 2 m Tiefe ausgehoben werden. Um das ausgehobene Erdreich nicht abtransportieren zu müssen, soll es an der 3 m entfernten Stützmauer angeschüttet werden. Bestimmen Sie den Neigungswinkel und die Höhe der aufzuschüttenden Böschung.

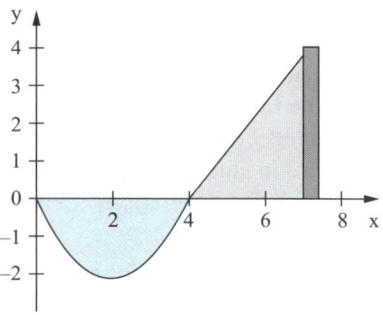

Die drei nachfolgenden Aufgaben sind aus größeren Stoffzusammenhängen gestellt. Sie sind wie in Schulaufgaben oder Abschlussprüfungen aufgebaut. Sie können damit Ihre gesamten Analysiskenntnisse testen.

76. Der Graph der ganzrationalen Funktion dritten Grades f berührt die x-Achse an der Stelle $x = 3$ und die Gerade g: $y = 2x$ im Ursprung.

a) Ermitteln Sie eine Funktionsgleichung von f und stellen Sie f auch in faktorisierter Form dar.

   [Teilergebnis: $f(x) = \frac{2}{9}x^3 - \frac{4}{3}x^2 + 2x$]

b) Untersuchen Sie den Graphen von f auf:

   (1) Nullstellen. Welche Folgerung können Sie daraus im Hinblick auf Extrempunkte ziehen?

   (2) Art und Lage von Extrempunkten

c) Bestimmen Sie das Krümmungsverhalten des Graphen und geben Sie die Koordinaten des Wendepunktes an.

d) Die Gerade g schneidet den Graphen von f in einem weiteren Punkt. Berechnen Sie die Koordinaten des Schnittpunktes.
   [Ergebnis: $x_S = 6$]

e) Bestimmen Sie den Inhalt des Flächenstückes, das die Gerade g und der Graph von f einschließen.

f) Zeichnen Sie den Graphen von f im Bereich $[-1; 6]$. Tragen Sie auch die Tangente mit ein, die der Graph im Ursprung besitzt.

g) In welchem weiteren Punkt des Graphen von f ist die Tangente parallel zu der Geraden mit der Gleichung $y = 2x$?
   Bestimmen Sie die Koordinaten des Punktes.

77. Die reelle Funktion $f''(x) = \frac{2}{9}(x^2 - 2)$ mit $D_{f''} = \mathbb{R}$ ist die zweite Ableitung der Funktion f.

a) Ermitteln Sie die maximalen Krümmungsintervalle des Graphen G_f.

b) Der Graph G_f berührt die x-Achse an der Stelle $x_1 = 3$.
   Bestimmen Sie den Funktionsterm $f(x)$, auch in faktorisierter Form.
   [Teilergebnis: $f(x) = \frac{1}{54} \cdot (x^4 - 12x^2 - 36x + 135)$]

c) Die x-Achse und der Graph G_f schließen im I. Quadranten ein endliches Flächenstück ein.
   Bestimmen Sie den Inhalt dieses Flächenstücks.

d) Zeigen Sie, dass der Graph G_f keine weitere waagrechte Tangente außer der an seiner doppelten Nullstelle besitzt.
   Geben Sie die größtmöglichen Monotonieintervalle von f an.

e) Ermitteln Sie eine Gleichung der Tangente t des Graphen G_f an der Stelle $x_0 = 0$.
   [Ergebnis: t: $y = -\frac{2}{3}x + \frac{5}{2}$]

f) Zeichnen Sie den Graphen G_f und die Tangente t im Bereich $[-4; 5]$.

g) Der Graph G_f und die Tangente t schließen zwei Flächenstücke ein. Untersuchen Sie, ob sie die gleiche Größe haben.

78. Eine Kugel sinkt in einer viskosen Flüssigkeit (z. B. Öl) unter Einfluss der Schwerkraft nach unten. Ihre Geschwindigkeit v nimmt in Abhängigkeit der Zeit $t \geq 0$ nach der Funktion

$$v(t) = 15(1 - e^{-\frac{t}{1{,}5}})$$

zu. Dabei wird t in Sekunden gemessen.

Ferner werden die aus der Physik bekannten Bezeichnungen und Zusammen-
hänge verwendet:

s: zurückgelegte Strecke

v: Geschwindigkeit

a: Beschleunigung

Dabei besteht der Zusammenhang:

$v(t) = s'(t)$ und $a(t) = v'(t)$

a) Fertigen Sie in Sekundenschritten von 0 bis 10 eine Tabelle mit den jeweiligen Geschwindigkeiten und zeichnen Sie damit das Zeit-Geschwin-
   digkeitsdiagramm.

b) Erläutern Sie, welche Bedeutung die Zahl 15 in diesem Zusammenhang
   hat und wie sich die Kurve ändert, wenn die im Exponenten stehende Zahl
   1,5 vergrößert wird.

c) Wie viel Prozent der „Endgeschwindigkeit" erreicht die Kugel nach
   1 bzw. 2 Sekunden?

d) Wie lange dauert es, bis sie die Geschwindigkeit $10 \, \frac{m}{s}$ erreicht hat, und
   welche Zeit wird benötigt, um auf 80 % der Endgeschwindigkeit zu kommen?

e) Zeichnen Sie in Ihr Diagramm von Teilaufgabe a ein, wo s(2) und a(2) zu
   finden sind, und lesen Sie die ungefähren Werte aus Ihrem Diagramm ab.
   Erläutern Sie, welche Bedeutung diese beiden Größen im Sachzusammen-
   hang haben, und berechnen Sie ihre Werte auf zwei Nachkommastellen
   genau.

Stochastik

Nachdem in Band 1 die Grundlagen der Stochastik mit den Begriffen „Ereignis" und „Wahrscheinlichkeit" gelegt wurden, werden hier darauf aufbauend interessante Anwendungen behandelt.

5 Bernoulli-Ketten

Mit den Laplace-Wahrscheinlichkeiten (siehe Band 1, Seite 152) hat man eine wichtige, auch historisch bedeutende Wahrscheinlichkeitsverteilung, die sogenannte **Gleichverteilung**, kennengelernt. Eine weitere, nicht weniger bedeutsame Wahrscheinlichkeitsverteilung geht auf den Schweizer Mathematiker Jakob Bernoulli (1655–1705) zurück.

Definition

Bernoulli-Experiment
Ein Zufallsexperiment, dessen Ergebnisraum nur zwei Elementarereignisse besitzt, heißt **Bernoulli-Experiment**. Die zwei Ausgänge werden mit T für Treffer und N für Niete oder mit 1 und 0 bezeichnet, sodass gilt: $\Omega = \{T; N\}$ oder $\Omega = \{1; 0\}$. Die Trefferwahrscheinlichkeit ist $p = P(\{1\})$ und die Nietenwahrscheinlichkeit $q = P(\{0\})$. Da Treffer und Niete zueinander Gegenereignisse sind, gilt für ihre Wahrscheinlichkeiten der wichtige Zusammenhang:
$p + q = 1$

Beispiele

1. Das Werfen einer Münze mit den Ausgängen W und Z ist ein Bernoulli-Experiment (mit $p = \frac{1}{2}$; $q = 1 - p = \frac{1}{2}$), ebenso das Werfen eines Würfels, wenn z. B. nur interessiert: 6 oder keine 6 (mit $p = \frac{1}{6}$; $q = 1 - p = \frac{5}{6}$).

2. Weitere Bernoulli-Experimente sind beispielsweise: Geburt (Junge/Mädchen), Lotterie (Gewinn/Niete), Qualitätskontrolle (in Ordnung/fehlerhaft), Prüfung (bestanden/durchgefallen), HIV-Test (positiv/negativ)

3. Das Drehen des Zeigers eines Glücksrades mit zwei Sektoren stellt ebenfalls ein Bernoulli-Experiment dar. Bleibt der Zeiger im farbigen Sektor stehen, liegt ein Treffer vor, andernfalls eine Niete. Die Trefferwahrscheinlichkeit p ergibt sich aus dem Mittelpunktswinkel α des entsprechenden Sektors: $p = \frac{\alpha}{360°}$
Für die Nietenwahrscheinlichkeit gilt:
$q = 1 - p$

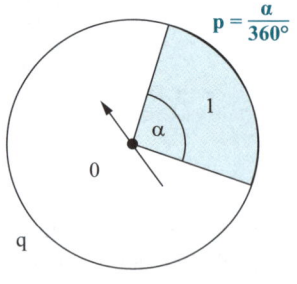

Ein einzelnes Bernoulli-Experiment ist relativ uninteressant. Erst die mehrmalige Hintereinanderausführung eines Bernoulli-Experiments führt zu interessanten Anwendungsgebieten.

Bernoulli-Kette

Wird ein Bernoulli-Experiment n-mal voneinander unabhängig unter gleichen Bedingungen durchgeführt, so spricht man von einer **Bernoulli-Kette** der Länge n.
Die Wahrscheinlichkeit, dabei genau k Treffer zu erzielen ($0 \leq k \leq n$), ist gegeben durch die Formel:

$$B(k \mid n; p) := \binom{n}{k} p^k (1-p)^{n-k} = \binom{n}{k} p^k q^{n-k}$$

Dabei sind:
p: Trefferwahrscheinlichkeit
$q = 1 - p$: Nietenwahrscheinlichkeit
n: Anzahl der Wiederholungen (Versuche)
k: Trefferzahl

- Die Bezeichnung $B(k \mid n; p)$ führt in der Klammer alle Parameter auf, die in diese Formel eingehen, nämlich die Kettenlänge n, die Trefferwahrscheinlichkeit p und die Trefferzahl k. Dass man hier für die Wahrscheinlichkeit den Buchstaben **B** statt wie üblich P wählt, soll darauf hinweisen, dass es die Wahrscheinlichkeit einer **B**ernoulli-Kette ist.

- Wie gelangt man zu dieser Formel?
  Man hat n Wiederholungen, darunter k Treffer und folglich $n-k$ Nieten. Für einen Treffer ist die Wahrscheinlichkeit p, für eine Niete ist die Wahrscheinlichkeit $(1-p)$. Ein möglicher Pfad, der zu k Treffern und $n-k$ Nieten führt, sieht also folgendermaßen aus:

$$\underbrace{1-1-\ldots-1}_{k} - \underbrace{0-\ldots-0}_{n-k}$$

  Die Wahrscheinlichkeiten längs des Pfades multiplizieren sich, sodass sich für einen bestimmten Ausgang mit k Treffern und $n-k$ Nieten die Wahrscheinlichkeit $p^k(1-p)^{n-k}$ ergibt. Die Frage ist nun nur noch: Wie viele Pfade mit k Treffern gibt es? Oder mit anderen Worten: Wie viele Möglichkeiten gibt es, die k Treffer in den n Wiederholungen zu verteilen? Nun, es sind genau $\binom{n}{k}$ Möglichkeiten. Diese Überlegungen führen zu der angegebenen Formel.

- In den **Tafelwerken** zur Stochastik sind für bestimmte n und p die Wahrscheinlichkeiten $B(k \mid n; p)$ für die zugehörigen Bernoulli-Ketten unter dem Namen „Binomialverteilung" tabellarisch dargestellt.
  In diesen Fällen schlägt man die gesuchte Wahrscheinlichkeit im Tafelwerk nach. Hat man es mit n oder p zu tun, die nicht im Tafelwerk enthalten sind, muss die Formel mit dem Taschenrechner ausgewertet werden.

1. Eine Münze wird fünfmal geworfen. Wie groß ist die Wahrscheinlichkeit, genau dreimal „Zahl" zu erzielen?

Lösung:
Die Abbildung zeigt, dass es zehn Möglichkeiten gibt, wie sich die drei Treffer bei fünf Wiederholungen verteilen können. Da es beim Münzwurf nur die beiden Ausgänge W und Z gibt, hier mit 0 und 1 bezeichnet, und dieses Bernoulli-Experiment mehrmals wiederholt wird, handelt es sich um eine Bernoulli-

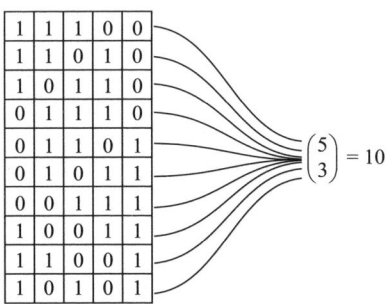

Kette. Zunächst schreibt man die Parameter heraus: $n = 5$ (Kettenlänge), $p = \frac{1}{2}$ (Trefferwahrscheinlichkeit des Einzelexperiments), $k = 3$ (Trefferzahl).

Setzt man diese Größen in die Bernoulli-Formel ein, so erhält man die gesuchte Wahrscheinlichkeit für genau drei Treffer bei fünf Wiederholungen gemäß:

$$B\left(3 \mid 5; \tfrac{1}{2}\right) = \binom{5}{3} \cdot \left(\tfrac{1}{2}\right)^3 \cdot \left(1 - \tfrac{1}{2}\right)^{5-3}$$

$$= \binom{5}{3} \cdot \left(\tfrac{1}{2}\right)^3 \cdot \left(\tfrac{1}{2}\right)^2 = 10 \cdot \left(\tfrac{1}{2}\right)^5$$

$$= \frac{10}{32} = \frac{5}{16} = 0,3125$$

In der Formel steht „Kettenlänge über Trefferzahl", dann die „Trefferwahrscheinlichkeit hoch Trefferanzahl" und schließlich noch die „Nietenwahrscheinlichkeit hoch Nietenanzahl".

2. Ein gebrauchter Kopierer produziert 5 % fehlerhafte Kopien. Jemand kopiert 100 Blätter.
Wie groß ist die Wahrscheinlichkeit, dass

a) genau fünf Kopien fehlerhaft sind,

b) genau 90 Kopien fehlerfrei sind,

c) keine fehlerhafte Kopie herauskommt,

d) mindestens eine fehlerhafte Kopie dabei ist,

e) nur genau die ersten fünf Kopien fehlerhaft sind,

f) nur genau die zwei letzten Kopien fehlerhaft sind?

Lösung:
Eine fehlerhafte Kopie wird als Treffer bezeichnet. Damit gilt:
$p = 0,05 = 5\,\%$; $q = 1 - p = 0,95$; $n = 100$

a) $B(5 \mid 100; 0,05) = \binom{100}{5} \cdot 0,05^5 \cdot 0,95^{95} \approx 0,1800$

b) Wenn 90 Kopien fehlerfrei sind, dann sind 10 fehlerhaft: $k = 10$
$B(10 \mid 100; 0,05) = \binom{100}{10} \cdot 0,05^{10} \cdot 0,95^{90} \approx 0,0167$

c) $B(0\,|\,100;\,0,05) = \binom{100}{0} \cdot 0,05^0 \cdot 0,95^{100} = 1 \cdot 1 \cdot 0,95^{100} \approx 0,005921$

Diese Berechnung kann man auch ohne die Bernoulli-Formel vornehmen. Alle 100 Kopien sind fehlerfrei, also die erste ist fehlerfrei **und** die zweite **und** ... **und** die 100. ist fehlerfrei. Aus dem „**und**" zwischen den Ergebnissen wird „**mal**" zwischen den Wahrscheinlichkeiten: $0,95 \cdot 0,95 \cdot ... \cdot 0,95 = 0,95^{100}$. Weil keine Änderungen in der Reihenfolge der Kopien (alle sind fehlerfrei) möglich ist, gibt es hier nur diesen einen Pfad mit 100-mal Niete (= fehlerfrei).

d) Das ist das Gegenereignis von Teilaufgabe c:

$P = 1 - 0,95^{100} \approx 1 - 0,005921 \approx 0,9941 = 99,41\,\%$

Es ist also ziemlich sicher, dass sich bei 100 Kopien mindestens eine fehlerhafte darunter befindet.

e) Diese Aufgabe darf **nicht** mit der Bernoulli-Formel gerechnet werden, weil die Reihenfolge festliegt: Zuerst 5 fehlerhafte Kopien und dann 95 fehlerfreie. Es gibt also nur eine einzige solche Reihenfolge (stellen Sie sich den entsprechenden Pfad vor):

$P = 0,05^5 \cdot 0,95^{95} \approx 0,000000002391$

f) Analog zu Teilaufgabe e folgt: $P = 0,95^{98} \cdot 0,05^2 \approx 0,00001640$

3. Im Folgenden ist ein Ausschnitt aus dem Tafelwerk abgebildet. Zunächst sucht man im Tafelwerk nach dem entsprechenden p, dann nach dem gewünschten n. Ist dazu ein Eintrag im Tafelwerk vorhanden, so kann man die Wahrscheinlichkeiten für jedes k = 0; 1; ...; n direkt ablesen – ohne jede Rechnung. Dabei ist momentan nur die erste der beiden Spalten mit Wahrscheinlichkeiten von Bedeutung.

n	k	\multicolumn{2}{c}{p = 0,25}
		B(k | n; p)	
5	0	0,23730	
	1	0,39551	
	2	**0,26367**	
	3	0,08789	
	4	0,01465	
	5	0,00098	

Wie groß ist die Wahrscheinlichkeit, bei einer Trefferquote von 25 % und fünf Wiederholungen genau zwei Treffer zu erhalten?

Lösung:

Aus der Tabelle ergibt sich: $B(2\,|\,5;\,0,25) = 0,26367$

Im Tafelwerk findet sich bei der Binomialverteilung eine zweite Spalte mit Wahrscheinlichkeiten, die **kumulativen** (oder aufsummierten) Wahrscheinlichkeiten.

Regel

Kumulative Wahrscheinlichkeiten

Um zu berechnen, mit welcher Wahrscheinlichkeit bei einer Bernoulli-Kette der Länge n **höchstens** k Treffer ($0 \leq k \leq n$) auftreten, müssen alle Bernoulli-Wahrscheinlichkeiten von 0 bis k Treffer aufsummiert (= kumuliert) werden:

$$P(\text{„Es werden höchstens k Treffer erzielt.“}) = \sum_{i=0}^{k} B(i \mid n; p)$$

Beispiel

Bestimmen Sie die Wahrscheinlichkeit dafür, dass man bei einer Kettenlänge von n = 5 und einer Trefferwahrscheinlichkeit von 0,25 höchstens zwei Treffer bzw. mehr als zwei Treffer erzielt.

Lösung:

Im folgenden Ausschnitt aus dem Tafelwerk ist auch die Spalte mit den **kumulierten Wahrscheinlichkeiten** abgedruckt. Diese Spalte ergibt sich durch fortlaufendes Aufsummieren der Bernoulli-Wahrscheinlichkeiten der links davon stehenden Wahrscheinlichkeitsspalte. Für den markierten Fall k = 2 ist das:

$B(\mathbf{0} \mid 5; 0,25) + B(\mathbf{1} \mid 5; 0,25) + B(\mathbf{2} \mid 5; 0,25) = 0,89648$

n	k	$B(k \mid n; p)$	$\sum_{i=0}^{k} B(i \mid n; p)$
		p = 0,25	
5	0	0,23730	0,23730
	1	0,39551	0,63281
	2	**0,26367**	**0,89648**
	3	0,08789	0,98438
	4	0,01465	0,99902
	5	0,00098	1,00000

Mehr als zwei Treffer oder, was dasselbe ist, mindestens drei Treffer zu erzielen, ist das Gegenereignis von höchstens zwei Treffern. Die zugehörige Wahrscheinlichkeit erhält man entsprechend gemäß: $1 - \mathbf{0,89648} = 0,10352$. Das ist die Wahrscheinlichkeit für drei, vier oder fünf Treffer.

aben **79.** Berechnen Sie:

    a) $B(12 \mid 20; \, 0{,}25)$

    b) $B(25 \mid 25; \, 0{,}6)$

    c) $B\left(50 \mid 250; \, \frac{1}{6}\right)$

    d) $B\left(1 \mid 20; \, \frac{1}{3}\right)$

Beschreiben Sie verbal, was die berechneten Wahrscheinlichkeiten bedeuten.

80. Ein Würfel wird 10-mal geworfen. Wie groß ist die Wahrscheinlichkeit, dass

    a) genau dreimal eine 6 geworfen wird,

    b) genau sechsmal keine 6 geworfen wird,

    c) mindestens eine 6 geworfen wird,

    d) nur der erste und der letzte Wurf eine 6 ergibt?

81. „Jedes dritte Los gewinnt!", ruft ein Losbudenbetreiber in die Menge. Berechnen Sie die folgenden Wahrscheinlichkeiten unter der Voraussetzung, dass diese Aussage stimmt.

    a) Jemand kauft sechs Lose. Mit welcher Wahrscheinlichkeit erhält er drei Gewinnlose?

    b) Wie wahrscheinlich ist es, bei drei gekauften Losen leer auszugehen?

    c) Unter zehn gekauften Losen befinden sich fünf Gewinne. Wie groß ist die Wahrscheinlichkeit für dieses Ereignis?

    d) Zehn Lose und kein Gewinn! Beraten Sie den enttäuschten Käufer, mit wie viel Prozent so etwas vorkommen kann.

    e) Bei fünf gekauften Losen waren nur die ersten beiden Gewinnlose. Wie groß ist die Wahrscheinlichkeit für dieses Ereignis?

82. Eine Münze wird fünfmal geworfen. Stellen Sie die Wahrscheinlichkeiten für das Eintreten von Z tabellarisch dar.

83. Ermitteln Sie (wo möglich) die angegebene Wahrscheinlichkeit mithilfe Ihres Tafelwerkes:

    a) $B(12 \mid 20; \, 0{,}25)$

    b) $B(25 \mid 25; \, 0{,}6)$

    c) $B\left(50 \mid 250; \, \frac{1}{6}\right)$

    d) $B\left(1 \mid 20; \, \frac{1}{3}\right)$

84. Ein Laplace-Würfel wird zehnmal geworfen. Wie groß ist die Wahrscheinlichkeit,

    a) genau dreimal eine 6 zu erhalten,

    b) höchstens dreimal eine 6 zu würfeln,

    c) öfter als dreimal eine 6 zu erzielen,

    d) mindestens dreimal eine 6 zu erhalten?

85. In einer Familie sind vier Kinder. Mit welcher Wahrscheinlichkeit sind es

    a) vier Mädchen bzw. vier Jungen,

    b) zwei Mädchen und zwei Jungen,

    c) mindestens ein Mädchen,

    d) höchstens zwei Jungen?

6 Zufallsgrößen und ihre Verteilung

6.1 Zufallsgrößen

In vielen Fällen möchte man den Ausgängen von Zufallsexperimenten bestimmte
Zahlen zuordnen, beispielsweise den Gewinn oder Verlust, der mit dem Ausgang
eines Gewinnspiels verbunden ist.

Definition

Zufallsgrößen
Vorgegeben sei ein Zufallsexperiment mit dem Ergeb-
nisraum $\Omega = \{\omega_1; \omega_2; \ldots; \omega_n\}$. Eine Zuordnungsvor-
schrift X, die jedem $\omega_i \in \Omega$ (für $i = 1; \ldots; n$) genau eine
reelle Zahl zuordnet, heißt eine **Zufallsgröße** des
Zufallsexperiments. Die zugeordneten Zahlen $x_i = X(\omega_i)$
bezeichnet man als die **Zufallswerte** der Zufallsgröße.

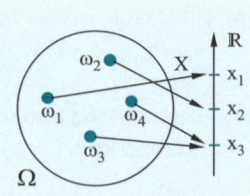

Eine Zufallsgröße X ist also eine Funktion (oder Abbildung) der Form X: $\Omega \to \mathbb{R}$,
wobei die Elemente $\omega_i \in \Omega$ die Ergebnisse eines Zufallsexperiments sind.
Zufallsgrößen werden u. a. auch mit den Großbuchstaben Y oder Z bezeichnet.

1. Es werden zwei (unterscheidbare) Würfel geworfen. Als Zufallsgröße wird die Augensumme der beiden gewürfelten Zahlen festgelegt. Geben Sie die Zuordnung der Zufallswerte vollständig an.

Lösung:

ω_i	X	$x_i = X(\omega_i)$
(1,1)	⟶	2
(1,2), (2,1)	⟶	3
(1,3), (2,2), (3,1)	⟶	4
(1,4), (2,3), (3,2), (4,1)	⟶	5
(1,5), (2,4), (3,3), (4,2), (5,1)	⟶	6
(1,6), (2,5), (3,4), (4,3), (5,2), (6,1)	⟶	7
(2,6), (3,5), (4,4), (5,3), (6,2)	⟶	8
(3,6), (4,5), (5,4), (6,3)	⟶	9
(4,6), (5,5), (6,4)	⟶	10
(5,6), (6,5)	⟶	11
(6,6)	⟶	12

Ω $\mathbb{R}$

Die Zufallswerte x sind in diesem Beispiel die ganzen Zahlen 2 bis 12.

2. Eine Münze wird zweimal geworfen. Die Zufallsgröße X gibt die Anzahl an, mit der Zahl (Z) erscheint. Geben Sie die Zuordnung der Zufallswerte vollständig an.

Lösung:

Die Zufallswerte sind hier die Zahlen 0; 1 und 2. Die Zuordnungen sind die folgenden: $X(WW) = 0$; $X(ZW) = X(WZ) = 1$; $X(ZZ) = 2$.

3. Ein Glücksspiel besteht darin, eine Münze dreimal zu werfen. Für jedes erscheinende Z werden 2 € ausbezahlt. Wenn dreimal W fällt, müssen 10 € einbezahlt werden. In allen anderen Fällen erfolgt keine Zahlung. Zufallsgröße X ist der ausbezahlte Betrag (Gewinn) in €, wobei eine Einzahlung (Verlust) als negative Auszahlung zu betrachten ist. Geben Sie die Zuordnung der Zufallswerte tabellarisch an.

Lösung:

ω	WWW	WWZ	WZW	ZWW	WZZ	ZWZ	ZZW	ZZZ
$X(\omega)$ in €	–10		2			4		6

Mithilfe einer Zufallsgröße können Ereignisse beschrieben werden.

> **Ereignisse und Zufallsgrößen**
>
> Sei Ω der Ergebnisraum eines Zufallsexperiments und X eine Zufallsgröße.
> Dann lassen sich durch Angaben der Form
> $X = x \quad \Leftrightarrow \quad \{\omega \,|\, X(\omega) = x\}$, mit $x \in \mathbb{R}$, oder
> $X \leq x \quad \Leftrightarrow \quad \{\omega \,|\, X(\omega) \leq x\}$ oder
> $X < x \quad \Leftrightarrow \quad \{\omega \,|\, X(\omega) < x\}$ o. ä.
> Ereignisse, also Teilmengen von Ω, beschreiben.

1. Betrachtet wird das Zufallsexperiment „Werfen zweier Würfel" und die Augensumme als Zufallsgröße X. Wie lässt sich das Ereignis, bei dem eine Augensumme von mehr als 5 und höchstens 10 geworfen wird, durch X ausdrücken?

   Lösung:
   Man gibt das Ereignis als Ungleichungskette an:
   $6 \leq X \leq 10 \quad \Leftrightarrow \quad \{\omega \,|\, 6 \leq X(\omega) \leq 10\}$

2. Eine Münze wird dreimal geworfen. Die Zufallsgröße X ist die „Anzahl von Z". Geben Sie folgende Ereignisse mithilfe von X an:

   a) Es wird dreimal W geworfen.

   b) Es wird mindestens einmal Z geworfen.

   c) Es wird höchstens zweimal W geworfen.

   Lösung:
   a) $X = 0$; weil dreimal W gleichbedeutend mit keinmal Z ist.

   b) $X > 0$ oder $X \geq 1$

   c) Das Ereignis ist gleichbedeutend mit „mindestens einmal Z", die Lösung ist also die gleiche wie bei Teilaufgabe b.

86. In einer Urne befinden sich schwarze und weiße Kugeln. Es wird fünfmal mit Zurücklegen gezogen. Die Zufallsgröße X ist „die Anzahl der gezogenen weißen minus die Anzahl der gezogenen schwarzen Kugeln".
    Geben Sie die Zuordnung tabellarisch an.

87. Ein Würfel wird zweimal geworfen. Die Zufallsgröße ist die Differenz der beiden geworfenen Augenzahlen (größere minus kleinere).
    Welche Zufallswerte treten auf?

88. Ein Spielautomat hat drei Scheiben, die jeweils mit den zehn Ziffern 0, 1, …, 9 beschriftet sind. Wenn die rotierenden Scheiben stehen bleiben, zeigt sich von jeder Scheibe genau eine der zehn Ziffern im jeweiligen Fenster. Erscheint in allen drei Fenstern die gleiche Ziffer, wirft der Automat 50 € aus, in allen anderen Fällen gibt er nichts aus. Zum Start muss jeweils 1 € eingeworfen werden.
Zufallsgröße X ist der Gewinn/Verlust des Spielers in €.

a) Wie viele mögliche Ziffernkombinationen hat der Automat insgesamt?

b) In wie vielen Fällen zahlt der Automat aus?

c) Wie groß ist die Wahrscheinlichkeit für einen Gewinn des Spielers, wenn man ein Laplace-Experiment zugrunde legt?

d) Nach Ihren bisherigen Kenntnissen des Automaten: Würden Sie spielen?

e) Welche Zufallswerte hat die Zufallsgröße X?

89. a) Es werden zwei Würfel geworfen. Zugrunde gelegt wird der 36-elementige Ergebnisraum. Die Zufallsgröße X ist der Betrag der Differenz der beiden Augenzahlen. Geben Sie die folgenden Ereignisse in aufzählender Mengenschreibweise an:

(1) $X = 5$

(2) $X = 0$

(3) $X < 2$

b) Eine Münze wird dreimal geworfen. Die Zufallsgröße X ist die „Anzahl von Z minus Anzahl von W". Geben Sie folgende Ereignisse mithilfe von X an:

(1) Z wird häufiger geworfen als W.

(2) Es wird keinmal W geworfen.

(3) Es wird höchstens zweimal W geworfen.

6.2 Wahrscheinlichkeitsverteilung

Zu jedem Zufallswert $x \in \mathbb{R}$ einer Zufallsgröße X ist mit $X = x$ ein bestimmtes Ereignis des zugrunde liegenden Ergebnisraumes Ω bezeichnet. Wenn die Wahrscheinlichkeiten der Elementarereignisse bekannt sind, lässt sich die Wahrscheinlichkeit $P(X = x)$ dafür berechnen, dass die Zufallsgröße X den Zufallswert x annimmt. Tut man dies für alle Zufallswerte, so hat man die **Wahrscheinlichkeitsverteilung** der Zufallsgröße X.

Definition

Wahrscheinlichkeitsverteilung

Hat eine Zufallsgröße X die Zufallswerte $x = x_1; x_2; \ldots; x_n$, dann heißt $P(X = x)$ die **Wahrscheinlichkeitsverteilung** der Zufallsgröße X, die man in der Regel tabellarisch angibt:

x	x_1	x_2	...	x_n
$P(X = x)$	p_1	p_2	...	p_n

Dabei gilt für die Summe der Wahrscheinlichkeiten stets: $p_1 + p_2 + \ldots + p_n = 1$.

Beispiele

1. Betrachtet wird das Zufallsexperiment „Werfen zweier Würfel" und die Augensumme als Zufallsgröße X. Geben Sie die Wahrscheinlichkeitsverteilung der Zufallsgröße in tabellarischer und grafischer Form an.

   Lösung:

   Um die Wahrscheinlichkeitsverteilung der Zufallsgröße tabellarisch anzugeben, trägt man in die erste Tabellenzeile alle auftretenden Zufallswerte ein (hier die Augensummen). In die zweite Tabellenzeile muss dann die Wahrscheinlichkeit eingetragen werden, mit der der entsprechende Zufallswert eintritt:

x	2	3	4	5	6	7	8	9	10	11	12
$P(X = x)$	$\frac{1}{36}$	$\frac{2}{36}$	$\frac{3}{36}$	$\frac{4}{36}$	$\frac{5}{36}$	$\frac{6}{36}$	$\frac{5}{36}$	$\frac{4}{36}$	$\frac{3}{36}$	$\frac{2}{36}$	$\frac{1}{36}$

   Für die grafische Darstellung gibt es verschiedene Darstellungsarten (man beachte, dass die P-Werte jeweils mit dem Skalierungsfaktor $\frac{1}{36}$ versehen sind):

Punktediagramm:

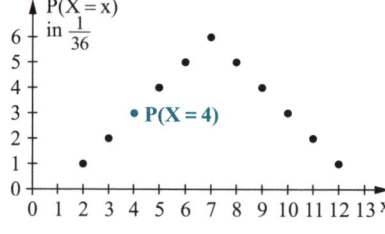

Stabdiagramm:

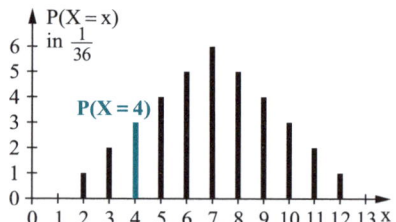

Histogramm:

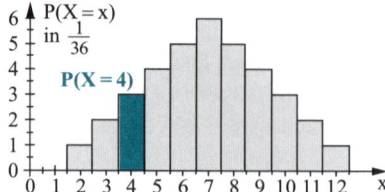

2. Betrachtet wird der zweifache Würfelwurf. Zufallsgröße X ist diesmal die „höchste Augenzahl", welche einer der beiden Würfe zeigt, beispielsweise X((5, 2)) = 5 oder X((1, 2)) = 2. Geben Sie die Wahrscheinlichkeitsverteilung der Zufallsgröße X in tabellarischer und grafischer Form an.

Lösung:

$P(X = 1) = P(\{(1, 1)\}) = \frac{1}{36}$

$P(X = 2) = P(\{(1, 2); (2, 2); (2, 1)\}) = \frac{3}{36}$

usw.

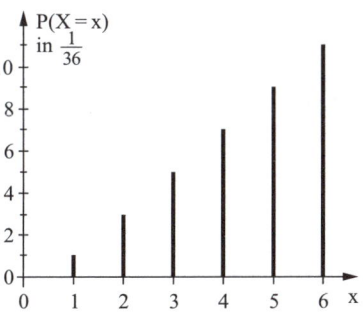

x	1	2	3	4	5	6
P(X = x)	$\frac{1}{36}$	$\frac{3}{36}$	$\frac{5}{36}$	$\frac{7}{36}$	$\frac{9}{36}$	$\frac{11}{36}$

Man erkennt sehr deutlich, wie die Wahrscheinlichkeit zu größeren Zufallswerten hin zunimmt.

3. Eine Münze wird dreimal geworfen. Für jedes erscheinende Z werden 2 € ausbezahlt. Wenn dreimal W fällt, müssen 10 € einbezahlt werden. In allen anderen Fällen erfolgt keine Zahlung. Zufallsgröße X ist der ausbezahlte Betrag in €, wobei eine Einzahlung als negative Auszahlung zu betrachten ist.
Geben Sie die Wahrscheinlichkeitsverteilung an.

Lösung:

Es gibt nur vier Zufallswerte –10, 2, 4 und 6.

Das Zufallsexperiment ist ein Laplace-Experiment mit m = |Ω| = 8.

x	–10	2	4	6
P(X = x)	$\frac{1}{8}$	$\frac{3}{8}$	$\frac{3}{8}$	$\frac{1}{8}$

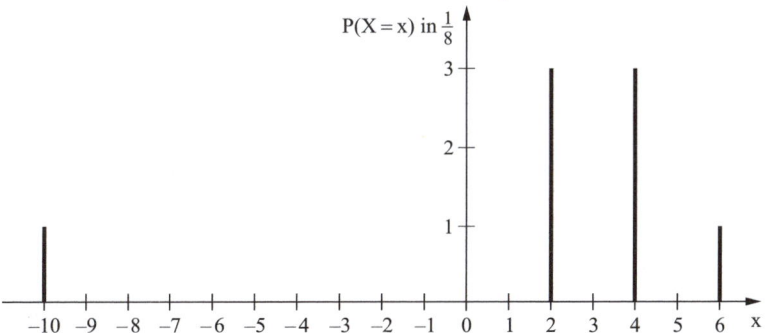

Aufgaben   **90.** Geben Sie die Wahrscheinlichkeitsverteilung der Augenzahl X beim Werfen eines Laplace-Würfels tabellarisch und grafisch an.

91. Ein Würfel wird so oft geworfen, bis eine 6 fällt, höchstens aber viermal. Die Zufallsgröße X gibt die Anzahl der Würfe an. Ermitteln Sie mithilfe eines Baumdiagramms die Verteilung der Zufallsgröße X und stellen Sie diese auch grafisch dar.

92. In einer Urne befinden sich drei gleichartige Kugeln mit den Nummern 1, 2 und 3. Man zieht zweimal nach folgender Vorschrift:

- Nach dem ersten Zug wird die Nummer der Kugel notiert, anschließend wird sie in die Urne zurückgelegt und zwei weitere Kugeln mit gleichen Nummern dazu.

- Nach dem Durchmischen erfolgt der zweite Zug, dieser wird anschließend notiert.

Die Zufallsgröße X gibt das Produkt der beiden Nummern auf den gezogenen Kugeln an.

a) Stellen Sie einen geeigneten Ergebnisraum Ω für dieses Zufallsexperiment auf.

b) Zeichnen Sie ein Baumdiagramm und berechnen Sie die Wahrscheinlichkeiten aller Elementarereignisse.

c) Wie groß ist die Wahrscheinlichkeit dafür, dass man zwei Kugeln mit gleicher Nummer zieht?

d) Geben Sie die Wahrscheinlichkeitsverteilung von X tabellarisch und grafisch an.

e) Ermitteln Sie folgende Wahrscheinlichkeiten:
$P(X = 2)$
$P(X \leq 2)$
$P(X \geq 3)$

f) Die Wahrscheinlichkeit für das Ereignis E lässt sich folgendermaßen berechnen:
$P(E) = 1 - P(X \leq 3)$
Bestimmen Sie diese Wahrscheinlichkeit und geben Sie das Ereignis E verbal an.

6.3 Maßzahlen einer Zufallsgröße

Im Sinne einer Informationsverdichtung definiert man gewisse Maßzahlen, welche die wesentlichen Eigenschaften der Wahrscheinlichkeitsverteilung einer Zufallsgröße angeben. Als erstes wird der Erwartungswert eingeführt, der dem bekannten Mittelwert oder Durchschnitt entspricht.

Definition

> **Erwartungswert**
>
> Eine Zufallsgröße X mit der Wahrscheinlichkeitsverteilung
>
> | x | x_1 | x_2 | ... | x_n |
> |---|---|---|---|---|
> | P(X=x) | p_1 | p_2 | ... | p_n |
>
> besitzt den **Erwartungswert**
> $$E(X) = x_1 \cdot p_1 + x_2 \cdot p_2 + \ldots + x_n \cdot p_n = \sum_{i=1}^{n} x_i \cdot P(X = x_i).$$

Beachten Sie die folgenden Hinweise:

- Der Erwartungswert wird häufig auch mit **μ** (sprich: „mü") bezeichnet.
- Der Erwartungswert lässt sich aus der tabellarischen Wahrscheinlichkeitsverteilung ganz einfach berechnen, indem man die Produkte aus jeweiligem Zufallswert x_i und seiner Eintrittswahrscheinlichkeit $P(X = x_i)$ bildet und diese Produkte alle aufsummiert. Die so erhaltene Zahl E(X) ist der Durchschnitt der Zufallsgröße X, den man zu erwarten hat, wenn man das Zufallsexperiment sehr oft durchführt.
- Stellt die Zufallsgröße X den Gewinn / Verlust dar, den man erhält, wenn man das zugrunde liegende Zufallsexperiment als Gewinnspiel durchführt, so ist E(X) der Durchschnittsgewinn /-verlust pro Spiel.
- Der Erwartungswert hat die gleiche Einheit wie die Zufallsgröße. Drückt die Zufallsgröße den Gewinn / Verlust in € aus, so hat auch der Erwartungswert die Einheit €. Man nennt ein Spiel **fair**, wenn es einen Erwartungswert von 0 € hat.

Beispiele

Berechnen Sie jeweils den Erwartungswert für die Wahrscheinlichkeitsverteilungen in den drei Beispielen zu Beginn von Abschnitt 6.2.

Lösung:

- Zufallsexperiment mit dem Werfen zweier Würfel und der Zufallsgröße „Augensumme":

$$E(X) = 2 \cdot \frac{1}{36} + 3 \cdot \frac{2}{36} + 4 \cdot \frac{3}{36} + 5 \cdot \frac{4}{36} + 6 \cdot \frac{5}{36} + 7 \cdot \frac{6}{36} + 8 \cdot \frac{5}{36}$$
$$+ 9 \cdot \frac{4}{36} + 10 \cdot \frac{3}{36} + 11 \cdot \frac{2}{36} + 12 \cdot \frac{1}{36}$$
$$= \frac{1}{36}[2 + 6 + 12 + 20 + 30 + 42 + 40 + 36 + 30 + 22 + 12] = \frac{252}{36} = 7$$

- Beim zweifachen Würfelwurf mit der maximalen Augenzahl als Zufallsgröße errechnet sich der folgende Erwartungswert:

$$E(X) = 1 \cdot \tfrac{1}{36} + 2 \cdot \tfrac{3}{36} + 3 \cdot \tfrac{5}{36} + 4 \cdot \tfrac{7}{36} + 5 \cdot \tfrac{9}{36} + 6 \cdot \tfrac{11}{36}$$

$$= \tfrac{1}{36}[1 + 6 + 15 + 28 + 45 + 66] = \tfrac{161}{36} \approx 4,47$$

- Der Erwartungswert des Glücksspiels ist:

$$E(X) = -10 \cdot \tfrac{1}{8} + 2 \cdot \tfrac{3}{8} + 4 \cdot \tfrac{3}{8} + 6 \cdot \tfrac{1}{8} = \tfrac{1}{8}[-10 + 6 + 12 + 6] = \tfrac{14}{8} = 1,75 \,[€]$$

Bei diesem Spiel würden also pro Spiel im Schnitt 1,75 € an den Spieler ausbezahlt werden. Ein solches Spiel, bei dem man auf lange Sicht nur gewinnen kann, würde man als Spieler natürlich gerne spielen. Meist sind Glücksspiele aber so gestaltet, dass sich für den Spieler ein negativer Erwartungswert ergibt.

Mit dem Erwartungswert hat man ein Maß für den „Mittelwert" einer Wahrscheinlichkeitsverteilung. Was noch fehlt, ist eine Kennzahl für die „Streuung" der Verteilung um diesen Mittelwert.

Definition

Varianz und Standardabweichung

Eine Zufallsgröße X habe den Erwartungswert $\mu = E(X)$. Dann heißt die Zahl

$$V(X) = (x_1 - \mu)^2 \cdot P(X = x_1) + (x_2 - \mu)^2 \cdot P(X = x_2) + \ldots + (x_n - \mu)^2 \cdot P(X = x_n)$$

$$= \sum_{i=1}^{n} (x_i - \mu)^2 \cdot P(X = x_i)$$

die **Varianz** der Zufallsgröße X. Sie ist eine nicht negative Zahl, die umso größer ist, je mehr die Wahrscheinlichkeitsverteilung um ihren Erwartungswert streut. Die Wurzel aus der Varianz nennt man **Standardabweichung** σ (sprich: „sigma"):

$$\sigma = \sqrt{V(X)}$$

Auch die Standardabweichung ist ein Streuungsmaß, das gegenüber der Varianz den Vorteil hat, dass es die gleiche Einheit wie die Zufallsgröße hat.

Beispiele

1. Auf der folgenden Seite sind zwei unterschiedliche Wahrscheinlichkeitsverteilungen abgebildet, die beide den Erwartungswert 4 besitzen. Bei der links dargestellten Verteilung nimmt die Eintrittswahrscheinlichkeit mit zunehmendem Abstand von Erwartungswert ab. Das ist bei der rechts abgebildeten Verteilung nicht der Fall. Dort haben die weiter entfernt liegenden Zufallswerte höhere Wahrscheinlichkeiten. Dieser Unterschied kommt in den Werten der Streuungsmaße $V(X)$ und σ zum Ausdruck.

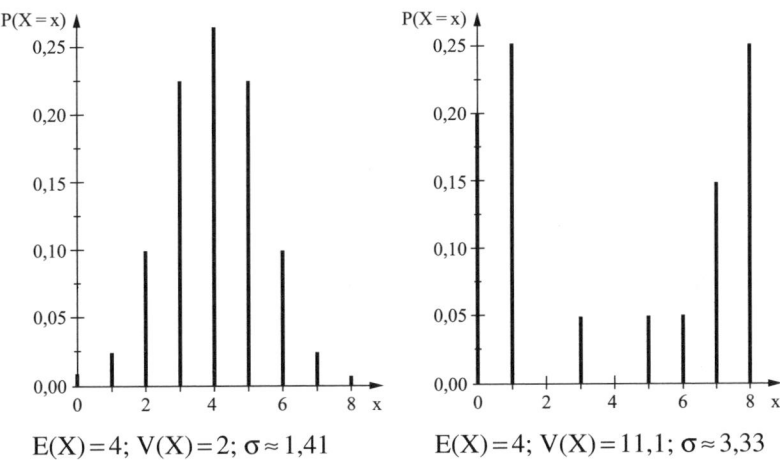

$$E(X)=4;\ V(X)=2;\ \sigma \approx 1{,}41 \qquad E(X)=4;\ V(X)=11{,}1;\ \sigma \approx 3{,}33$$

2. Berechnen Sie jeweils die Varianz und Standardabweichung für die
    Wahrscheinlichkeitsverteilungen in den drei Beispielen aus Abschnitt 6.2.

    Lösung:

    *   Zwei Würfel werden geworfen, X ist die Augensumme, $E(X)=\mu=7$.
        Es müssen alle Abweichungen $(x_i-\mu)$ berechnet werden. Das Vorzei-
        chen wird ignoriert, weil diese Abweichungen ohnehin quadriert wer-
        den. Die erste Abweichung ist $x_1-\mu=2-7=-5$; man nimmt 5. Diese
        ist nach der Formel zu quadrieren, $5^2=25$, und mit der zugehörigen
        Wahrscheinlichkeit $P(X=2)$ zu multiplizieren.

        $$V(X) = 5^2 \cdot \frac{1}{36} + 4^2 \cdot \frac{2}{36} + 3^2 \cdot \frac{3}{36} + 2^2 \cdot \frac{4}{36} + 1^2 \cdot \frac{5}{36} + 0^2 \cdot \frac{6}{36}$$
        $$+ 1^2 \cdot \frac{5}{36} + 2^2 \cdot \frac{4}{36} + 3^2 \cdot \frac{3}{36} + 4^2 \cdot \frac{2}{36} + 5^2 \cdot \frac{1}{36}$$

        Bei gleichem Nenner, wie hier, kann man ausklammern. Andernfalls
        würde man bei „krummen" Zahlen jetzt den Taschenrechner einsetzen.

        $$V(X)=\frac{1}{36} \cdot [25 \cdot 1 + 16 \cdot 2 + 9 \cdot 3 + 4 \cdot 4 + 1 \cdot 5 + 1 \cdot 5 + 4 \cdot 4 + 9 \cdot 3 + 16 \cdot 2 + 25 \cdot 1]$$
        $$= \frac{210}{36} \approx 5{,}833$$

        Die Standardabweichung ist damit $\sigma \approx \sqrt{5{,}833} \approx 2{,}415$.

    *   Zweifacher Würfelwurf, X ist die maximale Augenzahl,
        $E(X)=\mu \approx 4{,}47$.
        Auch in diesem Beispiel lässt sich die Abweichung vom Zufallswert x
        zum Erwartungswert μ jeweils im Kopf berechnen. Das in allen Sum-
        manden vorkommende $\frac{1}{36}$ wird ausgeklammert:

        $$V(X) \approx \frac{1}{36} \cdot [3{,}47^2 \cdot 1 + 2{,}47^2 \cdot 3 + 1{,}47^2 \cdot 5 + 0{,}47^2 \cdot 7 + 0{,}53^2 \cdot 9 +$$
        $$+ 1{,}53^2 \cdot 11] \approx 1{,}97$$

        Die Standardabweichung ist damit $\sigma \approx \sqrt{1{,}97} \approx 1{,}40$.

- Glücksspiel mit dem dreifachen Münzwurf, X ist der Gewinn/Verlust,
  $E(X) = \mu = 1,75$.

$$V(X) = \tfrac{1}{8}[1\,1,75^2 \cdot 1 + 0,25^2 \cdot 3 + 2,25^2 \cdot 3 + 4,25^2 \cdot 1] = \tfrac{343}{16} = 21,4375$$

$$\sigma = \sqrt{21,4375} \approx 4,63$$

In vielen Fällen kann der Rechenaufwand zum Bestimmen der Varianz mit der sogenannten Verschiebungsformel verringert werden.

Regel

> **Verschiebungsformel**
> X sei eine Zufallsgröße, dann gilt:
> $$V(X) = E(X^2) - [E(X)]^2$$

Die Verschiebungsformel lässt sich aus der Formel für die Varianz

$$V(X) = \sum_{i=1}^{n} (x_i - \mu)^2 \cdot P(X = x_i)$$

herleiten, indem man den „Abweichungsterm" $(x_i - \mu)^2$ ausmultipliziert und entsprechende Zusammenfassungen vornimmt.

Beispiel

Berechnen Sie die Varianz der Zufallsgröße X: „Augensumme beim zweifachen Würfelwurf" mithilfe der Verschiebungsformel.

Lösung:
Weiter oben wurde bereits berechnet: $E(X) = 7$. Laut Verschiebungsformel wird jetzt nur noch $E(X^2)$ benötigt. Zu diesem Zweck muss der Erwartungswert nochmals berechnet werden, wobei die Zufallswerte x zum Quadrat zu nehmen sind. Die Wahrscheinlichkeitsverteilung von X ist hier noch einmal angegeben:

x	2	3	4	5	6	7	8	9	10	11	12
$P(X=x)$	$\frac{1}{36}$	$\frac{2}{36}$	$\frac{3}{36}$	$\frac{4}{36}$	$\frac{5}{36}$	$\frac{6}{36}$	$\frac{5}{36}$	$\frac{4}{36}$	$\frac{3}{36}$	$\frac{2}{36}$	$\frac{1}{36}$

Zur Berechnung von $E(X^2)$ müssen jeweils die Produkte $x_i^2 \cdot P(X = x_i)$ gebildet und aufsummiert werden:

$$E(X^2) = 2^2 \cdot \tfrac{1}{36} + 3^2 \cdot \tfrac{2}{36} + 4^2 \cdot \tfrac{3}{36} + 5^2 \cdot \tfrac{4}{36} + 6^2 \cdot \tfrac{5}{36} + 7^2 \cdot \tfrac{6}{36} + 8^2 \cdot \tfrac{5}{36} + 9^2 \cdot \tfrac{4}{36}$$

$$+ 10^2 \cdot \tfrac{3}{36} + 11^2 \cdot \tfrac{2}{36} + 12^2 \cdot \tfrac{1}{36}$$

$$= \tfrac{1}{36} \cdot [4 + 9 \cdot 2 + 16 \cdot 3 + 25 \cdot 4 + 36 \cdot 5 + 49 \cdot 6 + 64 \cdot 5 + 81 \cdot 4 + 100 \cdot 3$$

$$+ 121 \cdot 2 + 144] = \tfrac{1}{36} \cdot 1974 = \tfrac{329}{6} \approx 54,83$$

Nun braucht man nur noch in die Verschiebungsformel einsetzen:
$$V(X) \approx 54{,}83 - 7^2 = 5{,}83$$

Häufig interessiert man sich für jene Zufallswerte, welche sich nahe um den Erwartungswert gruppieren. Als typisches Maß für die Größe einer solchen Umgebung eignet sich die Standardabweichung.

Regel

> **Eine Standardabweichung um den Erwartungswert**
> Sei X eine Zufallsgröße mit Erwartungswert $\mu = E(X)$ und Standardabweichung $\sigma = \sqrt{V(X)}$. Dann beschreibt die Betragsungleichung
> $$|X - \mu| < \sigma$$
> diejenigen Zufallswerte, die innerhalb einer Standardabweichung um den Erwartungswert liegen. Die Wahrscheinlichkeit, dass dieses Ereignis eintritt, wird dementsprechend mit $P(|X - \mu| < \sigma)$ bezeichnet.

Beispiele

1. In der Grafik ist die Wahrscheinlichkeitsverteilung einer Zufallsgröße X mit Erwartungswert $\mu = 6{,}5$ und Standardabweichung $\sigma = 1{,}51$ abgebildet. Welche Zufallswerte liegen innerhalb einer Standardabweichung um den Erwartungswert?

   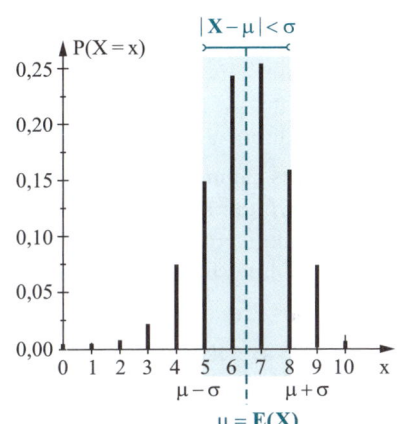

   Lösung:
   Die symbolische Schreibweise dafür lautet:
   $$|X - 6{,}5| < 1{,}51$$
   Das ist gleichbedeutend mit
   $$6{,}5 - 1{,}51 < X < 6{,}5 + 1{,}51$$
   $$\Leftrightarrow \quad 4{,}99 < X < 8{,}01,$$
   was den Zufallswerten 5; 6; 7; 8 entspricht. Für ihre Wahrscheinlichkeit gilt:
   $$P(|X - 6{,}5| < 1{,}51) = P(X=5) + P(X=6) + P(X=7) + P(X=8)$$

2. Das Zufallsexperiment des zweifachen Würfelwurfs mit der Zufallsgröße der maximalen Augenzahl hat die Wahrscheinlichkeitsverteilung:

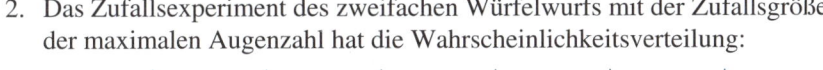

x	1	2	3	4	5	6
P(X=x)	$\frac{1}{36}$	$\frac{3}{36}$	$\frac{5}{36}$	$\frac{7}{36}$	$\frac{9}{36}$	$\frac{11}{36}$

   Es gilt $E(X) \approx 4{,}47$ und $\sigma \approx 1{,}40$.

Berechnen Sie die Wahrscheinlichkeit, mit der die maximale Augenzahl innerhalb der einfachen Standardabweichung um den Erwartungswert liegt.

Lösung:

Es geht um die Zufallswerte, welche die Betragsungleichung

$|X - 4{,}47| < 1{,}40$

erfüllen:

$4{,}47 - 1{,}40 < X < 4{,}47 + 1{,}40 \quad \Leftrightarrow \quad 3{,}07 < X < 5{,}87$

Das wird nur von $X = 4$ und $X = 5$ erfüllt. Für die zugehörige Wahrscheinlichkeit gilt:

$P(|X - 4{,}47| < 1{,}40) = P(X = 4) + P(X = 5) = \frac{7}{36} + \frac{9}{36} = \frac{16}{36} = \frac{4}{9}$

Aufgaben

93. Für den in Aufgabe 88 betrachteten Spielautomaten mit drei Scheiben, die jeweils mit den 10 Ziffern 0; 1; ...; 9 beschriftet sind, soll nun der durchschnittliche Gewinn/Verlust pro Spiel berechnet werden. Dabei gilt: Wenn die rotierenden Scheiben stehen bleiben, zeigt sich von jeder Scheibe genau eine der 10 Ziffern im jeweiligen Fenster. Zum Start muss jeweils 1 € eingeworfen werden

Der Automat lässt sich auf zwei verschiedene Auszahlungspläne einstellen.

a) Auszahlungsplan 1: Erscheint in allen drei Fenstern die gleiche Ziffer, wirft der Automat 50 € aus, in allen anderen Fällen gibt er nichts aus. Die Zufallsgröße X ist der Gewinn/Verlust des Spielers in € bei diesem Auszahlungsplan.

(1) Ermitteln Sie die Wahrscheinlichkeitsverteilung der Zufallsgröße X.

(2) Berechnen Sie den durchschnittlichen Gewinn/Verlust pro Spiel. Mit welchem Gewinn/Verlust muss ein Spieler rechnen, der 100-mal spielt?

b) Auszahlungsplan 2: Der Automat zahlt 19 € aus, wenn dreimal die gleiche Ziffer erscheint; er zahlt 3 € aus, wenn genau zweimal die gleiche Ziffer erscheint. In allen anderen Fällen erfolgt keine Auszahlung. Die Zufallsgröße Y gibt den Gewinn/Verlust des Spielers in € an.

(1) Ermitteln Sie die Wahrscheinlichkeitsverteilung der Zufallsgröße Y.

(2) Berechnen Sie den durchschnittlichen Gewinn/Verlust pro Spiel.

94. Berechnen Sie für die in den Aufgaben 90, 91 und 92 d betrachteten Wahrscheinlichkeitsverteilungen die drei Maßgrößen Erwartungswert, Varianz und Standardabweichung der jeweiligen Zufallsgröße.

95. a) Für die folgende Wahrscheinlichkeitsverteilung ist zunächst der Parameter a zu bestimmen. Dann sollen Erwartungswert, Varianz und Standardabweichung berechnet werden.

x	0	2	4	10
P(X=x)	0,45	a	3a	0,05

b) Die nachfolgende Wahrscheinlichkeitsverteilung enthält zwei Parameter a und b. Bestimmen Sie diese so, dass die zugehörige Wahrscheinlichkeitsverteilung den Erwartungswert 2,4 hat. Berechnen Sie anschließend noch Varianz und Standardabweichung.

x	1	2	3	4
P(X=x)	a	3b	2a	b

96. a) Betrachtet wird die folgende Wahrscheinlichkeitsverteilung:

x	0	2	4	10
P(X=x)	0,45	0,125	0,375	0,05

Der Erwartungswert ist $E(X)=2{,}25$.
Berechnen Sie die Varianz mithilfe der Verschiebungsformel.

b) Bei umfangreicheren Wahrscheinlichkeitsverteilungen kann die Berechnung des Erwartungswertes und der Varianz auch tabellarisch erfolgen.

x	1	2	3	4	5	6	7	8	9	10
P(X=x)	0,05	0,15	0,1	0,05	0,25	0,2	0,1	0,05	0,04	0,01

Berechnen Sie den Erwartungswert und die Varianz von X, indem Sie folgendermaßen vorgehen:
- Fügen Sie eine Zeile an, in der Sie die Produkte $x \cdot P(X=x)$ bilden, also die jeweils übereinander stehenden Zahlen multiplizieren. Addieren Sie anschließend diese Produkte, um $E(X)$ zu erhalten.
- Fügen Sie nun noch eine Zeile für die Produkte $x^2 \cdot P(X=x)$ an. Addieren Sie diese ebenfalls, um $E(X^2)$ zu erhalten.
- Wenden Sie schließlich die Verschiebungsformel an.

97. Die Augensumme beim Werfen zweier Würfel hat die Verteilung

x	2	3	4	5	6	7	8	9	10	11	12
P(X=x)	$\frac{1}{36}$	$\frac{2}{36}$	$\frac{3}{36}$	$\frac{4}{36}$	$\frac{5}{36}$	$\frac{6}{36}$	$\frac{5}{36}$	$\frac{4}{36}$	$\frac{3}{36}$	$\frac{2}{36}$	$\frac{1}{36}$

mit dem Erwartungswert $E(X)=7$ und der Standardabweichung $\sigma \approx 2{,}41$.

a) Welche Augensummen liegen innerhalb einer Standardabweichung um den Erwartungswert?

b) Wie groß ist die Wahrscheinlichkeit, eine Augensumme innerhalb einer Standardabweichung um den Erwartungswert zu werfen?

c) Zeichnen Sie das zugehörige Histogramm für diese Wahrscheinlichkeitsverteilung und markieren Sie die betreffende Wahrscheinlichkeit.

98. Die nachfolgend angegebene Wahrscheinlichkeitsverteilung hat den Erwartungswert $E(X) = \mu = 4{,}86$ und die Standardabweichung $\sigma \approx 2{,}13$.

x	1	2	3	4	5	6	7	8	9	10
P(X=x)	0,05	0,15	0,1	0,05	0,25	0,2	0,1	0,05	0,04	0,01

Geben Sie an:

a) $|X - \mu| \le \sigma$ und $P(|X - \mu| \le \sigma)$

b) $P(|X - \mu| > 2\sigma)$

6.4 Die Binomialverteilung

Nach der Einführung von Zufallsgrößen und ihren Verteilungen wird nun eine wichtige Verteilung näher untersucht, nämlich die Wahrscheinlichkeitsverteilung bei Bernoulli-Ketten, wobei die Zufallsgröße X die Anzahl der Treffer angibt. Die **Kettenlänge n** und die **Trefferwahrscheinlichkeit p** treten als Parameter dieser **Binomialverteilung** genannten Wahrscheinlichkeitsverteilung auf.

Definition

Binomialverteilung

Eine Zufallsgröße X heißt **binomialverteilt** mit den Parametern n und p, wenn gilt:

$$P(X = x) = B(x \mid n; p) = \binom{n}{x} \cdot p^x \cdot (1 - p)^{n-x}$$

Diese Binomialverteilung der Zufallsgröße wird mit **B(n; p)** bezeichnet. Die Zufallswerte haben die Werte $x = 0; 1; \ldots; n$.

Die Wahrscheinlichkeiten einer B(n; p)-Verteilung kann man für bestimmte Parameterwerte von n und p dem Tafelwerk entnehmen. Ansonsten müssen sie mit der in der Definition angegebenen Formel berechnet werden (vgl. Abschnitt Bernoulli-Ketten). Eine Standardsituation, die mit einer B(n; p)-Verteilung modelliert wird, ist das n-malige Ziehen mit Zurücklegen aus einer Urne (Urnenmodell), in der zwei unterschiedliche Arten von Kugeln enthalten sind.

Beispiel

In einer Urne sind acht schwarze und vier weiße Kugeln enthalten. Es wird 15-mal mit Zurücklegen gezogen, wobei man sich für die Anzahl der erhaltenen schwarzen Kugeln interessiert.
Bestimmen Sie die Wahrscheinlichkeitsverteilung für die Anzahl der gezogenen schwarzen Kugeln.

Lösung:
X: Anzahl der gezogenen schwarzen Kugeln
n = 15: Wiederholungsanzahl
$p = \frac{8}{12} = \frac{2}{3}$: Trefferwahrscheinlichkeit
des Einzelexperiments

Es handelt sich um die Binomialverteilung $B\left(15; \frac{2}{3}\right)$, die im Tafelwerk tabelliert ist.

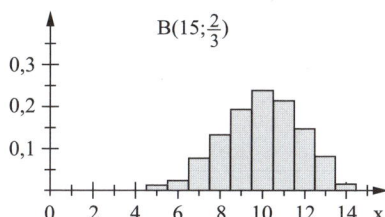

Regel

> **Erwartungswert und Varianz bei der Binomialverteilung**
> Sei X eine B(n; p)-verteilte Zufallsgröße, dann gilt:
> Erwartungswert: $E(X) = np$
> Varianz: $V(X) = np(1-p)$

Diese (sehr einfachen) Formeln lassen sich aus den allgemeinen Definitionen dieser Kennwerte durch algebraische Umformungen herleiten. Sie vereinfachen die Berechnung von E(X) und V(X) erheblich. Die Standardabweichung berechnet sich weiterhin als Wurzel aus der Varianz.

Beispiel

Berechnen Sie Erwartungswert, Varianz und Standardabweichung der $B\left(15; \frac{2}{3}\right)$-Verteilung.

Lösung:

$$E(X) = np = 15 \cdot \frac{2}{3} = 10$$

$$V(X) = np(1-p) = 15 \cdot \frac{2}{3} \cdot \frac{1}{3} = \frac{10}{3} \approx 3{,}33$$

$$\sigma = \sqrt{\frac{10}{3}} \approx 1{,}83$$

Im Folgenden sind Histogramme von Binomialverteilungen für einige n- und p-Werte abgebildet. Man erkennt, dass bei der Binomialverteilung die größten Wahrscheinlichkeiten in der Nähe des Erwartungswertes E(X) = np auftreten. Für p = 0,5 hat X die größte Varianz (größte Unsicherheit über das Eintreten von

Treffer oder Niete). In diesem Fall ist die Verteilung symmetrisch zum Erwartungswert, sonst ist sie schief mit einem Drift nach links für $p < \frac{1}{2}$ (niedrige Trefferquote) bzw. nach rechts für $p > \frac{1}{2}$ (hohe Trefferquote).

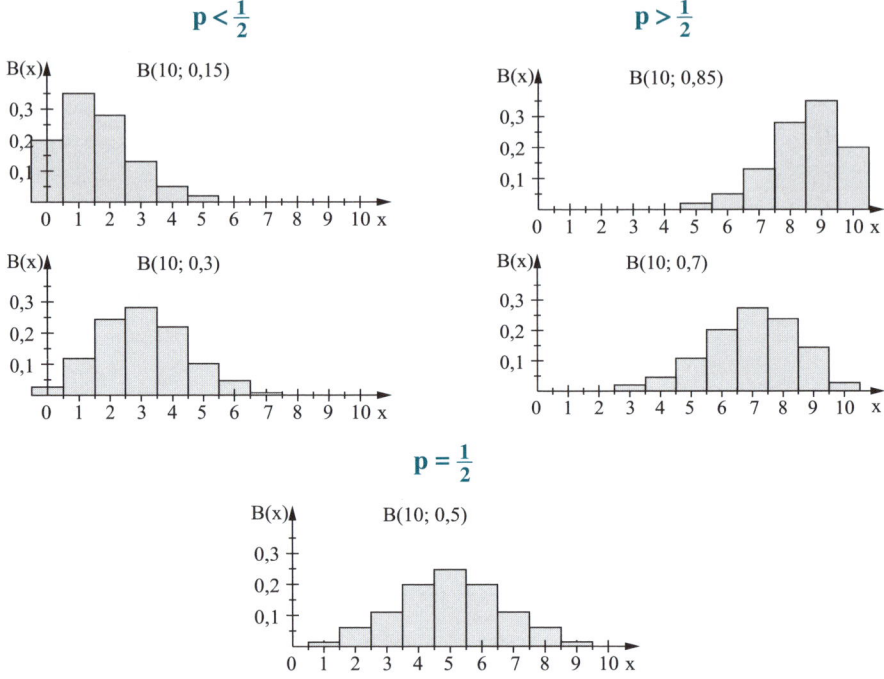

Wie schon bei den Bernoulli-Ketten gezeigt worden ist, ist es vorteilhaft, die Wahrscheinlichkeiten aufzusummieren oder zu kumulieren. Man erhält dann eine neue Funktion.

Definition

Kumulierte Verteilungsfunktion
Sei X eine binomialverteilte Zufallsgröße und $B(x) := P(X = x)$.
Dann heißt die Funktion

$$F(x) := P(X \le x) = \sum_{i=0}^{x} B(i)$$

kumulierte Verteilungsfunktion der Zufallsgröße X.

Die Verteilungsfunktion $B(x) = P(X = x)$ gibt die Wahrscheinlichkeit an, mit der **genau** x Treffer erzielt werden. Die kumulative Verteilungsfunktion
$F(x) = P(X \le x)$
gibt die Wahrscheinlichkeit an, mit der **höchstens** x Treffer erzielt werden.

1. Ermitteln Sie für die gegebene Verteilung B(x) die zugehörigen Werte der kumulativen Verteilungsfunktion F(x):

x	0	1	2	3	4
B(x)	0,1	0,15	0,25	0,3	0,2

Lösung:

x	0	1	2	3	4
B(x)	0,1	0,15	0,25	0,3	0,2
F(x)	**0,1**	0,1 + 0,15 = **0,25**	0,25 + 0,25 = **0,5**	0,5 + 0,3 = **0,8**	0,8 + 0,2 = **1**

2. Betrachtet wird die B(5; 0,5)-Verteilung. Ermitteln Sie die Wahrscheinlichkeit für „genau drei Treffer" und „höchstens drei Treffer".

Lösung:

x	0	1	2	**3**	4	5
B(x)	0,03125	0,15625	0,31250	**0,31250**	0,15625	0,03125
F(x)	0,03125	0,18750	0,50000	**0,81250**	0,96875	1,00000

Die Wahrscheinlichkeit, bei einer Trefferwahrscheinlichkeit von $p = 0,5$ und $n = 5$ Wiederholungen genau $x = 3$ Treffer zu erzielen, ist:
$P(X = 3) = B(3) = 0,3125$
Die Wahrscheinlichkeit, höchstens drei Treffer, also 0, 1, 2 oder 3 Treffer zu erzielen, ist $P(X \leq 3)$. Um $P(X \leq 3)$ zu erhalten, muss man die Summe
$P(X = 0) + P(X = 1) + P(X = 2) + P(X = 3) = F(3) = 0,8125$
bilden. Das ist aber genau F(3), sodass man nur diesen Wert der kumulativen Verteilungsfunktion aus der Tabelle abzulesen braucht.

Bezeichne X wieder eine B(n; p)-verteilte Zufallsgröße, B(x) die Verteilungsfunktion und F(x) die kumulative Verteilungsfunktion, wobei X die Zufallswerte 0, 1, …, n annimmt. Dann sind folgende sprachlichen Wendungen von Bedeutung, wobei $a \in \{0; 1; …; n\}$:

Wendung *(Gegenereignis)*	Ereignis *(Gegenereignis)*	Wahrscheinlichkeit
… höchstens a Treffer … *(… mehr als …)*	$X \leq a$ $(X > a)$	$P(X \leq a) = F(a)$
… weniger als a Treffer … *(… mindestens …)*	$X < a$ $(X \geq a)$	$P(X < a) = F(a - 1)$
… mehr als a Treffer … *(… höchstens …)*	$X > a$ $(X \leq a)$	$P(X > a) = 1 - F(a)$
… mindestens a Treffer … *(… weniger …)*	$X \geq a$ $(X < a)$	$P(X \geq a) = 1 - F(a - 1)$

Beispiel X ist eine $B\left(12;\frac{1}{3}\right)$-verteilte Zufallsgröße mit den unten tabellierten (gerundeten) Werten.

x	0	1	2	3	4	5	6
B(x)	0,00771	0,04624	0,12717	0,21195	0,23845	0,19076	0,11127
F(x)	0,00771	0,05395	0,18112	0,39307	0,63152	0,82228	0,93355

x	7	8	9	10	11	12
B(x)	0,04769	0,01490	0,00331	0,00050	0,00005	0,00000
F(x)	0,98124	0,99614	0,99946	0,99995	1,00000	1,00000

1. Geben Sie die Wahrscheinlichkeit an, mit der

   a) genau fünf Treffer, b) höchstens fünf Treffer,

   c) mehr als fünf Treffer, d) mindestens fünf Treffer

   erzielt werden.

   Lösung:

   a) $P(X=5)=B(5)\approx0,19076$ b) $P(X\leq5)=F(5)\approx0,82228$

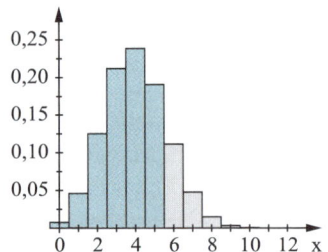

   c) $P(X>5)=1-F(5)$ d) $P(X\geq5)=1-F(4)$
   $\approx1-0,82228=0,17772$ $\approx1-0,63152=0,36848$

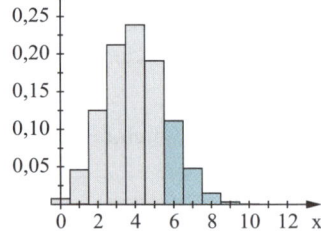

2. Berechnen Sie:

   a) $P(3<X\leq7)$ b) $P(3<X<7)$

   c) $P(3\leq X\leq7)$ d) $P(3\leq X<7)$

   e) $P(|X-\mu|<\sigma)$ f) $P(|X-\mu|<2\sigma)$

Lösung:

a) $P(3 < X \leq 7)$
   $= B(4) + B(5) + B(6) + B(7)$
   $= F(7) - F(3) \approx 0{,}98124 - 0{,}39307$
   $= 0{,}58817$

b) $P(3 < X < 7)$
   $= B(4) + B(5) + B(6)$
   $= F(6) - F(3) \approx 0{,}93355 - 0{,}39307$
   $= 0{,}54048$

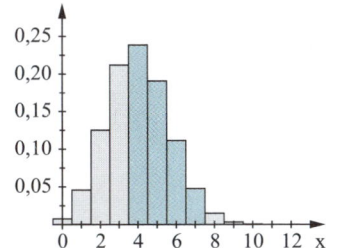 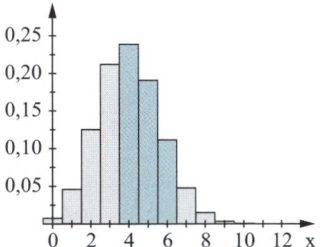

c) $P(3 \leq X \leq 7)$
   $= B(3) + B(4) + B(5) + B(6) + B(7)$
   $= F(7) - F(2) \approx 0{,}98124 - 0{,}18112$
   $= 0{,}80012$

d) $P(3 \leq X < 7)$
   $= B(3) + B(4) + B(5) + B(6)$
   $= F(6) - F(2) \approx 0{,}93355 - 0{,}18112$
   $= 0{,}75243$

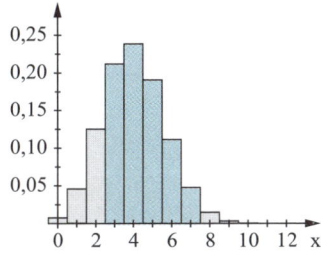 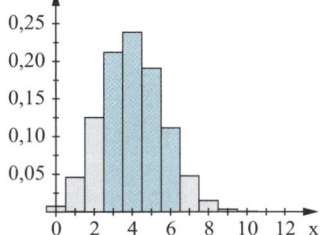

e) $\mu = E(X) = np = 12 \cdot \frac{1}{3} = 4$

   $\sigma = \sqrt{np(1-p)} = \sqrt{12 \cdot \frac{1}{3} \cdot \frac{2}{3}}$

   $= \sqrt{\frac{24}{9}} = \frac{2}{3}\sqrt{6} \approx 1{,}63$

   $P(|X - \mu| < \sigma) = P(|X - 4| < 1{,}63)$
   $= B(3) + B(4) + B(5) = F(5) - F(2)$
   $\approx 0{,}82228 - 0{,}18112 = 0{,}64116$

f) $\mu = 4$

   $\sigma = \frac{2}{3}\sqrt{6}$

   $2\sigma = \frac{4}{3}\sqrt{6} \approx 3{,}27$

   $P(|X - \mu| < 2\sigma) = P(|X - 4| < 3{,}27)$
   $= B(1) + \ldots + B(7) = F(7) - F(0)$
   $\approx 0{,}98124 - 0{,}00771 = 0{,}97353$

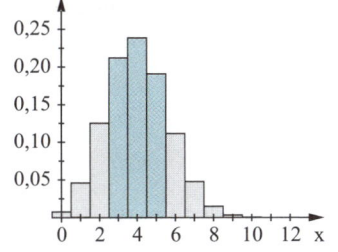 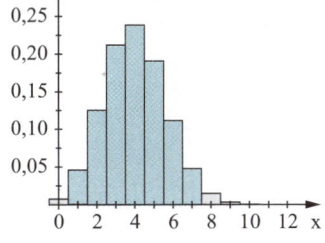

Von besonderer Bedeutung sind auch die Grenzfälle mit 0 bzw. n Treffern und die zugehörigen Gegenereignisse. Sei X eine B(n; p)-verteilte Zufallsgröße, d. h., X gibt die Anzahl der Treffer an.

Wendung	Wahrscheinlichkeit
… lauter Treffer …	$P(X=n)=B(n)=p^n$
… mindestens eine Niete …	$P(X<n)=1-P(X=n)=1-p^n$
… lauter Nieten …	$P(X=0)=B(0)=(1-p)^n$
… mindestens ein Treffer …	$P(X>0)=1-P(X=0)=1-(1-p)^n$

Beispiel

Ein Würfel wird fünfmal geworfen.
Wie groß ist die Wahrscheinlichkeit

a) lauter 6er zu werfen,

b) mindestens einmal keine 6 zu werfen,

c) keine 6 zu erhalten,

d) mindestens eine 6 zu erhalten?

Lösung:
Die Parameter lauten: $n=5$; $p=\frac{1}{6}$

a) $P(X=5)=\left(\frac{1}{6}\right)^5 \approx 0,00012860$

b) $P(X<5)=1-\left(\frac{1}{6}\right)^5 \approx 0,99987$ (Gegenereignis von a)

c) $P(X=0)=\left(\frac{5}{6}\right)^5 \approx 0,40188$

d) $P(X>0)=1-\left(\frac{5}{6}\right)^5 \approx 0,59812$ (Gegenereignis von c)

Aufgaben

99. Geben Sie für die folgenden Binomialverteilungen die Wahrscheinlichkeitsverteilung und die kumulative Verteilungsfunktion tabellarisch an. Berechnen Sie Erwartungswert und Standardabweichung. Zeichnen Sie das Histogramm und markieren Sie diejenigen Säulen mit $P(|X-\mu|<\sigma)$.

Hinweis: Prüfen Sie zunächst, ob die jeweiligen Verteilungen im Tafelwerk abgedruckt sind. Nur wenn dies nicht der Fall ist, müssen Sie die Werte berechnen.

a) B(4; 0,25)   b) B(4; 0,5)

c) B(4; 0,75)   d) B(5; 0,78)

100. Zugrunde liegt ein Bernoulli-Experiment mit den Ergebnissen A und B. Die Wahrscheinlichkeit für das Eintreten von A ist 0,6.

a) Zunächst wird die Bernoulli-Kette der Länge 4 betrachtet (Ergebnisse wie ABAA usw.). Die Zufallsgröße X ordnet jedem Ergebnis die Zahl der aufgetretenen B zu.

   (1) Berechnen Sie die fehlenden Werte der Wahrscheinlichkeitsverteilung $P(X=x)$ ohne Zuhilfenahme des Tafelwerkes.

x	0	1	2	3	4
P(X=x)	0,1296		0,3456		0,0256

   (2) Geben Sie die Wertetabelle der kumulativen Verteilung an.

   (3) Berechnen Sie den Erwartungswert der Zufallsgröße X.

   (4) Berechnen Sie die Standardabweichung der Zufallsgröße X.

b) Das Bernoulli-Experiment wird nun n-mal ausgeführt. Das Ereignis E wird wie folgt festgelegt: E: „A tritt mindestens einmal auf."
   Geben Sie die Wahrscheinlichkeit P(E) in Abhängigkeit von n an.

101. 15 % der Menschen sind Linkshänder. Es werden zehn Personen zufällig beobachtet. Mit welcher Wahrscheinlichkeit

a) ist keine der Personen Linkshänder,

b) sind genau drei Personen Linkshänder,

c) sind höchstens drei Personen Linkshänder,

d) sind höchstens sechs Personen Rechtshänder,

e) sind mindestens drei, aber weniger als acht Personen Linkshänder,

f) sind nur die zweite, dritte und vierte Person Linkshänder,

g) sind genau drei aufeinanderfolgende Personen Linkshänder?

102. Eine binomialverteilte Zufallsgröße besitze den Erwartungswert 20 und die Standardabweichung 4. Berechnen Sie die Parameter n und p.

103. Bei einer Prüfung mit 20 Multiple-Choice-Aufgaben werden zu jeder der 20 Fragen die richtige und vier falsche Antworten angeboten. Die Zufallsgröße X gibt die Anzahl der richtigen Antworten bei zufälligem Ankreuzen (Raten) an. Es werden zwei Szenarien betrachtet: Zum Bestehen muss man mindestens

a) sieben richtige,

b) zehn richtige Antworten

angekreuzt haben. Wie viele richtige Antworten sind in den beiden Fällen im Schnitt zu erwarten? Wie groß ist die Wahrscheinlichkeit, in den beiden Fällen die Prüfung durch bloßes Raten zu bestehen?

7 Testen von Hypothesen

Fragestellungen wie die folgende werden im Rahmen des Testens von Hypothesen, einem Gebiet der Statistik mit enormer Praxisrelevanz, untersucht. Stellen Sie sich vor, beim Würfeln beschleicht Sie zunehmend das Gefühl, dass mit Ihrem Würfel etwas nicht stimmt. „Ist das wirklich ein Laplace-Würfel?", werden Sie sich fragen. Wie kann man das untersuchen? Sie können einen Test durchführen und dann mit vorgegebener, kleiner Irrtumswahrscheinlichkeit feststellen, ob man Ihnen einen gezinkten Würfel „untergejubelt" hat.

Regel

Ausgangssituation beim Hypothesentest

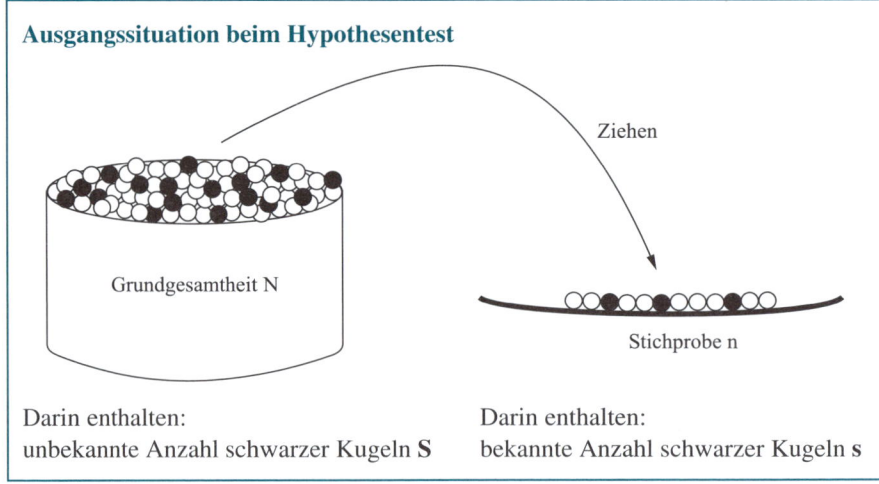

Ziehen

Grundgesamtheit N

Stichprobe n

Darin enthalten:
unbekannte Anzahl schwarzer Kugeln **S**

Darin enthalten:
bekannte Anzahl schwarzer Kugeln **s**

Beispiel

Ein Großhändler hat im Hinblick auf das bevorstehende Silvesterfeuerwerk 100 000 Knallkörper bei einem neuen Lieferanten gekauft. Dieser sichert ihm eine Ausschussquote von höchstens 4 % zu (entspricht den schwarzen Kugeln im obigen Urnenmodell).
Wie könnte der Großhändler das testen?

Lösung:
Wollte der Großhändler ganz sicher gehen, so müsste er alle Knallkörper ausprobieren. Es ist klar, dass diese Methode unsinnig ist! Realistischerweise bleibt nur die Methode, aus den 100 000 Knallkörpern (= Grundgesamtheit N) eine Stichprobe n (z. B. n = 200) zu entnehmen und diese zu testen. Je nachdem, wie viele davon nicht explodieren, entscheidet der Großhändler, ob er die Lieferung akzeptiert oder nicht.

Um das Beispiel angemessen bearbeiten zu können, sind noch einige Vorüberlegungen und Begriffe nötig.

- **Testgröße Z:** Sie ist die Zufallsgröße des Hypothesentests und gibt die Anzahl der Treffer in der Stichprobe der Länge n an. Die Zufallswerte der Testgröße Z sind die Zahlen 0; 1; …; n.
- **Hypothese H_0 (= Nullhypothese):** Das ist die Annahme über die (unbekannte) Trefferwahrscheinlichkeit $p = p_0$ in der Grundgesamtheit. Sie stellt gewissermaßen den angenommenen Normalfall dar.
- **Gegenhypothese H_1:** Sie kommt zum Zug, wenn man H_0 verwirft, dann wird angenommen: $p \neq p_0$
- **Entscheidungsregel:** Um eine Entscheidung aufgrund der gezogenen Stichprobe fällen zu können, ob die Hypothese H_0 angenommen oder abgelehnt wird, muss vor dem Ziehen eine Entscheidungsregel festgelegt werden. Für eine bestimmte Zahl (= kritischer Wert) $c \in \{0; 1; …; n\}$ wird vor dem Test eine Entscheidungsregel der folgenden Gestalt festgelegt.
- **Annahmebereich:** $A = \{0; …; c\}$ $\rightarrow$ $Z \leq c$ $\rightarrow$ Entscheidung für H_0
- **Ablehnungsbereich:** $\bar{A} = \{c+1; …; n\}$ $\rightarrow$ $Z > c$ $\rightarrow$ Entscheidung für H_1
- **Entscheidungssituation:** Aufgrund der gezogenen Stichprobe und der tatsächlich vorhandenen Situation ergeben sich die folgenden vier Möglichkeiten:

Stichprobe	„Wirklichkeit"	
	H_0 trifft zu	H_1 trifft zu
$Z \leq c$: Entscheidung für H_0	✓	Fehler 2. Art: β
$Z > c$: Entscheidung für H_1	Fehler 1. Art: α	✓

- **Fehler 1. und 2. Art:** H_1 zu wählen, obwohl H_0 zutrifft, bezeichnet man als Fehler 1. Art. Die Wahrscheinlichkeit, einen Fehler 1. Art zu begehen, heißt Irrtumswahrscheinlichkeit α. Sie kann berechnet werden.
  Wählt man (aufgrund der Stichprobe) H_0, obwohl in Wirklichkeit H_1 zutrifft, so begeht man einen Fehler 2. Art. Die diesbezügliche Irrtumswahrscheinlichkeit heißt β. Sie kann man i. A. nicht berechnen, weil p unbekannt ist.

eispiel

In einer Urne sind $N = 100$ schwarze und weiße Kugeln. Es wird vermutet, dass sich darin höchstens 10 schwarze Kugeln befinden. Entscheiden Sie anhand einer Stichprobe vom Umfang $n = 5$ (ZmZ), ob das zutreffen kann.

Lösung:

Testgröße Z: Z ist die Anzahl der schwarzen Kugeln in der Stichprobe vom Umfang $n = 5$, sodass die Zufallswerte gleich $z = 0; 1; 2; 3; 4; 5$ sind.

Nullhypothese H_0: In der Urne werden höchstens 10 schwarze Kugeln vermutet, d. h., die Trefferwahrscheinlichkeit und damit die Nullhypothese lautet: H_0: $p = 0,1$

Gegenhypothese H_1: In der Urne sind mehr als 10 schwarze Kugeln:
$H_1: p > 0{,}1$

Entscheidungsregel: Bei der Festlegung der Entscheidungsregel orientiert man sich am Erwartungswert für die Anzahl der in der Stichprobe zu erwartenden schwarzen Kugeln: Da die Testgröße B(5; 0,1)-binomialverteilt ist, kann ihr Erwartungswert einfach berechnet werden: $E(Z) = n \cdot p = 0{,}5$ schwarze Kugeln werden im Schnitt erwartet. Daher wird folgende Entscheidungsregel festgelegt:

$Z \leq 1 \ \rightarrow \ $ Entscheidung für H_0
$Z > 1 \ \rightarrow \ $ Entscheidung für H_1

Damit ist auch festgelegt:
Annahmebereich: $A = \{0; 1\}$
Ablehnungsbereich: $\overline{A} = \{2; 3; 4; 5\}$

Fehler 1. und 2. Art: Die Irrtumswahrscheinlichkeit α wird mithilfe der Binomialverteilung berechnet (dabei ist F(x) die kumulierte Verteilungsfunktion der B(5; 0,1)-Verteilung):
$\alpha = P(Z > 1) = 1 - F(1) = 1 - 0{,}91854 = 0{,}08146 \approx 8{,}15\,\%$

Das bedeutet: Mit einer Wahrscheinlichkeit von 8,15 % wird die Hypothese H_0 verworfen, obwohl sie zutrifft.

β kann nicht berechnet werden, da p (die Trefferwahrscheinlichkeit für H_1) nicht bekannt ist.

Annahme- und Ablehnungsbereich werden anschaulich am Histogramm der Verteilung deutlich.

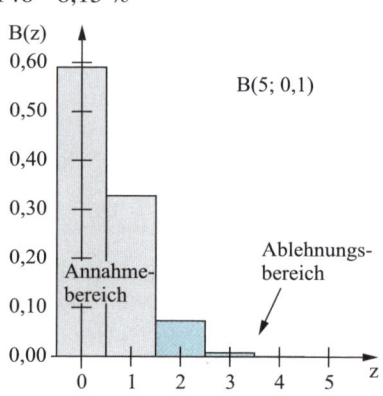

Definition

Einseitiger Signifikanztest
- Hypothesentests heißen auch **Signifikanztests**. Die Irrtumswahrscheinlichkeit 1. Art gibt das Niveau des Tests an. Genauer muss die tatsächliche Irrtumswahrscheinlichkeit $\leq \alpha$ sein, damit der Test das **Signifikanzniveau** α hat.
- Wenn der Ablehnungsbereich aus einem zusammenhängenden Bereich besteht, so spricht man von einem **einseitigen** Signifikanztest.

In der Statistik wird meist mit $\alpha = 0{,}05$, also auf dem 5 %-Signifikanzniveau, gearbeitet, in sensiblen Bereichen auch mit $\alpha = 0{,}01$.

In einer Urne sind $N = 100$ schwarze und weiße Kugeln. Es wird vermutet, dass sich darin höchstens 10 schwarze Kugeln befinden. Es wird diesmal eine Stichprobe vom Umfang 10 (ZmZ) entnommen.
Wie muss der Annahme- bzw. Ablehnungsbereich festgelegt werden, damit die Irrtumswahrscheinlichkeit 1. Art höchstens 5 % beträgt?
(= **Signifikanztest auf 5 %-Niveau**)

Lösung:
Folgendes liegt vor: $n = 10$, $\alpha = 5\%$, H_0: $p = 0{,}1$ und H_1: $p > 0{,}1$

Gesucht:	A und $\overline{A}$
Ansatz:	$A = \{0;\ 1;\ \dots;\ c\}$ und $\overline{A} = \{c+1;\ \dots;\ 10\}$
Es muss gelten:	$P(\overline{A}) = P(Z > c) \leq 0{,}05$
oder umformuliert:	$1 - F(c) \leq 0{,}05 \ \Rightarrow\ F(c) \geq 0{,}95$

Im Tafelwerk ist bei $n = 10$ und $p = 0{,}1$ der kleinste Wert für c zu suchen, bei dem die kumulierte Verteilungsfunktion (2. Spalte!) $\geq 0{,}95$ ist. Man findet $c = 3$.
Die Lösung der Aufgabe lautet: $A = \{0;\ 1;\ 2;\ 3\}$ und $\overline{A} = \{4;\ 5;\ \dots;\ 10\}$

z	B(z)	F(z)
0	0,34868	0,34868
1	0,38742	0,73610
2	0,19371	0,92981
3	0,05740	**0,98720**
4	0,01116	0,99837
5	0,00149	0,99985
6	0,00014	0,99999
7	0,00001	1,00000
8	0,00000	1,00000
9	0,00000	1,00000
10	0,00000	1,00000

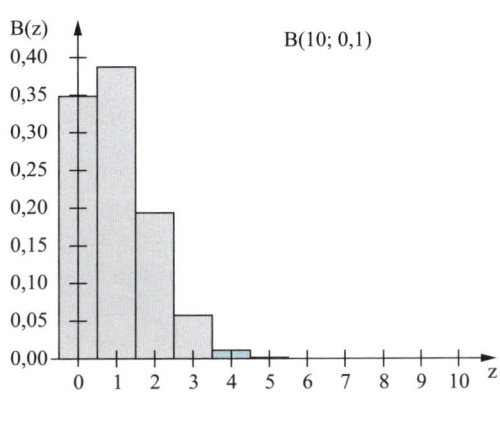

Es wird noch angegeben, welchen tatsächlichen Wert die Irrtumswahrscheinlichkeit $P(\overline{A})$ mit den oben gefundenen Annahme- und Ablehnungsbereichen hat (bisher weiß man nur, dass $P(\overline{A}) \leq 0{,}05$):

$$P(\overline{A}) = P(Z > 3) = 1 - F(3) = 1 - 0{,}9872 = 0{,}0128 = 1{,}28\,\%$$

Tatsächlich liegt der Test also schon fast auf dem 1 %-Niveau, obwohl nur das 5 %-Niveau gefordert war. Nur in 1,28 % der Fälle wird man H_1 wählen, obwohl H_0 zutrifft. Es liegt also eine hohe Signifikanz für H_0 vor.

Beim Hypothesentest sind zwei Arten von Aufgaben zu unterscheiden:

- Der Annahme- bzw. Ablehnungsbereich ist vorgegeben. Dann ist in der Regel die Irrtumswahrscheinlichkeit zu berechen bzw. zu prüfen, ob die tatsächliche Irrtumswahrscheinlichkeit $\leq \alpha$ ist.
- Das Signifikanzniveau α des Tests ist vorgegeben. Gesucht ist der Annahme- bzw. der Ablehnungsbereich bzw. die Entscheidungsregel.

Aufgaben

104. Die im Eingangsbeispiel genannte Entscheidungssituation des Großhändlers, ob er die Lieferung der 100 000 Knallkörper aufgrund der getesteten Stichprobe im Umfang von $n = 200$ annimmt oder ablehnt, soll genauer untersucht werden.

   a) Wie groß wäre der Fehler 1. Art, wenn der Großhändler einfach nach folgender Regel vorgehen würde: Die maximale Ausschussquote beträgt 4 %; bei einer Stichprobe von 200 macht das acht unbrauchbare Knallkörper. Ab neun geht die Lieferung zurück.

   b) Entwerfen Sie für das im Eingangsbeispiel genannte Problem des Großhändlers eine Entscheidungsregel auf dem 5 %-Signifikanzniveau.

   c) Welche Bedeutung hat das Eintreten des Fehlers 1. Art bzw. 2. Art für den Großhändler?

105. „Jedes vierte Los gewinnt!" lautet die Ankündigung eines Losverkäufers. Ein misstrauischer Kunde will diese Behauptung testen. Er beschließt, 50 Lose zu kaufen und den Losverkäufer wegen Betruges anzuzeigen, falls er mit diesen 50 Losen weniger als zehn Gewinne erzielt.

   a) Berechnen und interpretieren Sie das Signifikanzniveau.

   b) Welchen Annahme- bzw. Ablehnungsbereich wird der misstrauische Kunde festlegen, damit er mit einer Sicherheitswahrscheinlichkeit von mindestens 99 % keine irrtümliche Anzeige erstattet? (Sicherheitswahrscheinlichkeit $:= 1 - \alpha$)

106. Frau Selbermach hat die Meldung „75 % aller Frauen machen wieder Handarbeiten" dazu inspiriert, ein Wollgeschäft zu eröffnen. Da sie kein Risiko eingehen will, beschließt sie, zunächst eine Umfrage zu starten, um den Wahrheitsgehalt der Meldung zu überprüfen. Sie will hundert Frauen befragen, ob sie handarbeiten, und sich nur dann für die Eröffnung ihres Ladens einsetzen, wenn mindestens 75 das bejahen.

a) Mit welcher Wahrscheinlichkeit eröffnet sie das Geschäft nicht, obwohl die Meldung der Wahrheit entspricht?

b) Wie muss die Entscheidungsregel verändert werden, damit die Wahrscheinlichkeit, das Geschäft trotz wahrer Meldung nicht zu eröffnen, kleiner als 5 % ist?

107. Ein Nicht-Laplace-Würfel soll geprüft werden. Man würfelt 100-mal. Bestimmen Sie die Anzahl, mit der die Zahl 6 höchstens erscheinen darf, so, dass sich mit mindestens 80 %-iger Sicherheit sagen lässt: Die Wahrscheinlichkeit, dass die Zahl 6 gewürfelt wird, ist nicht größer als 0,1.

108. Ein Schüler behauptet, dass die Wahrscheinlichkeit, mit der er zu spät zur Schule kommt, höchstens 10 % beträgt. Kann er mit einem Signifikanzniveau von 20 % seine Behauptung noch aufrecht erhalten, wenn er in den letzten 30 Schultagen sechsmal zu spät gekommen ist?

109. Bei einer bevorstehenden Wahl erhofft sich die Partei A die absolute Mehrheit. Um nicht unnötig einen teuren Wahlkampf zu führen, beschließt sie, ihre Chancen durch eine Umfrage untersuchen zu lassen. Falls man aufgrund dieses Ergebnisses einen Stimmenanteil von höchstens 55 % erwarten kann, will die Partei den Wahlkampf führen, ansonsten nicht.

a) Es werden 200 Wahlberechtigte befragt. Bestimmen Sie den Annahmebereich für die Nullhypothese „Stimmenanteil höchstens 55 %", wenn eine Irrtumswahrscheinlichkeit von höchstens 5 % in Kauf genommen wird.

b) Ermitteln Sie die Wahrscheinlichkeit dafür, dass irrtümlich ein aufwendiger Wahlkampf geführt wird, obwohl der Stimmenanteil 60 % beträgt, wenn die Entscheidungsregel lautet:
Die Hypothese „Stimmenanteil höchstens 55 %" soll genau dann abgelehnt werden, wenn sich mehr als 122 der 200 Befragten für die Partei A aussprechen.

Lösungen

Auf den folgenden Seiten finden Sie vollständige Lösungen zu allen im Buch enthaltenen Übungsaufgaben.

1. Unmittelbar rechts von $x_0 = 0$ hat $x \mapsto x^3$ größere Funktionswerte als an der Stelle $x_0 = 0$ und unmittelbar links davon kleinere. Deshalb ist $(0\,|\,0)$ kein Extrempunkt der x^3-Funktion.

   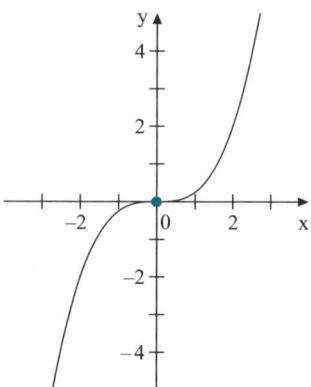

   Es ist ein Graphenpunkt mit waagrechter Tangente, aber ohne Monotoniewechsel (= kein Extrempunkt), dafür aber mit Krümmungswechsel. Deshalb ist es ein Wendepunkt. Wegen der zusätzlichen Besonderheit der waagrechten Tangente ist es ein **Terrassenpunkt**.

2. Die ganzrationalen Funktionen vom Grad 1 und 3 haben Funktionswerte von $-\infty$ bis $+\infty$. Sie besitzen keine globalen Extrempunkte. Ihre Wertemengen sind ganz $\mathbb{R}$.

   Die ganzrationalen Funktionen 2. und 4. Grades gehen an ihren Rändern für $x \to \pm\infty$ mit gleichen Vorzeichen (betragsmäßig) nach ∞ (nach $+\infty$, wenn die Graphen nach oben geöffnet sind, nach $-\infty$ bei Öffnung nach unten). Sie haben einen globalen Tiefpunkt bei Öffnung nach oben bzw. einen globalen Hochpunkt bei Öffnung nach unten.

   Verallgemeinerung: Bei ungeradem Grad $(n = 1;\ 3;\ \dots)$ haben die entsprechenden ganzrationalen Funktionen **keine** globalen Extrempunkte. Bei geradem Grad $(n = 2;\ 4;\ \dots)$ gibt es immer einen globalen Extrempunkt.

3. Es ist eine nach unten geöffnete Parabel. Wenn die x-Koordinate des Scheitels in D_f liegt, $x_S \in [1;\ 4]$, hat G_f im Scheitel einen globalen Hochpunkt.

   a) Berechnung der Scheitelkoordinaten:
   $f'(x) = -3x + 9$

   $f'(x) = 0 \;\Rightarrow\; x_S = 3 \in D_f \;\Rightarrow\;$ globaler Hochpunkt $H(3\,|\,4)$
   Randwertuntersuchung:
   $f(1) = -2$ Randminimum
   $f(4) = 2,5$ Randminimum
   Der kleinere Wert liegt am linken Rand. Damit ist $T(1\,|\,{-2})$ globaler Tiefpunkt.

   $W_f = [-2;\ 4]$ (vom globalen Tiefpunkt bis zum globalen Hochpunkt)

   b) $f*$ hat beim Definitionsbereich offene Ränder, weswegen die Randminima entfallen. Am globalen Hochpunkt $H(3\,|\,4)$ ändert sich nichts; einen globalen Tiefpunkt gibt es nicht. Für die Wertemenge gilt: $W_{f*} = \,]{-2};\ 4]$

c) $D_{f**} = [0; \infty[$

Wegen $\lim\limits_{x \to \infty} f**(x) = -\infty$ (nach unten geöffnete Parabel) gibt es keinen globalen Tiefpunkt. $H(3|4)$ bleibt unverändert globaler Hochpunkt. Am linken Rand liegt ein lokales Randminimum vor.

$W_{f**} =]-\infty; 4]$

d)

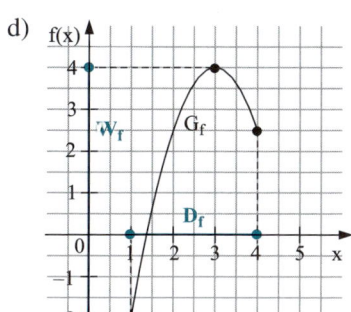

4. a) $f(x) = \frac{1}{2}(x-2)^2 - 3 = \frac{1}{2}x^2 - 2x - 1$ ist eine nach oben geöffnete Parabel mit Scheitel $S(2|-3)$. Wegen $x_S = 2 \in D_f = [0; \infty[$ ist S globaler Tiefpunkt. Einen globalen Hochpunkt gibt es nicht. Das Randmaximum in $(0|-1)$ ist ein lokaler Hochpunkt.

$g(x) = \frac{1}{4}(x+1)^2(x-2) = \frac{1}{4}(x^3 - 3x - 2)$ ist eine Funktion 3. Grades, für die gilt:

$\lim\limits_{x \to \infty} g(x) = +\infty$

Sie hat damit keinen globalen Hochpunkt.

Untersuchung auf Extrempunkte:

$g'(x) = \frac{1}{4}(3x^2 - 3) = \frac{3}{4}(x^2 - 1) = \frac{3}{4}(x-1)(x+1)$

$g'(x) = 0 \implies x_1 = 1 \in D_g$

Beachte: $x_2 = -1 \notin D_g$ hat keine Bedeutung für g.

$g''(x) = \frac{3}{4} \cdot 2x = \frac{3}{2}x$

$g''(1) = \frac{3}{2} > 0 \implies T(1|-1)$

Randuntersuchung:

$g(0) = -\frac{1}{2}$

Vergleich zu T: $g(1) = -1$

-1 liegt tiefer als $-\frac{1}{2}$. $\implies$ globaler Tiefpunkt $T(1|-1)$

b) $W_f = [-3; \infty[; \quad W_g = [-1; \infty[$

c)

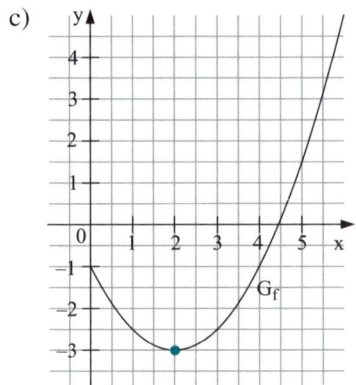 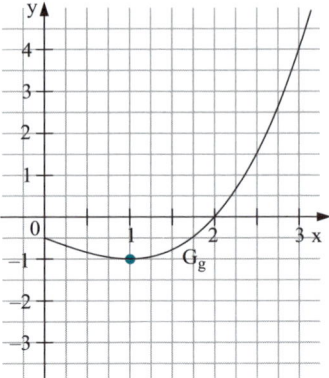

5. a) $f(x) = (4-x) \cdot \left(\frac{1}{4}x^2 + 1\right) = -\frac{1}{4}x^3 + x^2 - x + 4$

$g(x) = (4-x) \cdot \left(\frac{1}{3}x^2 + 1\right) = -\frac{1}{3}x^3 + \frac{4}{3}x^2 - x + 4$

b) $f'(x) = -\frac{3}{4}x^2 + 2x - 1$ $\qquad\qquad g'(x) = -x^2 + \frac{8}{3}x - 1$

$\quad f'(x) = 0$ $\qquad\qquad\qquad\qquad g'(x) = 0 \;\Rightarrow\; x_{1/2} = \frac{1}{3}(4 \pm \sqrt{7})$

$\quad \Rightarrow\; x_1 = \frac{2}{3} \in D_f$ $\qquad\qquad\quad \Rightarrow\; x_1 = \frac{1}{3}(4 - \sqrt{7}) \approx 0{,}45 \in D_g$

$\qquad\quad x_2 = 2 \in D_f$ $\qquad\qquad\qquad\qquad x_2 = \frac{1}{3}(4 + \sqrt{7}) \approx 2{,}22 \in D_g$

$\quad f''(x) = -\frac{3}{2}x + 2$ $\qquad\qquad\quad g''(x) = -2x + \frac{8}{3}$

$\quad f''(\frac{2}{3}) = 1 > 0 \;\Rightarrow\; T\left(\frac{2}{3} \,\middle|\, 3{,}70\right)$ $\quad g''(x_1) \approx 1{,}76 > 0 \;\Rightarrow\; T(0{,}45 \,|\, 3{,}79)$

$\quad f''(2) = -1 < 0 \;\Rightarrow\; H(2\,|\,4)$ $\qquad g''(x_2) \approx -1{,}76 < 0 \;\Rightarrow\; H(2{,}22 \,|\, 4{,}70)$

Randuntersuchung:

$f(0) = 4; \quad f(4) = 0$ $\qquad\qquad\qquad g(0) = 4; \quad g(4) = 0$

Der Vergleich der y-Koordinaten
der Punkte H und T ergibt:

zwei globale Hochpunkte	globaler Hochpunkt H(2,22	4,70) (weil
$H_1(2\,|\,4)$ und $H_2(0\,|\,4)$	4,70 > 4)
H_2 ist Randhochpunkt.	
globaler Randtiefpunkt T(4|0)	globaler Randtiefpunkt T(4|0)

c) $W_f = [0; 4]; \quad W_g = [0; 4{,}70]$

d)

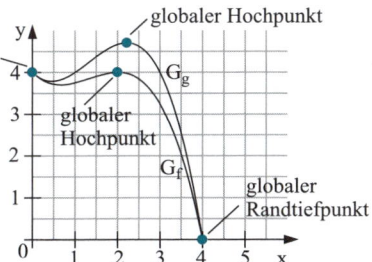

nur für G_f ein globaler
Randhochpunkt

globaler Hochpunkt

G_g

globaler
Hochpunkt

G_f

globaler
Randtiefpunkt

6. $h'(x) = -\frac{3}{5}x^2 + \frac{8}{5}x - 1$; $h''(x) = -\frac{6}{5}x + \frac{8}{5}$

$h'(x) = 0 \;\Rightarrow\; x_1 = 1$; $x_2 = \frac{5}{3}$; beide Lösungen liegen im Intervall $[0; 4]$.

$h''(1) = \frac{2}{5} > 0 \qquad \Rightarrow\; T(1 \,|\, 3{,}60)$

$h''\!\left(\frac{5}{3}\right) = -\frac{2}{5} < 0 \;\Rightarrow\; H\!\left(\frac{5}{3} \,\middle|\, 3{,}63\right)$

Randuntersuchung:
$h(0) = 4$, liegt höher als die y-Koordinate 3,63 von H.
$h(4) = 0$, liegt tiefer als die y-Koordinate 3,60 von T.

Ergebnis: Der Graph von h hat den globalen Randhochpunkt $(0\,|\,4)$ und den globalen Randtiefpunkt $(4\,|\,0)$.
Die inneren Extrempunkte $H\!\left(\frac{5}{3} \,\middle|\, 3{,}63\right)$ und $T(1\,|\,3{,}60)$ sind „nur" lokale Extrempunkte.

7. $f(x) = x^3 - x$; $f'(x) = 3x^2 - 1$; $f''(x) = 6x$

Die größte negative Steigung findet man an der Nullstelle der 2. Ableitung:
$f''(x) = 0 \;\Rightarrow\; 6x = 0 \;\Rightarrow\; x_1 = 0$ mit VZW $- \nearrow +$

An der Stelle $x_1 = 0$ ist die negative Steigung am größten. Ihren Wert liefert die erste Ableitung f':
$f'(0) = -1$

Die größte negative Steigung beträgt -1.

8. a) Der Zusammenhang zwischen Beschleunigung $a(t)$ und Geschwindigkeit $v(t)$ ist allgemein $a(t) = v'(t)$:

$a(t) = v'(t) = -\frac{12}{25}t^2 + \frac{26}{5}t$ mit $t \in [0; 10]$

Bei $a(t)$ handelt es sich um eine nach unten geöffnete Parabel. Der größte Beschleunigungswert liegt deshalb im Scheitel, wenn dieser zum Definitionsbereich gehört.

b) Die Abszisse des Scheitels einer Parabel kann auch als Mitte zwischen den beiden Nullstellen berechnet werden:

$$a(t) = 0 \iff t \cdot \left(-\frac{12}{25}t + \frac{26}{5}\right) = 0$$

$$t_1 = 0 \ \lor \ \frac{12}{25}t = \frac{26}{5} \iff t_2 = \frac{65}{6}$$

Die Mitte zwischen t_1 und t_2 liegt bei $t_{max} = \frac{65}{12} \approx 5,4 \in [0; 10]$.

Ergebnis: Bei ca. 5,4 s ist die Beschleunigung des Fahrzeuges am größten. Dieser Maximalwert ist:

$$a_{max} = a(t_{max}) \approx 14,08$$

Vergleich mit dem Wert bei $v_{max} = 100$:
Die höchste Geschwindigkeit im Beobachtungsintervall ist bei $t = 10$.
$a(10) = 4$ ist deutlich kleiner als beim Maximum.

Bemerkung: Einen Randuntersuchung ist nicht erforderlich, da $a(t)$ eine nach unten geöffnete Parabel ist.

c)

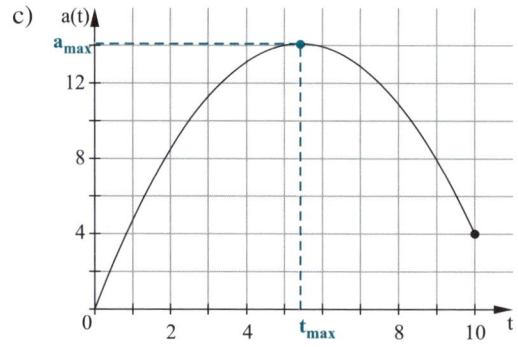

9. a) (1) $\quad -2m + t = 3$
   (2) $\quad\ \ \ 3m + t = 1$

   (1*) $\quad t = 3 + 2m$ Die Gleichungen (1) und (2) werden nach t
   (2*) $\quad t = 1 - 3m$ aufgelöst.

   $3 + 2m = 1 - 3m$ Gleichsetzen von (1*) und (2*), Auflösen
   $\quad\ \ 5m = -2$ nach m.

   $$\mathbf{m = -\frac{2}{5} = -0,4}$$

   $$\mathbf{t = 3 + 2 \cdot (-0,4) = 2,2}$$ Einsetzen von $\mathbf{m = -0,4}$ in (1*) ergibt $\mathbf{t = 2,2}$.

   $$\Rightarrow \ \mathbf{L = \{(-0,4;\ 2,2)\}}$$

b) (1) $\frac{1}{2}x + \frac{1}{3}y = \frac{3}{2}$ $\quad | \cdot 6$

   Zunächst werden die Brüche beseitigt, indem Gleichung (1) mit dem Faktor 6 und Gleichung (2) mit dem Faktor 4 durchmultipliziert wird.

   (2) $\frac{1}{4}x + \frac{1}{2}y = \frac{3}{4}$ $\quad | \cdot 4$

   (1*) $3x + 2y = 9$
   (2*) $\quad x + 2y = 3$

   (1**) $y = -\frac{3}{2}x + \frac{9}{2}$

   Beide Gleichungen werden nach y aufgelöst.

   (2**) $y = -\frac{1}{2}x + \frac{3}{2}$

   $-\frac{3}{2}x + \frac{9}{2} = -\frac{1}{2}x + \frac{3}{2}$ $\quad | \cdot 2$

   Gleichsetzen von (1**) und (2**), Auflösen nach x.

   $-3x + 9 = -x + 3$
   $\quad -2x = -6$
   $\qquad \mathbf{x = 3}$

   $\mathbf{y} = -\frac{1}{2} \cdot 3 + \frac{3}{2} = \mathbf{0}$

   Einsetzen von $\mathbf{x = 3}$ in (2**) ergibt $\mathbf{y = 0}$.

   $\Rightarrow \mathbf{L = \{(3; 0)\}}$

c) Nennt man die zwei gesuchten Zahlen x und y, wobei y die größere Zahl sein soll, so ergibt sich:

   (1) $y - x = 17$

   „Die Differenz der beiden Zahlen beträgt 17."

   (2) $3x = y - 1$

   „Wird x verdreifacht, dann ergibt sich bis auf 1 die Zahl y."

   (1*) $y = 17 + x$

   Beide Gleichungen werden nach y aufgelöst.

   (2*) $y = 3x + 1$
   $17 + x = 3x + 1$

   Gleichsetzen von (1*) und (2*), Auflösen nach x.

   $\quad -2x = -16$
   $\qquad \mathbf{x = 8}$
   $\mathbf{y} = 17 + 8 = \mathbf{25}$

   Einsetzen von $\mathbf{x = 8}$ in (1*) ergibt $\mathbf{y = 25}$.

   Probe:
   $25 - 8 = 17$, d. h., die Differenz der beiden Zahlen ist 17.
   $3 \cdot 8 = 24$, es fehlt also tatsächlich nur noch 1 auf die Zahl 25.

10. a) (1) $3x_1 + 2x_2 = 4,8$
   (2) $6x_1 + 8x_2 = 14,4$

   (1*) $x_2 = 2,4 - 1,5x_1$

   Gleichung (1) nach x_2 auflösen.

   $6x_1 + 8 \cdot (2,4 - 1,5x_1) = 14,4$

   Den Term (1*) für x_2 in (2) einsetzen, nach x_1 auflösen.

   $\qquad\qquad -6x_1 = -4,8$
   $\qquad\qquad\quad \mathbf{x_1 = 0,8}$

   $\mathbf{x_2} = 2,4 - 1,5 \cdot 0,8 = \mathbf{1,2}$

   Einsetzen von $\mathbf{x_1 = 0,8}$ in (1*) ergibt $\mathbf{x_2 = 1,2}$.

   $\Rightarrow \mathbf{L = \{(0,8; 1,2)\}}$

b) (1) $x = 2y$

(2) $y = \frac{1}{2}x + \frac{1}{2}$

$y = \frac{1}{2} \cdot 2y + \frac{1}{2} = y + \frac{1}{2}$ Einsetzen von (1) in (2)

$\Leftrightarrow \quad 0 = \frac{1}{2}$ Letzteres ist eine falsche Aussage, die für kein x oder y wahr wird.

$\Rightarrow \quad \mathbf{L = \varnothing}$ Dieses Gleichungssystem hat **keine Lösung**.

c) Folgende Bezeichnungen werden gewählt:

x: derzeitiges Alter von Petra
y: derzeitiges Alter des Onkels

(1) $3x = y - 5$ „Vor **fünf** Jahren war ich …", deshalb y **– 5**

(2) $x + y = 5(x - 2)$ „… **fünfmal** so alt, wie du vor **zwei** Jahren warst.", daher **5**(x **– 2**)

(1*) $y = 3x + 5$ Gleichung (1) nach y auflösen.

$x + 3x + 5 = 5x - 10$ Den Term (1*) für y in Gleichung (2) einsetzen und nach x auflösen.

$-x = -15$

$\mathbf{x = 15}$

$\mathbf{y} = 3 \cdot 15 + 5 = \mathbf{50}$ Einsetzen von **x = 15** in (1*) ergibt **y = 50**.

Demnach ist Petra 15 und ihr Onkel 50 Jahre alt.

11. a) (1) $3x_1 + 2x_2 = 4{,}8$ $\big| \cdot (-2)$ Multiplikation mit –2, damit x_1 beim Addieren wegfällt.

(2) $6x_1 + 8x_2 = 14{,}4$

(1*) $-6x_1 - 4x_2 = -9{,}6$

(2) $\quad 6x_1 + 8x_2 = 14{,}4$

(1*)+(2): $4x_2 = 4{,}8$ Addition von (1*) und (2), Auflösen nach x_2.

$\mathbf{x_2 = 1{,}2}$

$3x_1 + 2 \cdot 1{,}2 = 4{,}8$ Einsetzen von x_2 = 1,2 in (1) ergibt x_1 = 0,8.

$3x_1 = 2{,}4$

$\mathbf{x_1 = 0{,}8}$

$\Rightarrow \quad \mathbf{L = \{(0{,}8;\ 1{,}2)\}}$

b) (1) $3x_1 + 5x_2 = 9$ Multiplikation von Gleichung (2) mit –3, damit x_1 beim Addieren wegfällt.

(2) $x_1 + 9x_2 = 25$ $\big| \cdot (-3)$

(1) $\quad 3x_1 + 5x_2 = 9$

(2*) $-3x_1 - 27x_2 = -75$

(1)+(2*): $-22x_2 = -66$ Addition von (1) und (2*), Auflösen nach x_2.

$\mathbf{x_2 = 3}$

$x_1 + 9 \cdot 3 = 25$ Einsetzen von x_2 = 3 in (2) ergibt x_1 = –2.

$\mathbf{x_1 = -2}$

$\Rightarrow \quad \mathbf{L = \{(-2;\ 3)\}}$

c) x: Zugabe von reinem Silber in Gramm

y: Zugabe von reinem Kupfer in Gramm

Es wird jeweils eine Gleichung für die Reinmetall-Anteile von Silber und Kupfer angegeben.

(1) $250 + x = (1\,000 + x + y) \cdot 0{,}3$ Silberanteil: 250 g in der alten Legierung plus Zugabe

(2) $400 + y = (1\,000 + x + y) \cdot 0{,}5$ Kupferanteil: 400 g in der alten Legierung plus Zugabe

Die rechten Seiten der Gleichungen erhält man durch die Überlegung, dass in der neuen Legierung bereits 1 000 g der alten Legierung enthalten sind und reines Silber (x) sowie reines Kupfer (y) hinzukommt, sodass sich die Gesamtmenge $1\,000 + x + y$ ergibt. Der Silber- bzw. der Kupferanteil der neuen Legierung wird nun so berechnet, dass man die geforderten 30 % bei Silber bzw. 50 % bei Kupfer ansetzt.

Das ergibt zusammengefasst und geordnet das Gleichungssystem:

(1*) $0{,}7x - 0{,}3y = 50$ $|\cdot 5$

(2*) $-0{,}5x + 0{,}5y = 100$ $|\cdot 3$

(1**) $3{,}5x - 1{,}5y = 250$

(2**) $-1{,}5x + 1{,}5y = 300$

(1**) + (2**): $2x = 550 \;\Rightarrow\; \mathbf{x = 275}$

Einsetzen in (1*) ergibt dann $0{,}7 \cdot 275 - 0{,}3y = 50$, woraus $\mathbf{y = 475}$ folgt.

Es müssen also 275 g reines Silber und 475 g reines Kupfer zu den 1 000 g der alten Legierung hinzugegeben werden, um die geforderten Anteile Silber und Kupfer in der neuen Legierung zu erhalten.

12. Schritt 1:

$f(x) = ax^3 + bx^2 + cx + d$ Ansatz

$\Rightarrow \; f'(x) = 3ax^2 + 2bx + c$ 1. Ableitung

Schritt 2:

Man benötigt vier Gleichungen für die vier Koeffizienten a, b, c, d:

(1) $f(0) = 0 \;\Rightarrow\; d = 0$ Der Graph geht durch den Ursprung.

(2) $f'(0) = 2 \;\Rightarrow\; c = 2$ Die Steigung im Ursprung ist gleich der Tangentensteigung.

(3) $f(3) = 0$ Nullstelle bei 3

   $\Rightarrow \; a \cdot 3^3 + b \cdot 3^2 + c \cdot 3 + d = 0$

(4) $f'(3) = 0 \;\Rightarrow\; 3a \cdot 3^2 + 2b \cdot 3 + c = 0$ waagrechte Tangente wegen doppelter Nullstelle

Schritt 3:

(3*) $27a + 9b = -6$ $d = 0$ und $c = 2$ werden in (3) und (4) eingesetzt und daraus b und a bestimmt.

(4*) $27a + 6b = -2$

$3b = -4 \Rightarrow b = -\frac{4}{3}$ (3*) – (4*)

$27a - 6 \cdot \frac{4}{3} = -2 \Rightarrow a = \frac{2}{9}$ in (4*)

Schritt 4:

$f(x) = \frac{2}{9}x^3 - \frac{4}{3}x^2 + 2x$ Einsetzen der Parameter liefert die Funktionsgleichung.

13. ### Schritt 1:

$f(x) = ax^3 + bx^2 + cx + d$ Ansatz

$\Rightarrow f'(x) = 3ax^2 + 2bx + c$ 1. Ableitung

Schritt 2:

(1) $f(-2) = 1$ Aufstellen der 4 Bestimmungs-
$\Rightarrow a \cdot (-2)^3 + b \cdot (-2)^2 + c \cdot (-2) + d = 1$ gleichungen anhand der Angaben

(2) $f'(-2) = 0$
$\Rightarrow 3a \cdot (-2)^2 + 2b \cdot (-2) + c = 0$

(3) $f(3) = 0$
$\Rightarrow a \cdot 3^3 + b \cdot 3^2 + c \cdot 3 + d = 0$

(4) $f'(3) = 1$ $\tan 45° = 1$
$\Rightarrow 3a \cdot 3^2 + 2b \cdot 3 + c = 1$

(1) $-8a + 4b - 2c + d = 1$ resultierendes Gleichungssystem
(2) $12a - 4b + c = 0$
(3) $27a + 9b + 3c + d = 0$
(4) $27a + 6b + c = 1$

Schritt 3:

(1*) $35a + 5b + 5c = -1$ (3) – (1)
(2) $12a - 4b + c = 0$
(4) $27a + 6b + c = 1$ Lösen des Gleichungssystems:

$c = -12a + 4b$ (2*) aus (2)

$35a + 5b + 5(-12a + 4b) = -1$ (2*) in (1*)

$\Leftrightarrow -25a + 25b = -1$ (1**)

$27a + 6b - 12a + 4b = 1$ (2*) in (4)

$\Leftrightarrow 15a + 10b = 1$ (2**)

$\Leftrightarrow b = 0,1 - 1,5a$

$-25a + 25(0,1 - 1,5a) = -1$ in (1**)

$\Leftrightarrow -62,5a = -3,5$

$\Leftrightarrow a = \frac{7}{125}$

$b = \frac{2}{125}; c = -\frac{76}{125}$ und $d = \frac{21}{125}$ Von unten nach oben einsetzen ergibt die restlichen Parameter.

Schritt 4:

$f(x) = \frac{1}{125}(7x^3 + 2x^2 - 76x + 21)$ Einsetzen liefert die Funktionsgleichung.

14. a) $f(x) = ax^4 + bx^3 + cx^2 + dx + e$ Ansatz

$f'(x) = 4ax^3 + 3bx^2 + 2cx + d$ 1. Ableitung

$f''(x) = 12ax^2 + 6bx + 2c$ 2. Ableitung

(1) $f(0) = 0 \ \Rightarrow \ e = 0$ Bestimmungsgleichungen für die 5 Parameter

(2) $f'(0) = 0 \ \Rightarrow \ d = 0$ anhand der Angaben

(3) $f''(0) = 0 \ \Rightarrow \ c = 0$

(4) $f(-3) = -\dfrac{9}{8}$

     $\Rightarrow \ a(-3)^4 + b(-3)^3 = -\dfrac{9}{8}$

(5) $f'(-3) = 0$

     $\Rightarrow \ 4a(-3)^3 + 3b(-3)^2 = 0$

(4) $81a - 27b = -\dfrac{9}{8}$ Auswerten von (4) und (5)

(5) $-108a + 27b = 0$

$-27a = -\dfrac{9}{8} \ \Rightarrow \ a = \dfrac{1}{24}$ $(4) + (5)$

$27b = \dfrac{108}{24} \ \Rightarrow \ b = \dfrac{1}{6}$

$f(x) = \dfrac{1}{24}x^4 + \dfrac{1}{6}x^3$ Einsetzen liefert die Funktionsgleichung.

b) $p(x) = ax^2 + bx + c$ Ansatz

$p'(x) = 2ax + b$ 1. Ableitung

(1) $p(-3) = f(-3)$ Bestimmungsgleichungen für a, b, c

     $\Rightarrow \ 9a - 3b + c = -\dfrac{9}{8}$

(2) $p'(-3) = f'(-3)$

     $\Rightarrow \ -6a + b = 0$

(3) $p(0) = f(0) \ \Rightarrow \ c = 0$

$-9a = -\dfrac{9}{8} \ \Rightarrow \ a = \dfrac{1}{8} \ \Rightarrow \ b = \dfrac{6}{8}$ $(1) + 3 \cdot (2)$; Einsetzen in (2)

$p(x) = \dfrac{1}{8}x^2 + \dfrac{3}{4}x$ Einsetzen liefert die Funktionsgleichung.

c) $f(x) = p(x)$ Ansatz zur Schnittpunktbestimmung

$\dfrac{1}{24}x^4 + \dfrac{1}{6}x^3 = \dfrac{1}{8}x^2 + \dfrac{3}{4}x \ \ \big| \cdot 24$ Lösen der Gleichung

$\Leftrightarrow \ x^4 + 4x^3 - 3x^2 - 18x = 0$

$\Leftrightarrow \ x(x^3 + 4x^2 - 3x - 18) = 0$

$\Rightarrow \ x_1 = 0$

$(x^3 + 4x^2 - 3x - 18) : (x + 3)$ Eine (doppelte) Lösung muss bei -3 liegen.

$= x^2 + x - 6$

$x^2 + x - 6 = (x + 3)(x - 2) = 0$

$\Rightarrow \ x_{2/3} = -3; \ x_4 = 2$ weitere Schnittstelle

$f(2) = 2 \ \Rightarrow \ S(2 \,|\, 2)$

d) Wertetabelle:

x	f(x)	p(x)
−7	42,9	0,88
−6	18	0
−5	5,21	−0,6
−4	0	−1
−3	−1,1	−1,1
−2	−0,7	−1
−1	−0,1	−0,6
0	0	0
1	0,21	0,88
2	2	2
3	7,88	3,38

Grafische Darstellung:

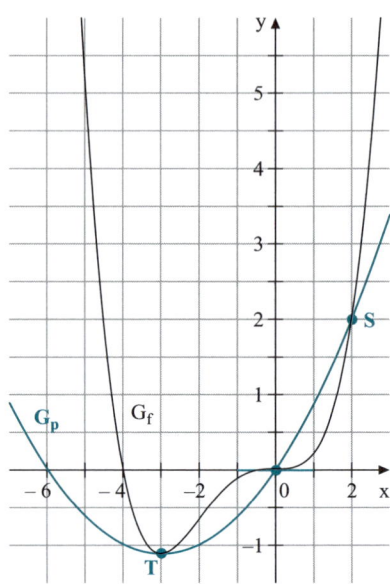

15. a) $f(x) = ax^4 + bx^3 + cx + d$ Ansatz

$f'(x) = 4ax^3 + 3bx^2 + c$ 1. Ableitung

$f''(x) = 12ax^2 + 6bx$ 2. Ableitung

(1) $f(0) = 0 \quad \Rightarrow \quad d = 0$ Der Graph geht durch den Ursprung.

(2) $f'(0) = -1 \Rightarrow c = -1$ Die Senkrechte zur Winkelhalbierenden des

(3) $f(-2) = 0$ I. und III. Quadranten hat die Steigung −1.

$\Rightarrow a(-2)^4 + b(-2)^3 - (-2) = 0$

$\Rightarrow 16a - 8b + 2 = 0$

$\Rightarrow b = 2a + \frac{1}{4}$

$f(x) = ax^4 + \left(2a + \frac{1}{4}\right)x^3 - x$ Funktionsgleichung in Abhängigkeit von a

b) Es muss gelten: $f'(-2) = 0$

$\Leftrightarrow 4a(-2)^3 + 3\left(2a + \frac{1}{4}\right)(-2)^2 - 1 = 0$

$\Leftrightarrow -32a + 12\left(2a + \frac{1}{4}\right) - 1 = 0$

$\Leftrightarrow -8a = -2 \Leftrightarrow a = \frac{1}{4}$

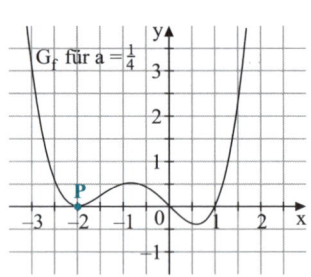

16. $f_k(x) = ax^3 + bx^2 + cx + d$

$f'_k(x) = 3ax^2 + 2bx + c$

(1) $f_k(3) = 0 \implies 27a + 9b + 3c + d = 0$

(2) $f'_k(3) = 0 \implies 27a + 6b + c = 0$

(3) $f_k(0) = 0 \implies d = 0$

(4) $f'_k(0) = k \implies c = k$

$(1)-(2):\ 3b + 2k = 0 \implies b = -\frac{2}{3}k$

In (2): $27a - 4k + k = 0 \implies a = \frac{1}{9}k$

Ergebnis: $f_k(x) = \frac{1}{9}kx^3 - \frac{2}{3}kx^2 + kx = \frac{1}{9}kx(x^2 - 6x + 9) = \frac{1}{9}kx(x-3)^2$

17. a) Ansatz: $\ell(x) = mx$ (mit Steigung m), wobei $m = \frac{\Delta y}{\Delta x} = \frac{5}{20} = \frac{1}{4} \implies \ell(x) = \frac{1}{4}x$

$\tan\alpha_1 = \frac{1}{4} \implies \alpha_1 \approx 14°$

Für den Teil jenseits der 20 m gilt:

$\tan\alpha_2 = \frac{8-5}{24-20} = \frac{3}{4} \implies \alpha_2 \approx 37°$

b) Es wird mit einer ganzrationalen Funktion dritten Grades modelliert und ein sprung- und knickfreier (differenzierbarer) Übergang an den Randpunkten verlangt.

$f(x) = ax^3 + bx^2 + cx + d$

$f'(x) = 3ax^2 + 2bx + c$

(1) $f(0) = 0 \implies d = 0$

(2) $f'(0) = 0 \implies c = 0$

(3) $f(20) = 5 \implies a \cdot 20^3 + b \cdot 20^2 = 5$

(4) $f'(20) = \frac{3}{4} \implies 3a \cdot 20^2 + 2b \cdot 20 = \frac{3}{4}$

(3*) $1\,600a + 80b = 1$

(4*) $4\,800a + 160b = 3$

$\implies a = \frac{1}{1\,600};\ b = 0;$ also: $f(x) = \frac{1}{1\,600}x^3$

c) $d(x) = \ell(x) - f(x) = \frac{1}{4}x - \frac{1}{1\,600}x^3$ Höhenunterschied zwischen beiden Varianten

$d'(x) = \frac{1}{4} - \frac{3}{1\,600}x^2$ Gesucht ist das Maximum von d(x) im Bereich $0 \leq x < 20$.

$d'(x) = 0 \implies x_1 \approx 11,5$ Die negative Lösung hat in diesem Zusammenhang keine Bedeutung.

$d(11,5) \approx 1,9$

Der maximale Höhenunterschied beträgt ca. 1,9 m und tritt bei $x \approx 11,5$ m auf.

18. $V(x) = (300 - 2x)(200 - 2x)x$ Ansatz für das Behältervolumen
und $x \in [0; 100]$

$V(x) = 4x^3 - 1\,000x^2 + 60\,000x$ Berechnung der Maximalstelle
$V'(x) = 12x^2 - 2\,000x + 60\,000$
$V''(x) = 24x - 2\,000$
$V'(x) = 0$
$\Leftrightarrow \quad 12x^2 - 2\,000x + 60\,000 = 0$
$\Rightarrow \quad x_1 \approx 39{,}24; \; x_2 \approx 127{,}43 \notin [0; 100]$
     $V''(39{,}24) \approx -1\,058 < 0 \; \Rightarrow \;$ Maximum

An den Rändern ergibt sich jeweils null als Behältervolumen.

Ergebnis: Das Behältervolumen besitzt ein absolutes Maximum für
$x \approx 39{,}24$ cm mit $V_{max} \approx V(39{,}24) \approx 1\,056\,306$ cm$^3 \approx 1{,}056$ m^3.

19. a) $f(x) = g(x) \; \Leftrightarrow \; \frac{1}{4}x^2 = -\frac{1}{2}x^2 + \frac{3}{2}x + \frac{23}{8} \; \Rightarrow \; x_1 \approx -1{,}20; \; x_2 \approx 3{,}20$

b) $d(u) = g(u) - f(u) = -\frac{3}{4}u^2 + \frac{3}{2}u + \frac{23}{8}$ und $u \in [-1{,}20; 3{,}20]$

c) $d'(u) = -\frac{3}{2}u + \frac{3}{2} = -\frac{3}{2}(u - 1); \; d'(u) = 0$ für $u = 1$

Hier liegt auch das absolute Maximum, da es sich bei $d(u)$ um eine nach
unten geöffnete Parabel handelt.

20. Die x-Koordinate der linken unteren Ecke wird mit u bezeichnet, wobei dann
$u \in [0; 4]$ gilt. Der Inhalt des Dreiecks ist:

$A(u) = \frac{1}{2}gh = \frac{1}{2}(4 - u) \cdot f(u)$ f einsetzen und ausmultiplizieren

$\quad\quad = \frac{1}{2}(4 - u) \cdot \left(-\frac{1}{2}u^3 + 2u^2\right)$

$\quad\quad = \frac{1}{4}u^4 - 2u^3 + 4u^2$

$A'(u) = u^3 - 6u^2 + 8u$ 1. und 2. Ableitung
$A''(u) = 3u^2 - 12u + 8$

$A'(u) = 0 \; \Rightarrow \; u_1 = 0; \; u_2 = 2; \; u_3 = 4$ Alle drei Werte gehören zum Definitionsbereich,
wobei die Randpunkte natürlich nicht als Maximum infrage kommen, weil dort jeweils der zugehörige Flächeninhalt null ist.

$A''(2) < 0 \; \Rightarrow \;$ Maximum bei $u_2 = 2$ Art des Extremums bei u_2

$A_{max} = A(2) = 4$ maximale Fläche

21. a)
  b) (1)

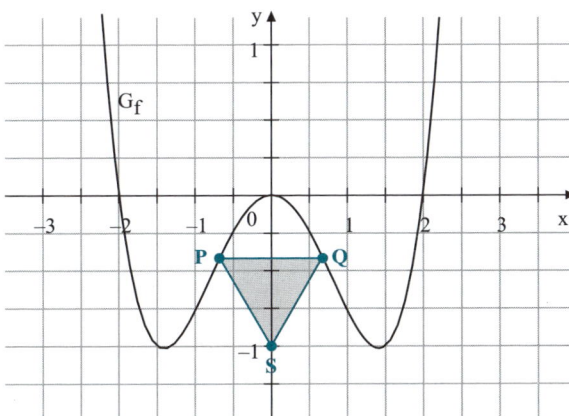

(2) Die allgemeine Formel für die Dreiecksfläche lautet $A = \frac{1}{2}gh$.

Wird die x-Koordinate des rechten Eckpunktes mit x bezeichnet, so ist die Grundlinie des Dreiecks: $g = 2x$. Die Höhe ist: $h = 1 + f(x)$, da der Funktionswert in diesem Bereich negativ ist. In die Dreiecksformel eingesetzt ergibt das:

$$A(x) = \frac{1}{2} \cdot 2x \cdot (1 + f(x)) = x\left(1 + \frac{1}{4}x^4 - x^2\right) = \frac{1}{4}x^5 - x^3 + x$$

Dabei ist $D_A = [0; \sqrt{2}]$, da die x-Koordinate des rechten Tiefpunktes $\sqrt{2}$ ist:

$$f'(x) = 0 \Leftrightarrow x^3 - 2x = 0 \Leftrightarrow x(x^2 - 2) = 0 \Rightarrow x_1 = 0;\ x_{2/3} = \pm\sqrt{2}$$

$$f''(\pm\sqrt{2}) = 3 \cdot (\pm\sqrt{2})^2 - 2 = 4 > 0 \Rightarrow \text{Minima bei } x_{2/3}$$

(3) $A'(x) = \frac{5}{4}x^4 - 3x^2 + 1$ 1. Ableitung der Flächenfunktion

$A''(x) = 5x^3 - 6x$ 2. Ableitung der Flächenfunktion

$A'(x) = 0$ notwendige Bedingung für Extremstellen

$\Leftrightarrow \frac{5}{4}x^4 - 3x^2 + 1 = 0$

$\Rightarrow \frac{5}{4}z^2 - 3z + 1 = 0$ Substitution: $z = x^2$

$z_{1/2} = \dfrac{3 \pm \sqrt{9-5}}{2 \cdot \frac{5}{4}} = \dfrac{3 \pm 2}{\frac{5}{2}} = \begin{cases} 2 \\ \frac{2}{5} \end{cases}$

$x_1 = -\sqrt{2} \notin D_A$ Rücksubstitution

$x_2 = \sqrt{2}$ Randpunkt, kein Maximum (siehe Dreieck)

$x_3 = -\sqrt{\frac{2}{5}} \notin D_A$

$x_4 = \sqrt{\frac{2}{5}} \approx 0{,}63 \in D_A$

$A''(0{,}63) < 0 \Rightarrow \text{Maximum}$

Ergebnis: Da sich an den Rändern für den Flächeninhalt null ergibt, liegt das absolute Maximum bei 0,63. Die Eckpunkte P und Q haben also die Abszissen ±0,63.

22. a) $V = u^2 h$ Ansatz für das Volumen

$4u + 2h + 2u = 1$ Nebenbedingung für die Länge des Paketbandes

$\Rightarrow h = \frac{1}{2} - 3u$

$V(u) = u^2 \left(\frac{1}{2} - 3u \right) = -3u^3 + \frac{1}{2} u^2$ Einsetzen der Nebenbedingung in die Formel für V

$D_V = \left] 0; \frac{1}{6} \right[$ Der Definitionsbereich ergibt sich aus den Grenzen für u: Wenn $h \to 0$, so geht $u \to \frac{1}{6}$, weil für die Länge des Paketbandes in diesem Grenzfall $6u = 1$ gilt.
Auf der anderen Seite geht $u \to 0$.

b) $V'(u) = -9u^2 + u$ Durch Nullsetzen der 1. Ableitung werden die Extremstellen bestimmt, überprüft, ob sie in D_V enthalten sind, und die Art der Extremstelle mithilfe der 2. Ableitung festgestellt.

$V''(u) = -18u + 1$

$V'(u) = 0 \Leftrightarrow -9u \left(u - \frac{1}{9} \right) = 0$

$\Rightarrow u_1 = 0 \notin D_V; \; u_2 = \frac{1}{9} \in D_V$

$V'' \left(\frac{1}{9} \right) = -1 < 0 \;\; \Rightarrow \;\; \text{Maximum}$

Die Ränder gehören nicht zum Definitionsbereich. Lässt man u gegen die Ränder gegen, so ergibt sich für V(u) jeweils null, sodass an der Stelle $\frac{1}{9}$ das absolute Maximum liegt.

Für h gilt in diesem Fall:

$h = \frac{1}{2} - 3u_2 = \frac{1}{2} - 3 \cdot \frac{1}{9} = \frac{1}{6}$

Die Abmessungen sind:

$u = \frac{1}{9} \, m \approx 0,111 \, m = 11,1 \, cm$

$h = \frac{1}{6} \, m \approx 0,167 \, m = 16,7 \, cm$

Das maximale Volumen beträgt:

$V_{max} = V \left(\frac{1}{9} \right) = \left(\frac{1}{9} \right)^2 \cdot \frac{1}{6} \approx 0,00206 \, m^3 = 2,06 \, dm^3$

23. a) Der Kegelquerschnitt ist ein gleichschenk-
liges Dreieck. Die eingezeichneten Grö-
ßen h (Kegelhöhe), r (Radius der Grundfläche) und s (Mantellinie) bilden ein
rechtwinkliges Dreieck.

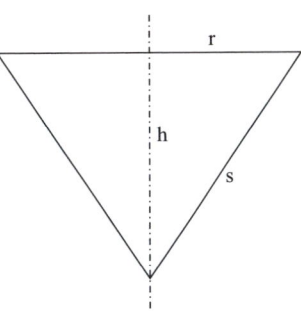

b) **Schritt 1:**
Die zu optimierende Größe ist das Kegelvolumen. Dieses ist laut Merkhilfe:

$V = \frac{1}{3} r^2 \pi h$

Schritt 2:

$s^2 = r^2 + h^2 \;\Leftrightarrow\; r^2 = s^2 - h^2$

Der Zusammenhang von h mit s lässt sich
mithilfe des Satzes von Pythagoras herstel-
len.

$V(h) = \frac{1}{3} \pi (s^2 - h^2) h = \frac{1}{3} \pi (9h - h^3)$

mit $h \in [0; 3]$

In der Volumenformel wird r^2 ersetzt und s
in Meter eingesetzt.

Schritt 3:

$V'(h) = \frac{1}{3} \pi (9 - 3h^2) = \pi (3 - h^2)$

$V''(h) = -2\pi h$

$V'(h) = 0 \;\Rightarrow\; h_{1/2} = \pm\sqrt{3}$

$V_{max} = V(\sqrt{3}) = 2\pi\sqrt{3} \approx 10{,}9 \text{ m}^3$

Die negative Lösung liegt außerhalb des
Definitionsbereiches und wird deshalb nicht
angeschrieben. An den Rändern ergibt sich
das Volumen null, sodass bei $h_1 = \sqrt{3}$ das
absolute Maximum des Volumens liegt.

Schritt 4:
Abmessungen:

$h_1 = \sqrt{3} \approx 1{,}73 \text{ m}; \quad r_1 = \sqrt{s^2 - h_1^2} = \sqrt{6} \approx 2{,}45 \text{ m}$

24. **Schritt 1:**
$V = r^2 \pi h$

Zielfunktion: Volumen des Zylinders laut
Merkhilfe

Schritt 2:

$\dfrac{H - h}{H} = \dfrac{r}{R}$

$\Leftrightarrow 1 - \dfrac{h}{H} = \dfrac{r}{R}$

$\Rightarrow h = H - \dfrac{H}{R} r = H \cdot \left(1 - \dfrac{r}{R}\right)$

Der Zusammenhang zwischen r und h ergibt sich aus dem Strahlensatz.

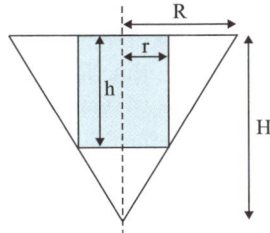

$$V(r) = r^2 \pi H \left(1 - \frac{r}{R}\right) = \pi H \left(r^2 - \frac{r^3}{R}\right) \qquad \text{In der Volumenformel wird h ersetzt.}$$

mit $r \in [0; R]$

Schritt 3:

$$V'(r) = \pi H \left(2r - 3\frac{r^2}{R}\right) = r\pi H \left(2 - 3\frac{r}{R}\right) \qquad \text{Lage und Art der Extrema}$$

$$V''(r) = \pi H \left(2 - 6\frac{r}{R}\right)$$

$$V'(r) = 0 \;\Rightarrow\; r_1 = 0; \; r_2 = \frac{2}{3}R \qquad r_1 \text{ scheidet aus.}$$

$$V''(r_2) = \pi H \left(2 - 6 \cdot \frac{2}{3}\frac{R}{R}\right) = -2\pi H < 0 \;\Rightarrow\; \text{Maximum}$$

$V(r)$ ist an den Rändern null, sodass bei r_2 ein absolutes Maximum des Zylindervolumens vorliegt.

Schritt 4:

Für die Höhe und den Durchmesser des Zylinders ergibt sich in diesem Fall:

$h = H(1 - \frac{2}{3}\frac{R}{R}) = \frac{1}{3}H$ und $d = 2r = \frac{4}{3}R$

Damit sind die optimalen Abmessungen des Rohres ermittelt.

25. a) Das Rechteck wird in einem Koordinatensystem dargestellt, wobei die untere linke Ecke im Ursprung liegt. Dann hat die rechte Ecke die Koordinaten $(5\,|\,0)$, die linke obere Ecke $(0\,|\,3)$, und die Hypotenuse des Dreiecks wird als lineare Funktion beschrieben:

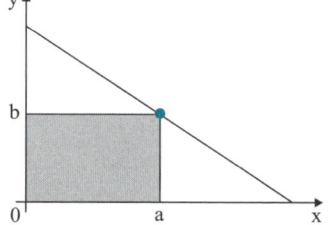

f: $y = mx + t$ mit $t = 3$ und $m = -\frac{3}{5}$

Der rechte obere Eckpunkt $P(x\,|\,y)$ des gesuchten Rechtecks bewegt sich dann auf dem Graphen von f, wobei gilt:

$y = -\frac{3}{5}x + 3$ für $x \in [0; 5]$

Für die Rechteckfläche gilt:

$A = x \cdot y = x \left(-\frac{3}{5}x + 3\right)$ und $D_A = [0; 5]$

$A'(x) = 0 \;\Leftrightarrow\; -\frac{6}{5}x + 3 = 0 \;\Rightarrow\; x = \frac{5}{2}$

Wenn die x-Koordinate des rechten Eckpunktes $\frac{5}{2}$ beträgt, ist das Rechteck maximal. Eine Randuntersuchung ist hier nicht erforderlich. Die y-Koordinate ist dann:

?? EMBED Equation.DSMT4 $y = -\frac{3}{5} \cdot \frac{5}{2} + 3 = \frac{3}{2}$

Ergebnis: Das größtmögliche einbeschriebene Rechteck hat die Breite 2,5 cm und die Höhe 1,5 cm.

b) $A_{max} = 2{,}5 \cdot 1{,}5 = 3{,}75$ maximale Rechteckfläche

   $A_\Delta = \frac{1}{2} \cdot 5 \cdot 3 = 7{,}5$ Dreiecksfläche

   $\frac{3{,}75}{7{,}5} \cdot 100\,\% = 50\,\%$ Verhältnis der Flächen

Ergebnis: Das Rechteck umfasst 50 % der Dreiecksfläche.

c) Beim eingepassten Quadrat muss gelten:

   $y = x \;\Leftrightarrow\; -\frac{3}{5}x + 3 = x \;\Rightarrow\; x = 1{,}875$

Die Quadratfläche beträgt daher $A_Q = 1{,}875^2 = 3{,}515625$, woraus für das Verhältnis zur Fläche A_{max} folgt:

   $\frac{3{,}515625}{3{,}75} \cdot 100\,\% = 93{,}75\,\%$

Der Flächeninhalt des eingepassten Quadrats liegt 6,25 % unterhalb des optimalen Rechtecks.

26. $V = \frac{1}{3}r^2\pi h$ Kegelvolumen

   $(h - R)^2 + r^2 = R^2$ Nebenbedingung (Satz des Pythagoras; R fest

   $\Leftrightarrow\; r^2 = R^2 - (h - R)^2$ vorgegeben)

   $\Leftrightarrow\; r^2 = 2hR - h^2$

   $V(h) = \frac{1}{3}\pi(2hR - h^2)h$ Einsetzen der Nebenbedingung

       $= \frac{1}{3}\pi(2h^2R - h^3)$

mit $0 \leq h \leq 2R$

   $V'(h) = \frac{1}{3}\pi(4hR - 3h^2)$ Durch Nullsetzen der 1. Ableitung werden die

   $V''(h) = \frac{1}{3}\pi(4R - 6h)$ Extremstellen bestimmt.

   $V'(h) = 0 \;\Leftrightarrow\; h(4R - 3h) = 0$

   $\Rightarrow\; h_1 = 0;\; h_2 = \frac{4}{3}R$

   $V''(0) > 0 \;\;\Rightarrow\; \text{Minimum}$ Die Art der Extremstellen wird mithilfe der

   $V''\left(\frac{4}{3}R\right) < 0 \Rightarrow \text{Maximum}$ 2. Ableitung festgestellt. Dabei müssen auch die Randwerte berücksichtigt werden.

Ränder: $V(0) = V(2R) = 0$

   $V\left(\frac{4}{3}R\right) = \frac{32}{81}\pi R^3$ Bei h_2 liegt ein absolutes Maximum vor.

Für diesen Fall gilt also $h = \frac{4}{3}R$ und damit ergibt sich aus der Nebenbedingung:

$r^2 = R^2 - \left(\frac{4}{3}R - R\right)^2 \;\Leftrightarrow\; r^2 = \frac{8}{9}R^2 \;\Rightarrow\; r = \sqrt{\frac{8}{9}}R = \frac{2}{3}\sqrt{2}\,R$

27. Die Seitenlängen des Grundstücks in Meter werden mit x und y bezeichnet. Die Zielfunktion sind die Kosten in Abhängigkeit von den Abmessungen:

$K(x; y) = 500x + 200x + 200y + 200y = 700x + 400y$

Nebenbedingung:

$x \cdot y = 1\,200 \quad \Leftrightarrow \quad y = \dfrac{1\,200}{x}$

Damit ergibt sich die Kostenfunktion in Abhängigkeit von x zu:

$K(x) = 700x + \dfrac{480\,000}{x} = 700x + 480\,000x^{-1}$

Sie wird minimal für:

$K'(x) = 700 + (-1) \cdot 480\,000x^{-2} = 700 - \dfrac{480\,000}{x^2}$

$K'(x) = 0 \quad \Leftrightarrow \quad 700 - \dfrac{480\,000}{x^2} = 0 \quad \Leftrightarrow \quad 700x^2 - 480\,000 = 0 \quad \Leftrightarrow \quad x^2 \approx 685,7$

$\Rightarrow \quad x \approx 26,2\,[m]$

In diesem Fall ist: $y \approx \dfrac{1\,200}{26,2} \approx 45,8\,[m]$

Auf den Nachweis für absolutes Minimum wird verzichtet.

Ergebnis: Das Fundament ist für eine Länge von ca. 45,8 m und eine Breite von ca. 26,2 m am kostengünstigsten.

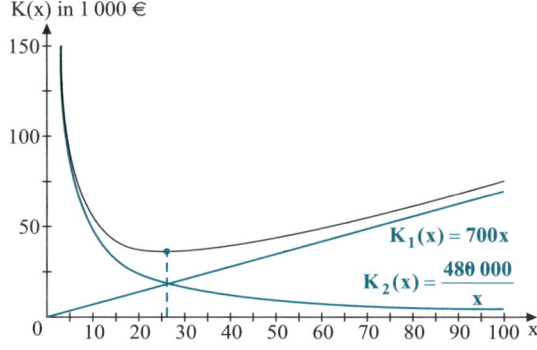

28. a) $\displaystyle\int x^2\,dx = \frac{1}{3}x^3 + C$

b) $\displaystyle\int (-2)\,dx = -2x + C$

c) $\displaystyle\int \frac{1}{3}x^2\,dx = \frac{1}{9}x^3 + C$

d) $\displaystyle\int dx = \int 1\,dx = 1 \cdot x + C = x + C$

29. a) $\int (2x - x^3)\, dx = x^2 - \frac{1}{4}x^4 + C$

b) $\int \frac{1}{8}(x^4 - 2x^2)\, dx = \frac{1}{8}\left[\frac{1}{5}x^5 - \frac{2}{3}x^3\right] + C = \frac{1}{40}x^4 - \frac{1}{12}x^3 + C$

c) $\int (x+1)(x-2)\, dx = \int (x^2 - x - 2)\, dx = \frac{1}{3}x^3 - \frac{1}{2}x^2 - 2x + C$

d) $\int \left(\frac{1}{3}x^3 + \frac{1}{2}x^2 - 2x + 3\right) dx = \frac{1}{12}x^4 + \frac{1}{6}x^3 - x^2 + 3x + C$

e) $\int \frac{(x-1)^2}{4}\, dx = \frac{1}{4}\int (x^2 - 2x + 1)\, dx = \frac{1}{4}\left[\frac{1}{3}x^3 - x^2 + x\right] + C$
$\qquad = \frac{1}{12}x^3 - \frac{1}{4}x^2 + \frac{1}{4}x + C$

f) $\int \frac{x(x^2 - 2x + 3)}{3}\, dx = \frac{1}{3}\int (x^3 - 2x^2 + 3x)\, dx = \frac{1}{3}\left[\frac{1}{4}x^4 - \frac{2}{3}x^3 + \frac{3}{2}x^2\right] + C$
$\qquad = \frac{1}{12}x^4 - \frac{2}{9}x^3 + \frac{1}{2}x^2 + C$

30. a) $F(x) = \frac{1}{20}x^5 - \frac{5}{4}x^4 + 3x^3 - \frac{\sqrt{3}}{2}x^2 + 2x + C$

b) $F_k(x) = \frac{1}{2}\left(\frac{1}{4}x^4 + \frac{1}{3}k^2 x^3 + k^3 x\right) + C$

c) $F(x) = \int (x^3 - 2x^2)\, dx = \frac{1}{4}x^4 - \frac{2}{3}x^3 + C$

d) $F(x) = \int (x^2 - 2x + 1)\, dx = \frac{1}{3}x^3 - x^2 + x + C$

e) $F_t(x) = \frac{3}{10}t \cdot \int (x^3 - 2tx^2 + t^2 x)\, dx = \frac{3}{10}t \cdot \left(\frac{1}{4}x^4 - \frac{2}{3}tx^3 + \frac{1}{2}t^2 x^2\right) + C$

f) $\int (zu^2 - zu + u - z^2)\, du = \frac{1}{3}zu^3 - \frac{1}{2}zu^2 + \frac{1}{2}u^2 - z^2 u + C$

g) $\int (zu^2 - zu + u - z^2)\, dz = \frac{1}{2}z^2 u^2 - \frac{1}{2}z^2 u + zu - \frac{1}{3}z^3 + C$

31. Alle Stammfunktionen von f(x) lauten:
$F_C(x) = \frac{1}{4}x^4 - x^2 + x + C$

Ferner muss gelten:
$F_C(2) = 0 \quad \Leftrightarrow \quad \frac{1}{4} \cdot 2^4 - 2^2 + 2 + C = 0 \quad \Leftrightarrow \quad C = -2$

Die gesuchte Stammfunktion heißt:
$F(x) = \frac{1}{4}x^4 - x^2 + x - 2$

32. Zunächst alle Stammfunktionen:

$$G_C(x) = \tfrac{1}{3}x^3 - \tfrac{1}{2}x^2 + C$$

a) $G_C(x)$ geht durch den Ursprung, wenn $C=0$ gilt. Damit folgt:

$$G(x) = \tfrac{1}{3}x^3 - \tfrac{1}{2}x^2$$

b) Es müssen zwei Bedingungen gelten:

    (1) $G_C(x) = t(x)$ Graph und Tangente schneiden sich.

       $\Rightarrow \tfrac{1}{3}x^3 - \tfrac{1}{2}x^2 + C = 2x - \tfrac{1}{3}$

    (2) $G_C'(x) = t'(x)$ Graph und Tangente berühren sich.

       $\Rightarrow x^2 - x = 2$

    $x_1 = -1; \; x_2 = 2$ aus (2)

    $C_1 = -\tfrac{3}{2}; \; C_2 = 3$ in (1)

c) Die x-Koordinate des Wendepunktes liegt dort, wo:

$$G_C''(x) = 0$$

$$\Leftrightarrow \; g'(x) = 0$$

$$\Leftrightarrow \; 2x - 1 = 0 \;\Rightarrow\; x = \tfrac{1}{2}$$

Da die dritte Ableitung ungleich null ist, liegt tatsächlich an dieser Stelle ein Wendepunkt. Seine y-Koordinate muss 4 sein:

$$G_C\left(\tfrac{1}{2}\right) = 4 \;\Leftrightarrow\; C = 4 - \tfrac{1}{24} + \tfrac{1}{8} = \tfrac{49}{12}$$

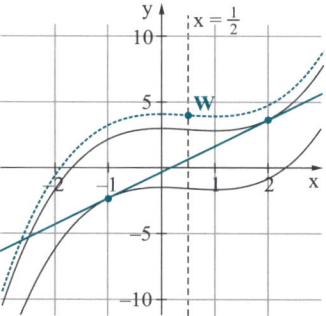

33. $f'(x) = \int (x^2 - 2x + 1)\, dx = \tfrac{1}{3}x^3 - x^2 + x + C_1$ und

$$f(x) = \int \left(\tfrac{1}{3}x^3 - x^2 + x + C_1\right) dx = \tfrac{1}{12}x^4 - \tfrac{1}{3}x^3 + \tfrac{1}{2}x^2 + C_1 x + C_2$$

Man hat insgesamt 3 Bedingungen:

$$f(1) = 2; \quad f'(1) = 0; \quad f''(1) = 0$$

Die letzte Bedingung ist immer erfüllt.

$$f'(1) = 0 \;\Rightarrow\; \tfrac{1}{3}\cdot 1^3 - 1^2 + 1 + C_1 = 0 \;\Rightarrow\; C_1 = -\tfrac{1}{3}$$

$$f(1) = 2 \;\Rightarrow\; \tfrac{1}{12}\cdot 1^4 - \tfrac{1}{3}\cdot 1^3 + \tfrac{1}{2}\cdot 1^2 - \tfrac{1}{3}\cdot 1 + C_2 = 2 \;\Rightarrow\; C_2 = \tfrac{25}{12}$$

Die gesuchte Funktion lautet damit:

$$f(x) = \tfrac{1}{12}x^4 - \tfrac{1}{3}x^3 + \tfrac{1}{2}x^2 - \tfrac{1}{3}x + \tfrac{25}{12}$$

34. a) $g_a(x) = \int \left(-\frac{1}{4}x^2 - \frac{3}{4}ax\right)dx = -\frac{1}{12}x^3 - \frac{3}{8}ax^2 + C$

$g_a(-3a) = -\frac{9}{8}a^3 \Leftrightarrow -\frac{1}{12}(-3a)^3 - \frac{3}{8}a(-3a)^2 + C = -\frac{9}{8}a^3 \Leftrightarrow C = 0$

$\Rightarrow g_a(x) = -\frac{1}{12}x^3 - \frac{3}{8}ax^2$

b) $g_a(x) = -\frac{1}{12}\left(x^3 + \frac{9}{2}ax^2\right)$ Faktorisieren des Funktionsterms

$= -\frac{1}{12}x^2\left(x + \frac{9}{2}a\right)$

$x_{1/2} = 0; \; x_3 = -\frac{9}{2}a$ Aus der faktorisierten Darstellung liest man die Nullstellen ab.

c) $g_a''(x) = 0$ Zunächst wird die Wendestelle bestimmt.

$\Leftrightarrow -\frac{1}{2}x - \frac{3}{4}a = 0$

$\Rightarrow x_4 = -\frac{3}{2}a$ Da dies eine Nullstelle mit Vorzeichenwechsel ist, liegt auch garantiert ein Wendepunkt an dieser Stelle.

$g_a'\left(-\frac{3}{2}a\right) = 1$ Die Steigung im Wendepunkt muss 1 sein.

$\Leftrightarrow -\frac{1}{4}\left(-\frac{3}{2}a\right)^2 - \frac{3}{4}a \cdot \left(-\frac{3}{2}a\right) = 1$

$\Leftrightarrow \frac{9}{16}a^2 = 1 \Rightarrow a = \frac{4}{3}$ Die negative Lösung für a scheidet aus, da $a > 0$ vorausgesetzt ist.

35. a) Zunächst wird zu h_k hochintegriert:

$h_k'(x) = \int \left(-\frac{6}{k^2}x + \frac{4}{k}\right)dx = -\frac{3}{k^2}x^2 + \frac{4}{k}x + C_1$

$h_k(x) = -\frac{1}{k^2}x^3 + \frac{2}{k}x^2 + C_1 x + C_2$

Es muss gelten:

(1) $h_k'\left(\frac{4}{3}k\right) = 0 \Leftrightarrow -\frac{3}{k^2}\cdot\left(\frac{4}{3}k\right)^2 + \frac{4}{k}\cdot\frac{4}{3}k + C_1 = 0 \Rightarrow C_1 = 0$

(2) $h_k\left(\frac{4}{3}k\right) = \frac{32}{27}k \Leftrightarrow -\frac{1}{k^2}\cdot\left(\frac{4}{3}k\right)^3 + \frac{2}{k}\cdot\left(\frac{4}{3}k\right)^2 + C_2 = \frac{32}{27}k$

$\Leftrightarrow -\frac{64}{27}k + \frac{32}{9}k + C_2 = \frac{32}{27}k \Rightarrow C_2 = 0$

Ergebnis:

$h_k(x) = -\frac{1}{k^2}x^3 + \frac{2}{k}x^2$

b) Ansatz: $h_k'(2) = -2$

$-\frac{3}{k^2}\cdot 2^2 + \frac{4}{k}\cdot 2 = -2 \Leftrightarrow -\frac{12}{k^2} + \frac{8}{k} = -2 \Leftrightarrow 6 - 4k = k^2 \Leftrightarrow k^2 + 4k - 6 = 0$

Mit Lösungsformel:

$k_{1/2} = -2 \pm \sqrt{10}$

Weil $k > 0$ vorausgesetzt ist, gilt nur $k_1 = -2 + \sqrt{10} \approx 1{,}16$.

36. a) 1-mal falten $\hat{=}$ 2 Lagen Papier $\hat{=}$ 2 mm

2-mal falten $\hat{=}$ 4 Lagen Papier $\hat{=}$ 4 mm

⋮

40-mal falten $\hat{=}$ 2^{40} Lagen Papier $\hat{=}$ 2^{40} mm

$\Rightarrow$ $h = 2^{40}$ mm $\approx 1{,}1 \cdot 10^{12}$ mm $= 1{,}1 \cdot 10^9$ m $= 1{,}1 \cdot 10^6$ km

Die Höhe des Stapels beträgt also mehr als 1 Mio. km, das ist fast 3-mal die Entfernung Erde–Mond.

b) $E_{20} = E_0 \cdot 1{,}02^{20} \approx 1{,}49 \cdot E_0$, wobei $E_0 =$ heutiger Energieverbrauch

Der Energieverbrauch wird also um knapp 50 % höher liegen als heute.

c) $A_n = A_0 \cdot \left(1 + \dfrac{p}{100}\right)^n$ mit $p = -3$, $A_0 =$ jetzige Regenwaldfläche

$A_{10} = A_0 \cdot 0{,}97^{10} \approx 0{,}74 \cdot A_0$

Nach 10 Jahren ist noch ca. 74 % der Regenwaldfläche übrig, diese ist also um ca. 26 % geschrumpft.

$A_{25} = A_0 \cdot 0{,}97^{25} \approx 0{,}47 \cdot A_0$

47 % übrig, also Schrumpfung um 53 %

$A_{50} = A_0 \cdot 0{,}97^{50} \approx 0{,}22 \cdot A_0$

22 % übrig, also Schrumpfung um 78 %

d) $K_{65} = 10\,000 \cdot \left(1 + \dfrac{5}{100}\right)^{65} = 10\,000 \cdot 1{,}05^{65} \approx 238\,399\,[\text{€}]$ Zinseszinsformel

$K_{67} = 10\,000 \cdot \left(1 + \dfrac{2}{100}\right)^{67} = 10\,000 \cdot 1{,}02^{67} \approx 37\,689\,[\text{€}]$ Vergleichsbetrag

e) $K_6 = 25\,000 \cdot (1 - 0{,}1)^6 = 25\,000 \cdot 0{,}9^6 \approx 13\,286\,[\text{€}]$

37. a)

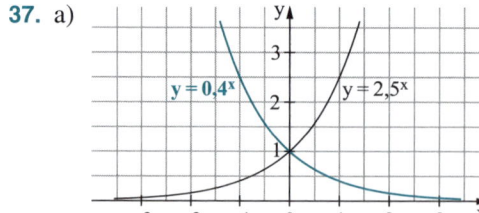

b)

x	y
0	1
1	1,5
2	2,25
3	3,375
4	5,0625
5	7,59375
6	11,390625
7	17,0859375
8	25,62890625
9	38,44335938
10	57,66503906

$) \cdot 1,5$
$) \cdot 1,5$
$) \cdot 1,5$
$) \cdot 1,5$

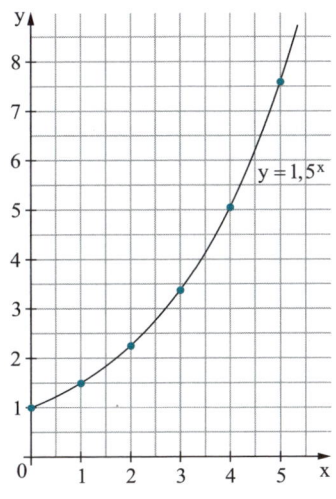

Die y-Werte nehmen jeweils um 50 % zu (Faktor 1,5).

$y_{10} = y_0 \cdot 1,5^{10} \approx 1 \cdot 57,665 = 57,665$

y_{10} ist um 5 766,5 % größer als y_0.

Die Funktionsgleichung lautet:

$f(x) = 1 \cdot 1,5^x = 1,5^x$

38. a) $f'(x) = (x^2)' \cdot e^x + x^2 \cdot (e^x)'$

$\qquad = 2x \cdot e^x + x^2 \cdot e^x$

$\qquad = (x^2 + 2x)e^x \qquad\qquad e^x$ immer ausklammern.

b) $f'(x) = \underbrace{x' \cdot e^x + x \cdot (e^x)'}_{\text{Produktregel}} + \underbrace{3 \cdot (e^x)'}_{\text{Faktorregel}} = 1 \cdot e^x + x \cdot e^x + 3e^x$

$\qquad = xe^x + 4e^x = (x+4)e^x$

c) $f'(x) = \underbrace{(0 + 2 + 2x)}_{\text{Ableitung}} \cdot \underbrace{e^x}_{\text{unverändert}} + \underbrace{(1 + 2x + x^2)}_{\text{unverändert}} \cdot \underbrace{e^x}_{\text{Ableitung}}$

$\qquad = 2e^x + 2xe^x + e^x + 2xe^x + x^2e^x$

$\qquad = 3e^x + 4xe^x + x^2e^x$

$\qquad = (x^2 + 4x + 3)e^x$

d) t^2 ist eine additive Konstante, da x die Funktionsvariable ist. t^2 fällt beim Ableiten weg: $(t^2)' = 0$

$\qquad f_t'(x) = 2xe^x + (x^2 + t^2)e^x = (x^2 + 2x + t^2)e^x$

39. a) $f'(x) = e^{-2x} \cdot (-2x)' = e^{-2x} \cdot (-2) = -2e^{-2x}$

b) $f'(x) = \underbrace{1 \cdot e^{\frac{x}{2}} + x \cdot (e^{\frac{x}{2}})'}_{\text{Produktregel}} = e^{\frac{x}{2}} + x \cdot \underbrace{e^{\frac{x}{2}} \cdot \left(\frac{x}{2}\right)'}_{\text{Kettenregel}}$

$$= e^{\frac{x}{2}} + xe^{\frac{x}{2}} \cdot \frac{1}{2}$$

$$= \left(\frac{1}{2}x + 1\right)e^{\frac{x}{2}}$$

c) $f'(x) = (2 + 2x)e^{2x+4} + (1 + 2x + x^2)e^{2x+4} \qquad \underbrace{\cdot 2}_{\text{nachdifferenziert}}$

$$= (2 + 2x)e^{2x+4} + (2 + 4x + 2x^2)e^{2x+4}$$

$$= (4 + 6x + 2x^2)e^{2x+4}$$

$$= 2(x^2 + 3x + 2)e^{2x+4}$$

d) Es ist hilfreich, zunächst $(x-1)^2 = x^2 - 2x + 1$ auszumultiplizieren.

$f'(x) = \left((x^2 - 2x + 1)e^{-3x} + 5\right)'$

$$= (2x - 2)e^{-3x} + (x^2 - 2x + 1) \cdot (e^{-3x})' + 0$$

$$= (2x - 2)e^{-3x} + (x^2 - 2x + 1)e^{-3x} \qquad \underbrace{\cdot (-3)}_{\text{nachdifferenziert}}$$

$$= (2x - 2 - 3x^2 + 6x - 3)e^{-3x}$$

$$= (-3x^2 + 8x - 5)e^{-3x}$$

40. a) $f'(x) = 0 + e^{-x} \cdot (-1) = -e^{-x}$ 1 ist additive Konstante; Kettenregel.

b) $f'(x) = 0 - e^{-(x-1,5)} \cdot (-1) = e^{-x+1,5}$ e^2 ist additive Konstante; Kettenregel.

c) $f'(x) = 4 \cdot e^{-\frac{x}{2}} + 4x \cdot e^{-\frac{x}{2}} \cdot \left(-\frac{1}{2}\right)$ Produkt- und Kettenregel

$$= 4e^{-\frac{x}{2}} - 2xe^{-\frac{x}{2}} = 2(2 - x)e^{-\frac{x}{2}}$$ e-Funktion immer ausklammern!

d) $f'(x) = (2x - 1) \cdot e^{-x} + (x^2 - x) \cdot e^{-x} \cdot (-1)$ Produkt- und Kettenregel

$$= (-x^2 + 3x - 1) \cdot e^{-x}$$

e) $f'(x) = ake^{kx}$ Kettenregel; c fällt weg.

41. a) $\lg(1) = 0;$ $\lg(10) = 1;$

      $\lg(100) = 2;$ $\lg(0,1) = -1;$

      $\lg(10^6) = 6;$ $\lg\left(\frac{1}{1\,000}\right) = \lg(10^{-3}) = -3;$

      $\lg\left(\sqrt[3]{100}\right) = \lg\left(100^{\frac{1}{3}}\right) = \frac{1}{3}\lg(100) = \frac{2}{3}$

b) $\text{ld}(2)=1;$
$\text{ld}(512)=\text{ld}(2^9)=9;$
$\text{ld}\left(\frac{1}{2}\right)=\text{ld}(2^{-1})=-1;$
$\text{ld}(1)=\text{ld}(2^0)=0;$

$\text{ld}(8)=\text{ld}(2^3)=3;$
$\text{ld}(0{,}25)=\text{ld}(2^{-2})=-2;$
$\text{ld}\left(\sqrt{2}\right)=\text{ld}\left(2^{\frac{1}{2}}\right)=\frac{1}{2};$
$\text{ld}(2^{10})=10$

Mit Basisumrechnungsformel gilt z. B.:
$\text{ld}(512)=\frac{\lg(512)}{\lg(2)}=9$

42. a) $\lg\left(\frac{10x^2}{(x+1)^2}\right)=\lg(10)+\lg(x^2)-\lg\left((x+1)^2\right)=1+\lg(x^2)-\lg\left((x+1)^2\right)$

Für positive x können die Quadrate vorgezogen werden:
$\lg\left(\frac{10x^2}{(x+1)^2}\right)=1+2\lg(x)-2\lg(x+1)$

b) $\log_2(4\sqrt{x})=\log_2(4)+\log_2\left(x^{\frac{1}{2}}\right)=2+\frac{1}{2}\log_2(x)$

c) $2\log_5(x)-0{,}5\log_5(x)=\log_5(x^2)-\log_5(x^{0{,}5})=\log_5\left(\frac{x^2}{x^{0{,}5}}\right)$
$=\log_5(x^{1{,}5})=1{,}5\log_5(x)$

Das geht natürlich auch auf direktem Weg:
$2\log_5(x)-0{,}5\log_5(x)=(2-0{,}5)\log_5(x)=1{,}5\log_5(x)$

d) Bei $\log_2(x^2+1)$ ist wegen „+" im Argument keine Umformung möglich.

43. a) $\qquad 2^x=6 \qquad\qquad \big|\ln$
$\ln(2^x)=\ln(6)$
$x\cdot\ln(2)=\ln(6)$ $\qquad\qquad$ Logarithmusgesetz (3) anwenden.
$x=\frac{\ln(6)}{\ln(2)}\approx 2{,}585$

Probe: $2^{2{,}585}\approx 6$

b) $\qquad 2e^{2x}=3 \qquad\qquad \big|:2$ $\quad$ Zuerst die Potenz isolieren.
$\qquad e^{2x}=\frac{3}{2} \qquad\qquad \big|:\ln$ $\quad$ Danach logarithmieren.
$\ln(e^{2x})=\ln\left(\frac{3}{2}\right)$
$2x=\ln\left(\frac{3}{2}\right)$
$x=\frac{1}{2}\ln\left(\frac{3}{2}\right)$
$=0{,}5\ln(1{,}5)\approx 0{,}203$

c) $2(e^x - 2) = 6 \qquad\qquad | : 2$

$\quad e^x - 2 = 3 \qquad\qquad | + 2$

$\qquad e^x = 5 \qquad\qquad | \ln$

$\qquad x = \ln(5) \approx 1,609$

d) $2e^x = 3e^x - 4 \qquad\qquad | - 3e^x$

$\quad -e^x = -4 \qquad\qquad | \cdot (-1)$

$\qquad e^x = 4 \qquad\qquad | \ln$

$\qquad x = \ln(4) \approx 1,368$

44. a) $f(x) = 0$

$e^x - 1 = 0$

$\quad e^x = 1 \qquad | \ln$

$\qquad x = \ln(1) = 0$

b) $\quad f(x) = 0$

$e^{-x} + 1 = 0$

$\quad e^{-x} = -1$

$\Rightarrow$ keine Nullstellen, da die letzte Gleichung keine Lösung hat (e^{-x} kann nicht negativ sein).

c) $\qquad f(x) = 0$

$(x^2 - x)e^{2x} = 0 \qquad\qquad e^{2x} > 0$ gilt immer.

$\qquad x^2 - x = 0$

$\qquad x \cdot (x - 1) = 0$

$x_1 = 0; \quad x_2 = 1$

d) $\qquad\qquad f(x) = 0$

$(2x^2 - x - 3)e^{2x - 3} = 0 \qquad\qquad e^{2x-3} > 0$ gilt immer.

$\qquad 2x^2 - x - 3 = 0$

$x_{1/2} = \dfrac{1 \pm \sqrt{(-1)^2 - 4 \cdot 2 \cdot (-3)}}{2 \cdot 2} = \dfrac{1 \pm \sqrt{25}}{4} = \dfrac{1 \pm 5}{4}$

$x_1 = \dfrac{3}{2}; \quad x_2 = -1$

45. a) E_0: aktueller Energieverbrauch

Zunahme um 20 %: $1,2\, E_0$

$p = 5\,\% = 0,05$

Zinseszinsformel: $\underbrace{E}_{1,2 \cdot E_0} = E_0 \cdot 1,05^x$

$$1,2\,E_0 = E_0 \cdot 1,05^x \qquad |:E_0$$
$$1,2 = 1,05^x \qquad |\ln$$
$$\ln(1,05^x) = \ln(1,2)$$
$$x \cdot \ln(1,05) = \ln(1,2)$$
$$x = \frac{\ln(1,2)}{\ln(1,05)} \approx 3,74$$

Nach ca. 3,74 Jahren hat der Energieverbrauch um 20 % zugenommen.

b) $p = 10\,\% = 0,1;\ K_0 = 25\,000$

$$K = K_0 \cdot (1 - 0,1)^x$$
$$10\,000 = 25\,000 \cdot 0,9^x \qquad |:25\,000$$
$$0,9^x = \frac{10\,000}{25\,000}$$
$$0,9^x = 0,4 \qquad |\ln$$
$$\ln(0,9^x) = \ln(0,4)$$
$$x \cdot \ln(0,9) = \ln(0,4)$$
$$x = \frac{\ln(0,4)}{\ln(0,9)} \approx 8,70$$

Nach ca. 8,7 Jahren beträgt der Wert des Autos noch 10 000 €.

46. a)

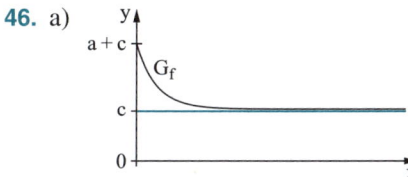

b) • Die Zahl 100 stellt die volle Ladung des Akkus dar; sie kann auch als 100 % interpretiert werden.
   • $Q(1) = 100(1 - e^{-1}) \approx 63$
     Nach 1 Stunde ist der Akku zu 63 % aufgeladen.
   • $95 = 100(1 - e^{-t})$
   $$0,95 = 1 - e^{-t}$$
   $$e^{-t} = 0,05 \qquad |\ln$$
   $$-t = \ln(0,05)$$
   $$t = -\ln(0,05) \approx 3\,[\text{h}]$$

c) Linke Seite: $f'(x) = (ae^{kx})' = ae^{kx} \cdot k = ake^{kx}$
   Rechte Seite: $k \cdot f(x) = kae^{kx}$

   Da linke und rechte Seite der Gleichung übereinstimmen, erfüllt $f(x) = ae^{kx}$ die (Differenzial-)Gleichung.

47. $v(t) = -g\mu + g\mu e^{-\frac{t}{\mu}} = g\mu\left(e^{-\frac{t}{\mu}} - 1\right)$

a) $a(t) = v'(t) = 0 + g\mu e^{-\frac{t}{\mu}} \cdot \left(-\frac{1}{\mu}\right) = -ge^{-\frac{t}{\mu}}$

Die Beschleunigung nimmt mit zunehmender Zeit ab.

b) $\lim\limits_{t \to \infty} v(t) = \lim\limits_{t \to \infty} \left(-g\mu + \underbrace{g\mu e^{\overset{\to -\infty}{\overbrace{-\frac{t}{\mu}}}}}_{\to 0}\right) = -g\mu$

Der Grenzwert gibt die Endgeschwindigkeit der Kugel an, der sie sich asymptotisch annähert.

48. a) $\lim\limits_{x \to -\infty} f(x) = \lim\limits_{x \to -\infty} e^{\overset{\to +\infty}{\overbrace{-x}}} = +\infty$

$\lim\limits_{x \to +\infty} f(x) = \lim\limits_{x \to +\infty} e^{\overset{\to -\infty}{\overbrace{-x}}} = 0$

Da $e^{-x} > 0$ für alle $x \in \mathbb{R}$ gilt, ist der Wertebereich $W_f = \mathbb{R}^+ =]0; \infty[$.

b) $f'(x) = e^{-x} \cdot (-x)' = e^{-x} \cdot (-1) = -e^{-x} < 0$ gilt immer.

f ist auf ganz $\mathbb{R}$ streng monoton abnehmend. Es gibt keine Extrema.

c) $f''(x) = (-e^{-x})' = -e^{-x} \cdot (-1) = e^{-x} > 0$

G_f ist linksgekrümmt auf ganz $\mathbb{R}$. Es gibt keine Wendepunkte.

d)

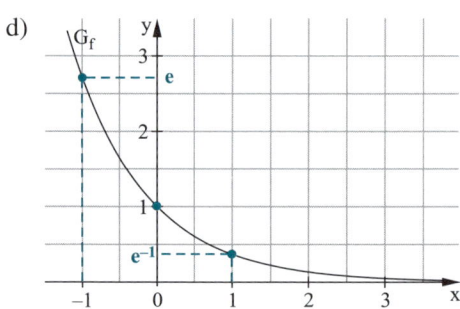

49. Nullstellen

Es gibt keine, da $x^2 + 1$ und $e^{-\frac{x}{2}}$ für alle $x \in \mathbb{R}$ immer positiv sind.

Extrema

$f'(x) = 2x \cdot e^{-\frac{x}{2}} + (x^2 + 1)e^{-\frac{x}{2}} \cdot \left(-\frac{1}{2}\right) = \left(2x - \frac{1}{2}(x^2 + 1)\right)e^{-\frac{x}{2}}$

$= \left(-\frac{1}{2}x^2 + 2x - \frac{1}{2}\right)e^{-\frac{x}{2}}$

$$f'(x) = 0 \iff -\frac{1}{2}x^2 + 2x - \frac{1}{2} = 0 \quad | \cdot (-2)$$
$$x^2 - 4x + 1 = 0$$

$$x_{1/2} = \frac{4 \pm \sqrt{(-4)^2 - 4 \cdot 1 \cdot 1}}{2 \cdot 1} = \frac{4 \pm \sqrt{12}}{2} = 2 \pm \sqrt{3} \quad \Rightarrow \quad x_1 \approx 0,27; \; x_2 \approx 3,73$$

$$f''(x) = (-x + 2)e^{-\frac{x}{2}} + \left(-\frac{1}{2}x^2 + 2x - \frac{1}{2}\right)e^{-\frac{x}{2}} \cdot \left(-\frac{1}{2}\right)$$

$$= \left(-x + 2 - \frac{1}{2}\left(-\frac{1}{2}x^2 + 2x - \frac{1}{2}\right)\right)e^{-\frac{x}{2}} = \left(\frac{1}{4}x^2 - 2x + \frac{9}{4}\right)e^{-\frac{x}{2}}$$

$$f''(x_1) \approx 1,51 > 0 \qquad \Rightarrow \quad T(0,27 \,|\, 0,94)$$
$$f''(x_2) \approx -0,27 < 0 \qquad \Rightarrow \quad H(3,73 \,|\, 2,31)$$

Wendepunkte

$$f''(x) = 0 \iff \frac{1}{4}x^2 - 2x + \frac{9}{4} = 0 \quad | \cdot 4$$
$$x^2 - 8x + 9 = 0$$

$$x_{1/2} = \frac{8 \pm \sqrt{(-8)^2 - 4 \cdot 9 \cdot 1}}{2 \cdot 1} = \frac{8 \pm \sqrt{28}}{2} = 4 \pm \sqrt{7} \quad \Rightarrow \quad x_1 \approx 1,35; \; x_2 \approx 6,65$$

Da es sich um einfache Nullstellen handelt, also um Nullstellen mit VZW, sind an diesen Stellen Wendepunkte des Graphen von f:

$$f(x_1) \approx 1,44 \quad \Rightarrow \quad W_1(1,35 \,|\, 1,44)$$
$$f(x_2) \approx 1,63 \quad \Rightarrow \quad W_2(6,65 \,|\, 1,63)$$

Graph

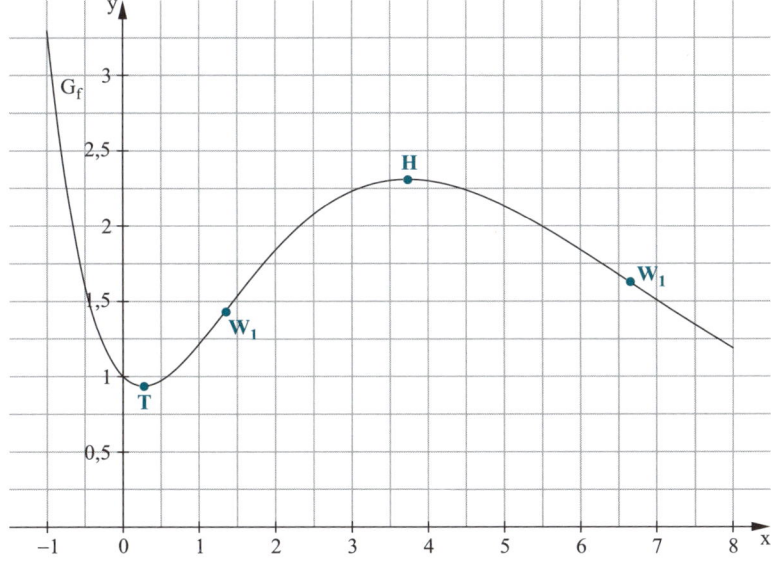

50. a) $f(x) = \underbrace{\underbrace{x^2}_{\geq 0} \cdot \underbrace{e^{-x}}_{>0}}_{\text{immer}} + \underbrace{2}_{\text{konstant}}$

Der Summand 2 besteht immer. Der erste Summand hat keine negativen Werte. Folglich ist der kleinste Wert dort, wo der erste Summand null ist. Das ist bei $x = 0$ der Fall. Der kleinste Funktionswert liegt dann bei $0 + 2$, also bei 2. Deshalb wird $f(x)$ nirgends null.

b) Nach Teilaufgabe a ist das bei $x = 0$ der Fall mit $f(0) = 2$. Das ist das globale Minimum.

c) $f'(x) = 2x \cdot e^{-x} + x^2 \cdot e^{-x} \cdot (-1) \underbrace{+ 0}_{\substack{\text{additive} \\ \text{Konstante}}}$

$= (-x^2 + 2x)e^{-x}$

$f'(x) = 0 \Leftrightarrow -x^2 + 2x = 0$

$x(-x + 2) = 0$

$x_1 = 0 \qquad x_2 = 2$

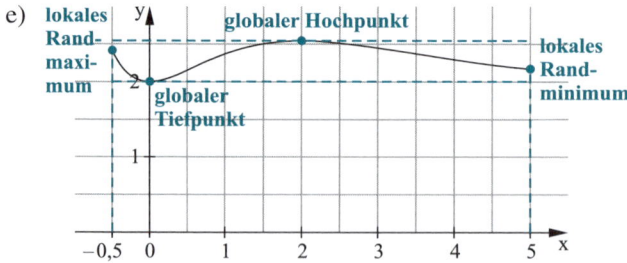

$x_1 = 0$ ist Nullstelle von f' mit VZW $-\nearrow+ \Rightarrow$ Minimum
$x_2 = 2$ ist Nullstelle von f' mit VZW $+\searrow- \Rightarrow$ Maximum

d) $f(0) = 2$ ist nach Teilaufgabe a globales Minimum.
$f(2) \approx 2{,}54$ ist lokales Maximum.

Randuntersuchung:
linker Rand: $f(-0{,}5) \approx 2{,}41$
rechter Rand: $f(5) \approx 2{,}17$
Nachdem die Randwerte kleiner sind als das Maximum bei $x = 2$, ist 2,54 das globale Maximum von f.

Wertebereich:
$W_f \approx [2; \, 2{,}54]$

e)

51. a)

t	0	2	5	10	15	20	25	30
N(t)	100	246	364	405	357	284	213	154

b) $N'(t) = 100 \cdot e^{-\frac{t}{10}} + 100(t+1)e^{-\frac{t}{10}} \cdot \left(-\frac{1}{10}\right)$

$\quad = \left(100 - 10(t+1)\right)e^{-\frac{t}{10}} = (-10t + 90)e^{-\frac{t}{10}} = 10(9-t)e^{-\frac{t}{10}}$

$N''(t) = 10 \cdot (-1)e^{-\frac{t}{10}} + 10(9-t)e^{-\frac{t}{10}} \cdot \left(-\frac{1}{10}\right)$

$\quad = -10e^{-\frac{t}{10}} - (9-t)e^{-\frac{t}{10}} = (-10 - 9 + t)e^{-\frac{t}{10}} = (t-19)e^{-\frac{t}{10}}$

c) $N'(t) = 0 \;\Leftrightarrow\; 10 \cdot \underbrace{(9-t)}_{=0,\text{ wenn } t = 9} e^{-\frac{t}{10}} = 0$

$\Rightarrow\; t_1 = 9$

Maximum nach 9 Stunden: $N(9) = 407$

d) $N''(t) = 0 \;\Leftrightarrow\; (t-19)e^{-\frac{t}{10}} = 0$

Bei $t = 19$ hat man eine Nullstelle mit VZW. Also liegt hier ein Wende-punkt vor. Im Wendepunkt hat die Ableitung einen Extremwert. Also hat $N(t)$ dort die größte negative Steigung. Mithin nimmt an dieser Stelle die Anzahl der Bakterien am schnellsten ab.

52. a) $\lim\limits_{x \to \infty} e^{-\frac{x^2}{2}} \overset{\to -\infty}{=} 0$

Der Graph nähert sich für $|x| \to \infty$ an die x-Achse an, da die Funktions-werte gegen null streben.

b) $f'(x) = e^{-\frac{x^2}{2}} \cdot \underbrace{\left(-\frac{2x}{2}\right)}_{\text{Nachdifferenzieren}} = -x \cdot e^{-\frac{x^2}{2}}$

$f''(x) = -1 \cdot e^{-\frac{x^2}{2}} - x \cdot e^{-\frac{x^2}{2}} \cdot (-x) = (x^2 - 1) \cdot e^{-\frac{x^2}{2}}$

$f'(x) = 0 \;\Rightarrow\; x_1 = 0$

$f''(0) = -1 < 0 \;\Rightarrow\; H(0|1)$, da $e^0 = 1$

Aus den Grenzwerten ergibt sich: $H(0|1)$ ist ein globaler Hochpunkt.
$\Rightarrow\; W_f = \;]0; 1]$

Die Funktion hat also nur Werte zwischen 0 und 1 (einschließlich 1).

c) $f''(x) = 0 \;\Leftrightarrow\; x^2 - 1 = 0 \;\Leftrightarrow\; (x-1)(x+1) = 0$

$\qquad\qquad\qquad\qquad\qquad\qquad x_1 = -1;\quad x_2 = 1 \qquad$ einfache Nullstellen

$f(\pm 1) = e^{-\frac{1}{2}} \approx 0{,}61 \;\Rightarrow\; W_{1/2}\,(\pm 1 | 0{,}61)$

d)

x	0	±0,25	±0,5	±1	±1,5	2	2,5	3
f(x)	1	0,9692	0,8825	0,6065	0,3247	0,1353	0,0439	0,0111

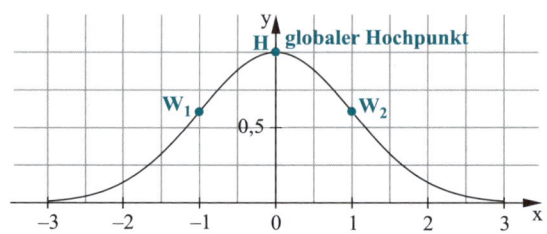

53. a) $\int \left(\frac{1}{2} - x\right) dx = \frac{1}{2}x - \frac{1}{2}x^2 + C$

Probe: $\left(\frac{1}{2}x - \frac{1}{2}x^2 + C\right)' = \frac{1}{2} - \frac{1}{2} \cdot 2x + 0 = \frac{1}{2} - x$

b) $\int (2x - 1)(x + 3) dx = \int (2x^2 + 5x - 3) dx = \frac{2}{3}x^3 + \frac{5}{2}x^2 - 3x + C$

Probe: $\left(\frac{2}{3}x^3 + \frac{5}{2}x^2 - 3x + C\right)' = 2x^2 + 5x - 3$

c) $\int 5(x - 2)^2 dx = 5 \cdot \int (x^2 - 4x + 4) dx = 5 \cdot \left(\frac{1}{3}x^3 - 2x^2 + 4x\right) + C$

Probe: $\left(5 \cdot \left(\frac{1}{3}x^3 - 2x^2 + 4x\right) + C\right)' = 5 \cdot (x^2 - 4x + 4) = 5(x - 2)^2$

d) $\int \frac{(2x+1)^2}{3} dx = \frac{1}{3} \cdot \int (4x^2 + 4x + 1) dx = \frac{1}{3} \cdot \left(\frac{4}{3}x^3 + 2x^2 + x\right) + C$

Probe: $\left(\frac{1}{3} \cdot \left(\frac{4}{3}x^3 + 2x^2 + x\right) + C\right)' = \frac{1}{3} \cdot (4x^2 + 4x + 1) = \frac{(2x+1)^2}{3}$

54. a) $\int \left(1 - x + \frac{1}{2}e^x\right) dx = x - \frac{1}{2}x^2 + \frac{1}{2}e^x + C$

b) $\int \frac{3e^x - 2x}{3} dx = \frac{1}{3}\left(3e^x - x^2\right) + C = e^x - \frac{1}{3}x^2 + C$

c) $\int 4\left(2x^2 + \frac{1}{2}e^x\right) dx = 4\left(\frac{2}{3}x^3 + \frac{1}{2}e^x\right) + C = \frac{8}{3}x^3 + 2e^x + C$

55. a) $\int e^{\frac{x}{2}} dx = \frac{1}{\frac{1}{2}}e^{\frac{x}{2}} + C = 2e^{\frac{x}{2}} + C$ Mit dem Kehrwert des bei x stehenden Faktors multiplizieren.

b) $\int e^{-2x} dx = -\frac{1}{2}e^{-2x} + C$

56. a) $f(x) = 1 - e^{-x}; \quad F(x) = x - e^{-x} \cdot (-1) + C = x + e^{-x} + C$

Probe: $F'(x) = (x + e^{-x} + C)' = 1 + e^{-x} \cdot (-1) + 0 = 1 - e^{-x} = f(x)$

b) $f(x) = 4 \cdot e^{-\frac{x}{2}}$; $F(x) = 4 \cdot e^{-\frac{x}{2}} \cdot \frac{1}{-\frac{1}{2}} + C = -8e^{-\frac{x}{2}} + C$

Probe: $F'(x) = \left(-8e^{-\frac{x}{2}} + C\right)' = -8e^{-\frac{x}{2}} \cdot \left(-\frac{1}{2}\right) + 0 = 4e^{-\frac{x}{2}} = f(x)$

c) $f(x) = e^{2(x-1)} \underbrace{- e^2}_{\text{Konstante}}$; $F(x) = e^{2(x-1)} \cdot \frac{1}{2} - e^2 \cdot x + C$

$= \frac{1}{2}e^{2(x-1)} - e^2 \cdot x + C$

Probe: $F'(x) = \left(\frac{1}{2}e^{2(x-1)} - e^2 x + C\right)' = \frac{1}{2}e^{2(x-1)} \cdot 2 - e^2 + 0$

$= e^{2(x-1)} - e^2 = f(x)$

d) $f(x) = ae^{kx} + c$; $F(x) = ae^{kx} \cdot \frac{1}{k} + cx + C = \frac{a}{k}e^{kx} + cx + C$

Probe: $F'(x) = \left(\frac{a}{k}e^{kx} + cx + C\right)' = \frac{a}{k}e^{kx} \cdot k + c + 0 = ae^{kx} + c = f(x)$

57. Dieser Nachweis kann nicht durch Integrieren von f(x) erbracht werden: f(x) besteht aus dem Produkt der beiden Funktionen x und $e^{-\frac{x}{2}}$, wofür hier keine Integrationsregel vorhanden ist.

Der Nachweis wird durch Ableiten von F(x) geführt, indem gezeigt wird, dass $F' = f$ ist. Das ist immer einfacher, als f zu F hochzuintegrieren:

$F'(x) = \left(-2 \cdot (x+2) \cdot e^{-\frac{x}{2}}\right)' = \underbrace{-2 \cdot 1 \cdot e^{-\frac{x}{2}} - 2 \cdot (x+2) \cdot e^{-\frac{x}{2}} \cdot \left(-\frac{1}{2}\right)}_{\text{Produktregel}}$

$= -2e^{-\frac{x}{2}} + (x+2)e^{-\frac{x}{2}} = \left(-2 + (x+2)\right)e^{-\frac{x}{2}} = x \cdot e^{-\frac{x}{2}} = f(x)$

58. a) $\int_{-2}^{2} x \, dx = \left[\frac{1}{2}x^2\right]_{-2}^{2} = \frac{1}{2} \cdot 2^2 - \frac{1}{2} \cdot (-2)^2 = 2 - 2 = 0$

b) $\int_{0}^{5} x(x-3) \, dx = \int_{0}^{5} (x^2 - 3x) \, dx = \left[\frac{1}{3}x^3 - \frac{3}{2}x^2\right]_{0}^{5} = \frac{1}{3} \cdot 5^3 - \frac{3}{2} \cdot 5^2 - 0 = \frac{25}{6}$

c) $\int_{-2}^{1} \left(4x^3 + x^2 - \frac{1}{2}x + 5\right) dx = \left[x^4 + \frac{1}{3}x^3 - \frac{1}{4}x^2 + 5x\right]_{-2}^{1}$

$= 1 + \frac{1}{3} - \frac{1}{4} + 5 - \left((-2)^4 + \frac{1}{3} \cdot (-2)^3 - \frac{1}{4} \cdot (-2)^2 - 10\right)$

$= 6 + \frac{1}{3} - \frac{1}{4} - 16 + \frac{8}{3} + 1 + 10 = \frac{15}{4}$

d) $\displaystyle\int\limits_{-1}^{t}(x+1)^3\,dx = \int\limits_{-1}^{t}(x^3+3x^2+3x+1)\,dx = \left[\tfrac{1}{4}x^4+x^3+\tfrac{3}{2}x^2+x\right]_{-1}^{t}$

$\qquad = \tfrac{1}{4}t^4+t^3+\tfrac{3}{2}t^2+t-\left(\tfrac{1}{4}-1+\tfrac{3}{2}-1\right) = \tfrac{1}{4}t^4+t^3+\tfrac{3}{2}t^2+t+\tfrac{1}{4}$

Dieser Term soll den Wert 4 annehmen:

$\tfrac{1}{4}t^4+t^3+\tfrac{3}{2}t^2+t+\tfrac{1}{4}=4 \quad\big|\cdot 4$ 　 Es handelt sich um eine Gleichung vierten Grades, bei der sich die Unbekannte t nicht ausklammern lässt. Also muss zunächst eine Lösung

$t^4+4t^3+6t^2+4t-15=0$ 　 geraten werden. Man findet relativ leicht $t_1=1$.

$(t^4+4t^3+6t^2+4t-15):(t-1)$ 　 Damit wird eine Polynomdivision durchgeführt.
$= t^3+5t^2+11t+15$

$t^3+5t^2+11t+15$ 　 Für den abdividierten Teil muss ebenfalls geraten werden. Mit mehr Mühe findet man $t_2=-3$.

$(t^3+5t^2+11t+15):(t+3)$ 　 Erneute Polynomdivision führt auf einen quadratischen Term.
$= t^2+2t+5$

Der verbliebene quadratische Term hat keine Nullstellen, da seine Diskriminante negativ ist. Zusammengefasst gilt:

$$\int\limits_{-1}^{t}(x+1)^3\,dx = 4, \quad\text{wenn } t=1 \text{ oder } t=-3$$

59. a) $\displaystyle\int\limits_{0}^{1} e^x\,dx = \left[e^x\right]_0^1 = e^1-e^0 = e-1 \approx 1{,}72$

b) $\displaystyle\int\limits_{-2}^{2} 3e^{-x+1}\,dx = \left[3e^{-x+1}\cdot\left(\tfrac{1}{-1}\right)\right]_{-2}^{2} = \left[-3e^{-x+1}\right]_{-2}^{2}$

$\qquad\underbrace{\phantom{3e^{-x+1}\cdot\left(\tfrac{1}{-1}\right)}}_{\substack{\text{Kehrwert des bei x}\\\text{stehenden Faktors}}}$

$\qquad = -3e^{-2+1}-\left(-3e^{-(-2)+1}\right) = -3e^{-1}+3e^3 \approx 59{,}15$

c) $\displaystyle\int\limits_{-1}^{0} \tfrac{1}{2}e^{3-\frac{x}{2}}\,dx = \left[\tfrac{1}{2}e^{3-\frac{x}{2}}\cdot\left(\tfrac{1}{-\frac{1}{2}}\right)\right]_{-1}^{0} = \left[\tfrac{1}{2}\cdot\left(-\tfrac{2}{1}\right)e^{3-\frac{x}{2}}\right]_{-1}^{0} = \left[-e^{3-\frac{x}{2}}\right]_{-1}^{0}$

$\qquad = -e^3+e^{3-\frac{-1}{2}} = -e^3+e^{3{,}5} = e^{3{,}5}-e^3 \approx 13{,}03$

60. a) Der Wert des bestimmten Integrals kommt durch die Summe der vorzeichenbehafteten Flächenanteile zustande:

$1{,}684375 = A_0+A_1-A_2$
$1{,}684375 = A_0+2{,}40-1{,}05$
$\qquad A_0 = 0{,}334375$

b) $A_0 = \int\limits_{-0,5}^{0} f(x)\,dx = \left[\frac{1}{5}x^5 - \frac{5}{4}x^4 + 2x^3\right]_{-0,5}^{0}$

$= 0 - \left(\frac{1}{5}\cdot(-0,5)^5 - \frac{5}{4}\cdot(-0,5)^4 + 2\cdot(-0,5)^3\right) = 0,334375$

61. a)

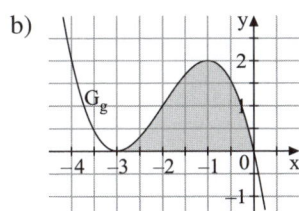

b) Wegen Achsensymmetrie wird angesetzt:

$A = 2\cdot\int\limits_{0}^{2}(x^4 - 2x^2 + 1)\,dx = 2\cdot\left[\frac{1}{5}x^5 - \frac{2}{3}x^3 + x\right]_{0}^{2}$

$= 2\cdot\left(\frac{32}{5} - \frac{16}{3} + 2\right) = \frac{92}{15}\,\text{FE} \approx 6,13\,\text{FE}$

62. a) $g(x) = -\frac{1}{2}(x^3 + 6x^2 + 9x) = -\frac{1}{2}x(x+3)^2$

Daraus lässt sich ablesen:

$x_{1/2} = -3;\quad x_3 = 0$

b)

c) $A = -\frac{1}{2}\int\limits_{-3}^{0}(x^3 + 6x^2 + 9x)\,dx = -\frac{1}{2}\left[\frac{1}{4}x^4 + 2x^3 + \frac{9}{2}x^2\right]_{-3}^{0}$

$= 0 + \frac{1}{2}\left(\frac{1}{4}(-3)^4 + 2(-3)^3 + \frac{9}{2}(-3)^2\right) = \frac{27}{8}\,\text{FE} = 3,375\,\text{FE}$

63. Die Berechnung der Nullstellen muss mit Raten und Polynomdivision erfolgen.

Man findet: $x_{1/2} = -1$; $x_3 = 3$

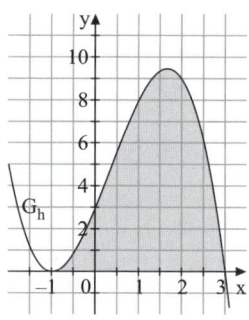

$$A = \int_{-1}^{3} (-x^3 + x^2 + 5x + 3)\, dx$$

$$= \left[-\frac{1}{4}x^4 + \frac{1}{3}x^3 + \frac{5}{2}x^2 + 3x \right]_{-1}^{3}$$

$$= -\frac{1}{4} \cdot 3^4 + \frac{1}{3} \cdot 3^3 + \frac{5}{2} \cdot 3^2 + 3 \cdot 3 - \left(-\frac{1}{4} - \frac{1}{3} + \frac{5}{2} - 3 \right)$$

$$= \frac{64}{3}\ \text{FE} \approx 21{,}33\ \text{FE}$$

64. a) Beim Auszählen hat man zunächst drei Kästchen mit Seitenlänge 1, die (fast) ganz unter G_f liegen. Hinzu kommen in etwa noch zwei halbe Kästchen und vielleicht noch ein viertel Kästchen unten rechts. Der Flächeninhalt sollte also gut 4 FE betragen.

b) Der gesuchte Flächeninhalt ist die Differenz der Funktionswerte einer (beliebigen) Stammfunktion F in Form von oberer Grenze minus unterer Grenze. Hier also: $F(3) - F(0)$. Diese beiden Funktionswerte lassen sich mühelos aus dem (grünen) Graphen von F ablesen:
$A = F(3) - F(0) = 4{,}5 - 0 = 4{,}5$ FE

c) $A = F^*(3) - F^*(0) = 3{,}5 - (-1) = 4{,}5$ FE

65. a) $f(x) = 0$

$x^3 - 6x = 0 \iff x(x^2 - 6) = 0$

$x_1 = 0$; $x_{1/2} = \pm\sqrt{6}$

Da es um die eingeschlossene Fläche mit der **positiven** x-Achse geht, ist nur von 0 bis $\sqrt{6}$ zu integrieren:

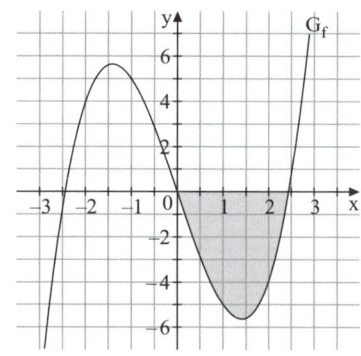

$$A = \left| \int_{0}^{\sqrt{6}} (x^3 - 6x)\, dx \right|$$

$$= \left| \left[\frac{1}{4}x^4 - 3x^2 \right]_{0}^{\sqrt{6}} \right|$$

$$= \left| \frac{1}{4}\sqrt{6}^4 - 3\sqrt{6}^2 - 0 \right|$$

$$= \left| \frac{1}{4} \cdot 36 - 3 \cdot 6 \right| = 9\ \text{FE}$$

b) Es liegt Achsensymmetrie vor.
Die Nullstellen liegen bei $x_{1/2}=0$
und $x_{3/4}=\pm 2$.

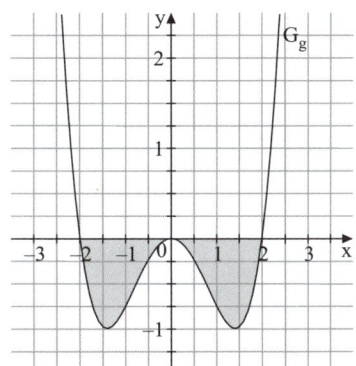

$$A = 2 \cdot \left| \int_0^2 (\tfrac{1}{4} x^4 - x^2)\, dx \right|$$

$$= 2 \cdot \left| \left[\tfrac{1}{20} x^5 - \tfrac{1}{3} x^3 \right]_0^2 \right|$$

$$= 2 \cdot \left| \tfrac{1}{20} \cdot 2^5 - \tfrac{1}{3} \cdot 2^3 - 0 \right|$$

$$= \tfrac{32}{15}\ \text{FE} \approx 2{,}13\ \text{FE}$$

66. a) Da f nur ungerade Exponenten enthält, ist G_f punktsymmetrisch zum
Ursprung und hat deshalb auch im Ursprung seinen Wendepunkt $W(0\,|\,0)$.

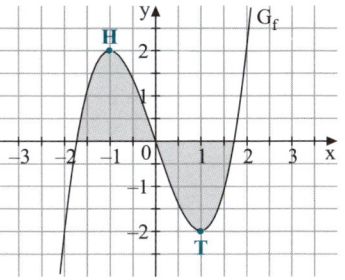

$f(x)=0 \iff x(x^2-3)=0$

$x_1=0;\quad x_{2/3}=\pm\sqrt{3}$

$f'(x)=3x^2-3$

$f''(x)=6x$

$f'(x)=0 \iff 3x^2-3=0 \iff x^2=1$

$\Rightarrow x_{1/2}=\pm 1$

Wegen $f''(1)=6>0$ folgt $T(1\,|\,-2)$.

Aus der Symmetrie ergibt sich weiter:

$H(-1\,|\,2)$

b) Wegen der Symmetrie genügt es, von 0 bis $\sqrt{3}$ zu integrieren und den
Betrag zu verdoppeln.

$$A = 2 \cdot \left| \int_0^{\sqrt{3}} (x^3-3x)\, dx \right| = 2 \cdot \left| \left[\tfrac{1}{4} x^4 - \tfrac{3}{2} x^2 \right]_0^{\sqrt{3}} \right| = 2 \cdot \left| \tfrac{9}{4} - \tfrac{9}{2} \right|$$

$$= \tfrac{9}{2}\ \text{FE} = 4{,}5\ \text{FE}$$

c) Wegen der Symmetrie der beiden Flächenanteile, und weil ein Teil über
und der andere unter der x-Achse liegt, gilt:

$$\int_{-\sqrt{3}}^{\sqrt{3}} (x^3-3x)\, dx = 0$$

67. a) Getrennte Berechnung der zwei Flächenanteile:

$$A_1 = \left| \int_0^1 (x^2-1)\,dx \right| = \left| \left[\tfrac{1}{3}x^3 - x \right]_0^1 \right|$$

$$= \left| \tfrac{1}{3} - 1 - 0 \right| = \tfrac{2}{3} \text{ FE}$$

$$A_2 = \int_1^3 (x^2-1)\,dx = \left[\tfrac{1}{3}x^3 - x \right]_1^3$$

$$= 9 - 3 - \left(\tfrac{1}{3} - 1 \right) = \tfrac{20}{3} \text{ FE}$$

$$A = A_1 + A_2 = \tfrac{22}{3} \text{ FE} \approx 7{,}33 \text{ FE}$$

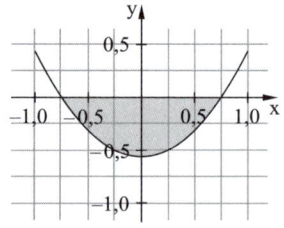

b) $f_t(x) = 0 \ \Leftrightarrow\ x^2 - t^2 = 0 \ \Leftrightarrow\ x^2 = t^2 \ \Rightarrow\ x_{1/2} = \pm t$

c) Zunächst wird unter Berücksichtigung der
Symmetrie der eingeschlossene Flächeninhalt
in Abhängigkeit von t berechnet:

$$A(t) = 2 \cdot \left| \int_0^t (x^2 - t^2)\,dx \right| = 2 \cdot \left| \left[\tfrac{1}{3}x^3 - t^2 x \right]_0^t \right|$$

$$= 2 \cdot \left| \tfrac{1}{3}t^3 - t^3 - 0 \right| = 2 \cdot \left| -\tfrac{2}{3}t^3 \right| = \tfrac{4}{3}t^3$$

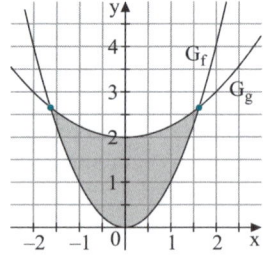

Dieser Wert soll $\tfrac{9}{16}$ sein, also wird gleich-
gesetzt:

$$\tfrac{4}{3}t^3 = \tfrac{9}{16} \ \Leftrightarrow\ t^3 = \tfrac{27}{64} \ \Rightarrow\ t = \sqrt[3]{\tfrac{27}{64}} = \tfrac{3}{4}$$

68. Ansatz auf Schneiden: $f(x) = g(x)$

$$x^2 = \tfrac{1}{4}x^2 + 2 \ \Leftrightarrow\ x^2 = \tfrac{8}{3}$$

$$\Rightarrow\ x_{1/2} = \pm\sqrt{\tfrac{8}{3}} = \pm\tfrac{2}{3}\sqrt{6} \approx \pm 1{,}63$$

Wegen der Symmetrie kann man ansetzen:

$$A = 2 \int_0^{\sqrt{\tfrac{8}{3}}} \left(\tfrac{1}{4}x^2 + 2 - x^2 \right) dx = 2 \int_0^{\sqrt{\tfrac{8}{3}}} \left(-\tfrac{3}{4}x^2 + 2 \right) dx$$

$$= 2 \cdot \left[-\tfrac{1}{4}x^3 + 2x \right]_0^{\sqrt{\tfrac{8}{3}}} = 2 \cdot \left[-\tfrac{1}{4}\sqrt{\tfrac{8}{3}}^3 + 2\sqrt{\tfrac{8}{3}} - 0 \right]$$

$$= 2 \cdot \sqrt{\tfrac{8}{3}} \left(-\tfrac{1}{4} \cdot \tfrac{8}{3} + 2 \right) = 2 \cdot \sqrt{\tfrac{8}{3}} \cdot \tfrac{4}{3} = \tfrac{8}{3} \cdot \sqrt{\tfrac{8}{3}}$$

$$= \tfrac{16}{9}\sqrt{6} \text{ FE} \approx 4{,}35 \text{ FE}$$

69. a) Nullstellen: $x_1 = 0$; $x_{2/3} = 3$

Extrema: $H(1 | 2)$; $T(3 | 0)$

Wendepunkt: $W(2 | 1)$

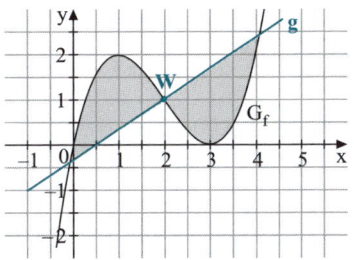

b) $x_W = 2$; $f(2) = 1$; $f'(2) = -\frac{3}{2}$

g: $y = \frac{2}{3}(x - 2) + 1 = \frac{2}{3}x - \frac{1}{3}$

Berechnung der Geraden g

$f(x) = g(x)$

Graph mit Gerade schneiden

$\Leftrightarrow \frac{1}{2}x^3 - 3x^2 + \frac{9}{2}x = \frac{2}{3}x - \frac{1}{3}$

$\Leftrightarrow 3x^3 - 18x^2 + 23x + 2 = 0$

Die Gleichung muss mit Polynom-division gelöst werden. Eine Lösung ist bekannt: die Wendestelle $x_W = 2$.

$(3x^3 - 18x^2 + 23x + 2) : (x - 2)$
$= 3x^2 - 12x - 1$

$x_{2/3} = 2 \pm \frac{1}{3}\sqrt{39} \approx \begin{cases} 4{,}082 \\ -0{,}082 \end{cases}$

Die quadratische Gleichung wird mit der Lösungsformel gelöst.

$A_2 = \int\limits_{2}^{4{,}082} \left(\frac{2}{3}x - \frac{1}{3} - \left(\frac{1}{2}x^3 - 3x^2 + \frac{9}{2}x \right) \right) dx$

Da beide Flächenstücke gleich groß sind (es herrscht Punktsymmetrie bezüglich des Wendepunktes), wird der Inhalt der rechten Fläche berech-net und anschließend verdoppelt.

$= \int\limits_{2}^{4{,}082} \left(-\frac{1}{2}x^3 + 3x^2 - \frac{23}{6}x - \frac{1}{3} \right) dx$

$= \left[-\frac{1}{8}x^4 + x^3 - \frac{23}{12}x^2 - \frac{1}{3}x \right]_{2}^{4{,}082}$

$\approx 2{,}347$ FE

Die Gesamtfläche ist damit:

$A = 2 \cdot A_2 \approx 4{,}49$ FE

70. Die Fläche ist symmetrisch, man kann sich daher auf die rechte Hälfte be-schränken. Für die nach oben geöffnete Parabel wird wegen Symmetrie und Scheitel $S_o(0 | 1)$ angesetzt: $f(x) = ax^2 + 1$

Da diese Parabel außerdem durch den Punkt $P(2 | 5)$ geht, folgt weiter:

$f(2) = 5 \Rightarrow a \cdot 2^2 + 1 = 5 \Rightarrow a = 1$

Also: $f(x) = x^2 + 1$

Bei der nach unten geöffneten Parabel liest man sofort $c = 5$ ab und setzt noch an: $g(x) = ax^2 + bx + 5$.

Da $S_u(1\,|\,7)$ Scheitel ist, folgt:

(1) $g(1)=7 \;\Rightarrow\; a+b+5=7 \;\Rightarrow\; a+b=2$

(2) $g'(1)=0 \;\Rightarrow\; 2a+b=0$

Daraus ergibt sich: $g(x)=-2x^2+4x+5$

Die eingeschlossene Fläche beträgt:

$$A = 2\cdot\int_0^2 \big(g(x)-f(x)\big)\,dx = 2\cdot\int_0^2 (-3x^2+4x+4)\,dx = 16\ \text{FE}$$

71. Zunächst wird der Flächeninhalt unter der Parabel berechnet:

$$A_1 = \int_0^a x^2\,dx = \left[\tfrac{1}{3}x^3\right]_0^a = \tfrac{1}{3}a^3$$

Der Gesamtflächeninhalt des Rechtecks ist:

$A = \text{Breite}\cdot\text{Höhe} = a\cdot a^2 = a^3$

Folglich ist der über der Parabel liegende Flächeninhalt:

$A_2 = \tfrac{2}{3}a^3$

Für das Verhältnis gilt:

$$A_2 : A_1 = \frac{\tfrac{2}{3}a^3}{\tfrac{1}{3}a^3} = \frac{2}{1}$$

Unabhängig von a ist demnach der Flächeninhalt über der Parabel immer doppelt so groß wie der unter der Parabel.

72. Der Graph von g enthält den Ursprung und hat dort eine waagrechte Tangente. Weil das bestimmte Integral negativ ist, muss er ferner im IV. Quadranten verlaufen.

Es sind natürlich auch noch andere Varianten denkbar. Wichtig sind die waagrechte Tangente im Ursprung und der Flächenanteil unter der x-Achse.

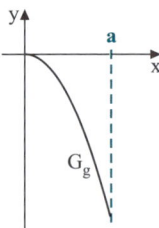

73. a) Da die Mauer oben 1,5 m breit sein soll, hat der rechte obere Eckpunkt die x-Koordinate 0,75 (Symmetrie).

$r_a(0{,}75)=10 \;\Leftrightarrow\; a(0{,}75-2)^2=10 \;\Rightarrow\; a=6{,}4$

b) Wegen der Symmetrie konzentriert man sich auf die rechte Hälfte. Hier ist es wichtig zu erkennen, dass sich die Fläche aus zwei unterschiedlichen Teilflächen zusammensetzt: einem Rechteck der Breite 0,75 und der Höhe 10 sowie dem Stück unter der Parabel im Bereich $0{,}75 \le x \le 2$.

$A_1 = 0,75 \cdot 10 = 7,5$

$A_2 = \int\limits_{0,75}^{2} 6,4 \cdot (x-2)^2 \, dx = 6,4 \cdot \int\limits_{0,75}^{2} (x^2 - 4x + 4) \, dx$

$= 6,4 \cdot \left[\frac{1}{3}x^3 - 2x^2 + 4x \right]_{0,75}^{2} \approx 4,17$

Der gesamte Flächeninhalt ist damit: $A = 2(A_1 + A_2) \approx 23,34 \text{ m}^2$

c) $R(x) = \begin{cases} 6,4 \cdot (-x-2)^2 & \text{für } -2 \le x < -0,75 \\ 10 & \text{für } -0,75 \le x < 0,75 \\ 6,4 \cdot (x-2)^2 & \text{für } 0,75 \le x \le 2 \end{cases}$

Der linke parabelförmige Mauerrand wurde wegen der Symmetrie aus dem rechten Rand durch Spiegelung an der y-Achse angegeben. Dabei ersetzt man einfach x durch −x.

d) An den Übergangsstellen bei ±0,75 hat R(x) keine Sprünge und ist nicht differenzierbar.

74. a) $A_K = r^2 \pi$ Kreisfläche

$A_{HK} = \frac{1}{2}\pi$ Halbkreis mit r = 1

$A_{RE} = 2h$ Rechteck mit Breite 2 und Höhe h

$A_{HK} = A_{RE}$ Beide Flächeninhalte sollen gleich sein.

$\frac{1}{2}\pi = 2h \;\Rightarrow\; h = \frac{1}{4}\pi \approx 0,785$

Die rechts und links außerhalb des Halbkreises liegenden Flächenanteile des Rechtecks sind genauso groß wie das Flächenstück im oberen Teil des Halbkreises, das nicht durch das Rechteck abgedeckt wird.

b) Der Flächeninhalt unter der Parabel wird mit dem Integral berechnet:

$A = 2 \int\limits_{0}^{1} (1 - x^2) \, dx = 2 \cdot \left[x - \frac{1}{3}x^3 \right]_{0}^{1} = \frac{4}{3} \text{ FE}$

Flächengleichheit:

$\frac{4}{3} = 2h \;\Rightarrow\; h = \frac{2}{3} \approx 0,667$

c) (1) Allgemein berechnet man den (vorzeichenbehafteten) Flächeninhalt einer Funktion f auf dem Intervall [a; b] mit dem bestimmten Integral:

$\int\limits_{a}^{b} f(x) \, dx$

Für den Flächeninhalt eines Rechteckes mit der Breite der Intervalllänge von [a; b] und der Höhe m gilt $(b-a) \cdot m$. Setzt man beide gleich und löst nach m auf, so ergibt sich die Formel für den Mittelwert einer Funktion gemäß:

$$m = \frac{1}{b-a} \int_a^b f(x)\, dx$$

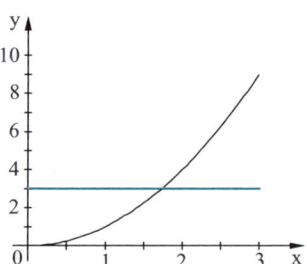

$$(2)\quad m = \frac{1}{3-0} \int_0^3 x^2\, dx = \frac{1}{3} \cdot \left[\frac{1}{3}x^3\right]_0^3 = 3$$

75. $k(x) = ax(x-4)$

Zunächst wird die „Kanalfunktion" aufgestellt. Nach Zeichnung sind Nullstellen bei 0 und 4.

$$k(2) = -2 \;\Rightarrow\; a = \frac{1}{2}$$

Der Parameter a wird mithilfe der abgelesenen Scheitelkoordinaten bestimmt.

$$A_K = \left| \int_0^4 \frac{1}{2} x(x-4)\, dx \right| = \frac{1}{2} \left| \int_0^4 (x^2 - 4x)\, dx \right|$$

Die Querschnittsfläche des Kanals wird berechnet.

$$= \frac{1}{2} \left| \left[\frac{x^3}{3} - 2x^2 \right]_0^4 \right| = \frac{16}{3} \approx 5,33$$

$$A_D = \frac{1}{2} \cdot 3 \cdot h = 1,5 \cdot h$$

Flächeninhalt des Dreiecks

$$1,5 \cdot h = \frac{16}{3} \;\Rightarrow\; h = \frac{32}{9} \approx 3,56$$

Die Inhalte beider Flächen müssen gleich sein.

$$\tan \alpha = \frac{\frac{32}{9}}{3} = \frac{32}{27} \;\Rightarrow\; \alpha \approx 49,8°$$

Bestimmung des Winkels

76. a) $f(x) = ax^3 + bx^2 + cx$

Weil G_f durch den Ursprung geht, wird gleich $d = 0$ angesetzt.

$$f'(x) = 3ax^2 + 2bx + c$$

1. Ableitung

$$(1)\quad f(3) = 0 \;\Rightarrow\; 27a + 9b + 3c = 0$$

Nullstelle

$$(2)\quad f'(3) = 0 \;\Rightarrow\; 27a + 6b + c = 0$$

wegen Berührung der x-Achse

$$(3)\quad f'(0) = 2 \;\Rightarrow\; c = 2$$

weil g die Steigung 2 hat

Man errechnet: $c = 2$; $b = -\frac{4}{3}$ und $a = \frac{2}{9}$

$$\Rightarrow\; f(x) = \frac{2}{9}x^3 - \frac{4}{3}x^2 + 2x = \frac{2}{9}x(x^2 - 6x + 9) = \frac{2}{9}x(x-3)^2$$

b) (1) Aus der faktorisierten Darstellung liest man ab: $x_1 = 0$; $x_{2/3} = 3$.
Bei der doppelten Nullstelle muss ein Extrempunkt liegen.

(2) $f'(x) = \frac{2}{3}x^2 - \frac{8}{3}x + 2 = \frac{2}{3}(x^2 - 4x + 3) = \frac{2}{3}(x-1)(x-3)$

$f''(x) = \frac{2}{3}(2x-4) = \frac{4}{3}(x-2)$

$f'(x) = 0 \Rightarrow x_1 = 1; x_2 = 3$

$f''(1) = -\frac{4}{3} < 0 \quad \Rightarrow \quad$ Hochpunkt an der Stelle 1 mit $H\left(1 \left| \frac{8}{9}\right.\right)$

$f''(3) = \frac{4}{3} > 0 \quad \Rightarrow \quad$ Tiefpunkt an der Stelle 3 mit $T(3 | 0)$

c) Das Krümmungsverhalten lässt sich aus den Vorzeichen der zweiten Ableitung ablesen. Dies ist eine lineare Funktion mit Steigung $\frac{4}{3}$ und Nullstelle bei 2. Daraus folgt: In

- $]-\infty; 2]$ ist der Graph rechtsgekrümmt.
- $[2; \infty[$ ist der Graph linksgekrümmt.

Wendepunkt: $W\left(2 \left| \frac{4}{9}\right.\right)$

d) $g(x) = f(x)$ Ansatz für Schnittpunkte

$\Leftrightarrow 2x = \frac{2}{9}x^3 - \frac{4}{3}x^2 + 2x$

$\Leftrightarrow \frac{2}{9}x^3 - \frac{4}{3}x^2 = 0$

$\Leftrightarrow x^2(x-6) = 0$

Man liest ab:

- bekannter Berührpunkt bei $x_{1/2} = 0$
- Schnittstelle $x_3 = 6$
  $\Rightarrow$ Schnittpunkt $S(6 | 12)$

e) $A = \left| \int\limits_0^6 (f(x) - g(x))\, dx \right|$

      Die Schnittstellen sind 0 und 6, das sind die Integrationsgrenzen. Ferner geht es um die Fläche zwischen zwei Graphen, weshalb über die Differenzfunktion $f(x) - g(x)$ integriert wird. Weil man nicht weiß, welcher Graph die eingeschlossene Fläche oben berandet, nimmt man den Betrag zur Hilfe.

$= \left| \int\limits_0^6 \left(\frac{2}{9}x^3 - \frac{4}{3}x^2\right) dx \right|$

$= \left| \left[\frac{1}{18}x^4 - \frac{4}{9}x^3\right]_0^6 \right|$

$= |72 - 96 - 0| = |-24| = 24$

f) Zeichnung mit Wertetabelle:

x	−1	0	1	2	3	4	5	6
f(x)	−3,56	0	0,89	0,44	0	0,89	4,44	12,00

Nullstellen:
$x_1 = 0; \ x_2 = 3$

Extrempunkte:
$H(1\,|\,0{,}89); \ T(3\,|\,0)$

Wendepunkt:
$W(2\,|\,0{,}44)$

Schnittpunkte:
$S_1(0\,|\,0); \ S_2(6\,|\,12)$

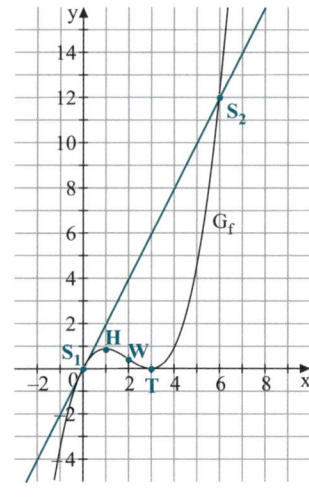

g) Aus dem Ansatz $f'(x) = 2$ folgt:

$\frac{2}{3}x^2 - \frac{8}{3}x + 2 = 2 \iff \frac{2}{3}x^2 - \frac{8}{3}x = 0 \iff x(x-4) = 0$

Man liest ab: $x_1 = 0$ (bekannt), $x_2 = 4$

Ergebnis: Im Punkt $P\left(4\,\middle|\,\frac{8}{9}\right)$ hat der Graph G_f ebenfalls eine Tangente mit Steigung 2.

77. a) $f''(x) = 0 \iff \frac{2}{9}(x^2 - 2) = 0 \implies x_{1/2} = \pm\sqrt{2}$

Bei dem Graphen von $f''(x)$ handelt es sich um eine nach oben geöffnete Parabel mit den beiden angegebenen Nullstellen, woraus sich das Krümmungsverhalten angeben lässt: In

- $]-\infty; -\sqrt{2}\,]$ und $[\sqrt{2}; \infty[$ ist G_f linksgekrümmt,
- $[-\sqrt{2}; \sqrt{2}\,]$ ist G_f rechtsgekrümmt.

b) $f'(x) = \int \left(\frac{2}{9}x^2 - \frac{4}{9}\right) dx$

$\qquad = \frac{2}{27}x^3 - \frac{4}{9}x + C_1$

                  Einmaliges Hochintegrieren liefert die 1. Ableitung, zweimaliges Integrieren die Funktion.

$f(x) = \int \left(\frac{2}{27}x^3 - \frac{4}{9}x + C_1\right) dx$

$\qquad = \frac{1}{54}x^4 - \frac{2}{9}x^2 + C_1 x + C_2$

(1) $f(3) = 0 \implies$

$\qquad \frac{1}{54} \cdot 3^4 - \frac{2}{9} \cdot 3^2 + C_1 \cdot 3 + C_2 = 0$

                  Aus der Angabe, dass der Graph G_f an der Stelle $x_1 = 3$ die x-Achse berührt, lassen sich zwei Gleichungen aufstellen.

(2) $f'(3) = 0 \implies$

$\qquad \frac{2}{27} \cdot 3^3 - \frac{4}{9} \cdot 3 + C_1 = 0$

$2 - \frac{4}{3} + C_1 = 0 \Rightarrow C_1 = -\frac{2}{3}$ aus (2)

$\frac{3}{2} - 2 - \frac{2}{3} \cdot 3 + C_2 = 0 \Rightarrow C_2 = \frac{5}{2}$ in (1)

$f(x) = \frac{1}{54} x^4 - \frac{2}{9} x^2 - \frac{2}{3} x + \frac{5}{2}$ Einsetzen ergibt den Funktionsterm.

$\quad = \frac{1}{54} \cdot (x^4 - 12x^2 - 36x + 135)$

$(x^4 - 12x^2 - 36x + 135) : (x - 3)$ Zur Faktorisierung werden mittels Poly-
$= x^3 + 3x^2 - 3x - 45$ nomdivision die Nullstellen berechnet.
      Aus der Aufgabenstellung ist bekannt,
      dass bei $x = 3$ mindestens eine doppelte
      Nullstelle vorliegt.

$(x^3 + 3x^2 - 3x - 45) : (x - 3)$ Auch dieser Term muss sich wiederum
$= x^2 + 6x + 15$ durch $(x - 3)$ dividieren lassen.

$f(x) = \frac{1}{54}(x - 3)^2(x^2 + 6x + 15)$ Da die Diskriminante des quadratischen
      Terms negativ ist, gibt es keine weitere
      Zerlegung.

c) $A = \int\limits_0^3 f(x)\,dx$ Der Angabe entnimmt man die Nullstelle
      bei $x = 3$. Weil die Fläche im I. Quadran-
      ten liegt, beginnt die Integration bei 0.

$\quad = \left[\frac{1}{270} x^5 - \frac{2}{27} x^3 - \frac{1}{3} x^2 + \frac{5}{2} x \right]_0^3$

$\quad = \frac{9}{10} - 2 - 3 + \frac{15}{2} = \frac{17}{5}$

d) $f'(x) = \frac{1}{54}(4x^3 - 24x - 36)$ Die 1. Ableitung entnimmt man entweder
      dem allgemeinen Term der Teilaufgabe b
$\quad = \frac{1}{27}(2x^3 - 12x - 18)$ oder berechnet sie neu aus $f(x)$.

$(2x^3 - 12x - 18) : (x - 3)$ Eine Nullstelle muss wieder bei $x = 3$
$= 2x^2 + 6x + 6$ liegen.

$D = 6^2 - 4 \cdot 2 \cdot 6 = -12 < 0$ Wegen $D < 0$ gibt es keine weitere Zerle-
      gung.

Ergebnis: $f'(x)$ hat nur an der Stelle $x_0 = 3$ eine (einfache) Nullstelle, sodass es keine weiteren Stellen mit waagrechter Tangente gibt.

Man hat nur zwei Monotonieintervalle, und zwar $]-\infty; 3]$ und $[3; \infty[$.

Im Inneren des ersten Intervalls ist $f'(x) < 0$ und der Graph deshalb fallend
(z. B. Testwert 0 einsetzen), im zweiten ist der Graph steigend.

e) t: $y = f'(x_0)(x - x_0) + f(x_0)$ allgemeine Tangentengleichung

$x_0 = 0;\ f(0) = \frac{5}{2};\ f'(0) = -\frac{2}{3}$ hier vorliegende Kenndaten

t: $y = -\frac{2}{3} x + \frac{5}{2}$ Einsetzen liefert die Gleichung für t.

f) Wertetabelle:

x	−4	−3	−2	−1	0	1	2	3	4	5
f(x)	6,35	4,00	3,24	2,96	2,50	1,63	0,57	0,00	1,02	5,19

Grafische Darstellung:

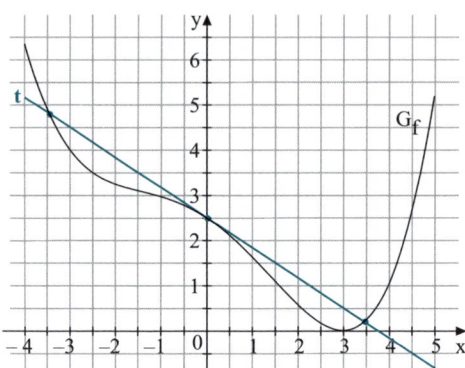

g) $\frac{1}{54}x^4 - \frac{2}{9}x^2 - \frac{2}{3}x + \frac{5}{2} = -\frac{2}{3}x + \frac{5}{2}$

$\qquad \frac{1}{54}x^4 - \frac{2}{9}x^2 = 0 \quad | \cdot 54$

$\qquad x^2(x^2 - 12) = 0$

$\Rightarrow \; x_{1/2} = 0; \; x_{3/4} = \pm\sqrt{12} = \pm 2\sqrt{3}$

Um die Flächeninhalte zwischen dem Graphen von f und der Tangente t berechnen zu können, müssen die Schnittstellen bekannt sein.

$A_r = \displaystyle\int_0^{\sqrt{12}} \big(t(x) - f(x)\big)\, dx$

Ansatz für das rechte Flächenstück

$\quad = \frac{1}{54} \displaystyle\int_0^{\sqrt{12}} (-x^4 + 12x^2)\, dx$

$A_\ell = \displaystyle\int_{-\sqrt{12}}^{0} \big(t(x) - f(x)\big)\, dx$

Ansatz für das linke Flächenstück. Bei dieser Rechnung ergibt sich der gleiche Wert wie oben bei A_r.

$\quad = \frac{1}{54} \displaystyle\int_{-\sqrt{12}}^{0} (-x^4 + 12x^2)\, dx$

Ergebnis: Die beiden Flächen A_r und A_ℓ sind gleich groß, weil die zu integrierende Funktion symmetrisch zur y-Achse ist (ausschließlich gerade Potenzen von x).

78. a)

t	0	1	2	3	4	5	6	7	8	9	10
v(t)	0	7,30	11,05	12,97	13,96	14,46	14,73	14,86	14,93	14,96	14,98

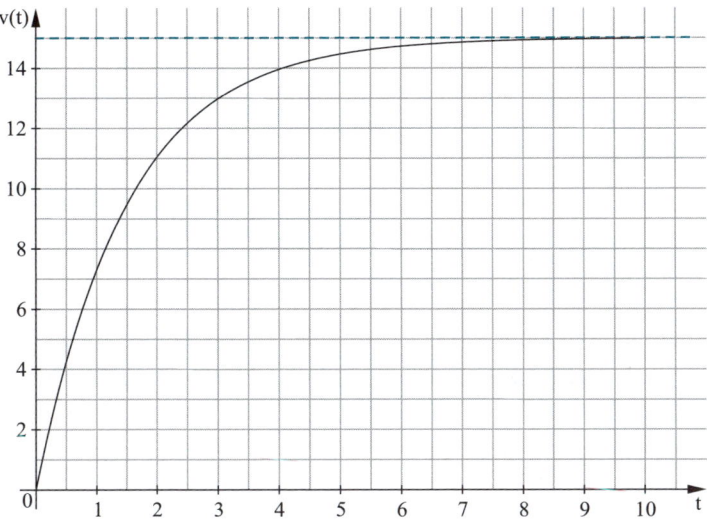

b) 15 ist die Endgeschwindigkeit der Kugel, die sie asymptotisch nach langer
    Sinkzeit erreicht.
    Wenn sich der Wert 1,5 vergrößert, bleibt die grundsätzliche Form der
    Kurve erhalten, sie verläuft flacher, unterhalb der bisherigen, d. h., die
    Geschwindigkeit ist jeweils geringer. Das kann dann der Fall sein, wenn
    eine dickflüssigere Flüssigkeit genommen wird.

c) $v(1) \approx 7{,}30$ (siehe Tabelle in Teilaufgabe a):

    Das entspricht $\frac{7{,}30}{15} \cdot 100\ \% \approx 48{,}7\ \%$ der Endgeschwindigkeit 15.

    $v(2) \approx 11{,}05$ (siehe Tabelle in Teilaufgabe a):

    Das entspricht $\frac{11{,}05}{15} \cdot 100\ \% \approx 73{,}7\ \%$ der Endgeschwindigkeit 15.

d) Es soll $v(t) = 10$ gelten. Gleichsetzen:

$$10 = 15(1 - e^{-\frac{t}{1{,}5}}) \qquad \big|:15$$
$$\frac{2}{3} = 1 - e^{-\frac{t}{1{,}5}} \qquad \big|-1$$
$$-\frac{1}{3} = -e^{-\frac{t}{1{,}5}} \qquad \big|\cdot(-1)$$
$$e^{-\frac{t}{1{,}5}} = \frac{1}{3} \qquad \big|\ln$$
$$\ln(e^{-\frac{t}{1{,}5}}) = \ln\left(\frac{1}{3}\right)$$
$$-\frac{t}{1{,}5} = \ln\left(\frac{1}{3}\right)$$
$$t = -1{,}5 \cdot \ln\left(\frac{1}{3}\right) \approx 1{,}65$$

80 % entspricht 0,8 als Faktor:

$$0,8 \cdot 15 = 15(1 - e^{-\frac{t}{1,5}}) \qquad |:15$$

$$0,8 = 1 - e^{-\frac{t}{1,5}} \qquad |-1$$

$$-0,2 = -e^{-\frac{t}{1,5}} \qquad |\cdot(-1)$$

$$e^{-\frac{t}{1,5}} = 0,2 \qquad |\ln$$

$$-\frac{t}{1,5} = \ln(0,2)$$

$$t = -1,5 \cdot \ln(0,2) \approx 2,41$$

Ergebnisse: Nach $t_1 \approx 1{,}65$ [s] wird die Geschwindigkeit 10 $[\frac{m}{s}]$ erreicht, nach $t_2 \approx 2{,}41$ [s] werden 80 % der Endgeschwindigkeit 15 $[\frac{m}{s}]$ erreicht.

e)

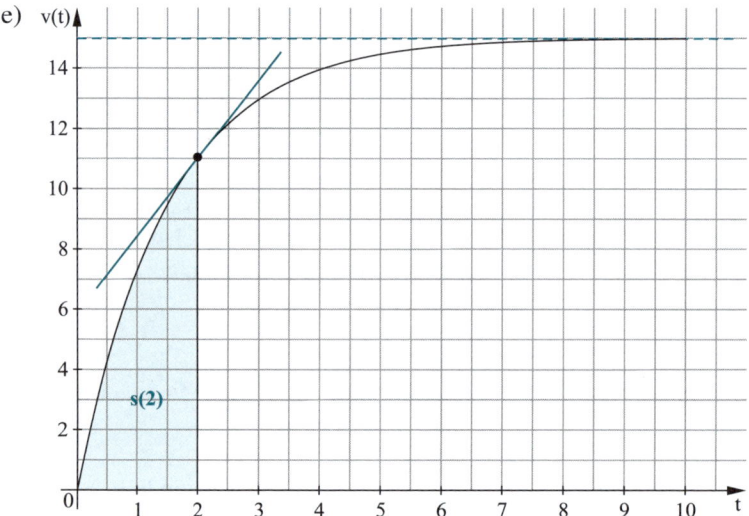

Aus dem Diagramm:

s(2) ≈ 13 (getönter Flächeninhalt)

a(2) ≈ 2,5 (Steigung der Tangente)

Bedeutung:

s(2) ist die Strecke, die die Kugel in den ersten 2 Sekunden zurückgelegt hat. a(2) ist die Beschleunigung, die die Kugel zum Zeitpunkt 2 hat.

Berechnung der Werte:

Wegen $v(t) = s'(t)$ folgt $s(t) = \int v(t)\, dt$.

Die Streckenmessung erfolgt in der Zeit von 0 bis 2:

$$s(2) = \int_0^2 v(t)\, dt = \int_0^2 15\left(1 - e^{-\frac{t}{1,5}}\right) dt = 15 \cdot \int_0^2 \left(1 - e^{-\frac{t}{1,5}}\right) dt$$

$$= 15 \cdot \left[t - \frac{1}{-\frac{1}{1,5}} e^{-\frac{t}{1,5}}\right]_0^2 = 15 \cdot \left[t + 1,5 e^{-\frac{t}{1,5}}\right]_0^2$$

$$= 15 \cdot \left(2 + 1,5 \cdot e^{-\frac{2}{1,5}} - (0 + 1,5 \cdot e^0)\right) = 15 \cdot \left(0,5 + 1,5 e^{-\frac{4}{3}}\right) \approx 13,43$$

Die Beschleunigung a ergibt sich als Ableitung der Geschwindigkeit v:

$$a(t) = v'(t) = 15 \cdot \left(0 - e^{-\frac{t}{1,5}} \cdot \left(-\frac{1}{1,5}\right)\right) = \frac{15}{1,5} e^{-\frac{t}{1,5}} = 10 e^{-\frac{t}{1,5}}$$

$$\Rightarrow \quad a(2) = 10 e^{-\frac{2}{1,5}} \approx 2,64$$

79. a) $B(12 \mid 20; 0,25) = \binom{20}{12} \cdot 0,25^{12} \cdot 0,75^8 = 125\,970 \cdot 0,25^{12} \cdot 0,75^8$
$$\approx 0,0007517$$

Das ist die Wahrscheinlichkeit, bei 20 Wiederholungen und einer Trefferwahrscheinlichkeit von 0,25 genau zwölf Treffer zu erzielen.

b) $B(25 \mid 25; 0,6) = \binom{25}{25} \cdot 0,6^{25} \cdot 0,4^0 = 1 \cdot 0,6^{25} \cdot 1 = 0,6^{25} \approx 0,000002843$

Das ist die Wahrscheinlichkeit für 25 Treffer bei 25 Wiederholungen und einer Trefferwahrscheinlichkeit von 0,6.

c) $B\left(50 \mid 250; \frac{1}{6}\right) \approx 0,02431$ (nicht im Tafelwerk)

Das ist die Wahrscheinlichkeit für 50 Treffer bei 250 Wiederholungen und der Trefferwahrscheinlichkeit $\frac{1}{6}$.

d) $B\left(1 \mid 20; \frac{1}{3}\right) = 0,00301$ (aus dem Tafelwerk)

Bei 20 Wiederholungen wird genau ein Treffer erzielt, wobei die Trefferwahrscheinlichkeit $\frac{1}{3}$ ist.

80. a) $B\left(3 \mid 10; \frac{1}{6}\right) \approx 0,1550$

b) $B\left(6 \mid 10; \frac{5}{6}\right) \approx 0,0543$

Bemerkung: Für „**keine** 6" ist die Trefferwahrscheinlichkeit $\frac{5}{6}$.

c) Das Gegenereignis ist, keine 6 zu erhalten: $P(\text{„keine 6"})=\frac{5}{6}$
Die Wahrscheinlichkeit für das gesuchte Ereignis ist dann:

$$P(\text{„mindestens eine 6"})=1-\left(\frac{5}{6}\right)^{10}\approx 0,8385$$

d) Das ist keine Aufgabe für die Bernoulli-Formel, weil die Reihenfolge festliegt: Erst kommt eine 6, dann achtmal keine 6 und beim zehnten Wurf wieder die 6:

$$P=\frac{1}{6}\cdot\left(\frac{5}{6}\right)^{8}\cdot\frac{1}{6}=\left(\frac{1}{6}\right)^{2}\cdot\left(\frac{5}{6}\right)^{8}\approx 0,006460$$

81. a) $B\left(3\mid 6;\frac{1}{3}\right)=\binom{6}{3}\cdot\left(\frac{1}{3}\right)^{3}\cdot\left(\frac{2}{3}\right)^{3}=20\cdot\frac{2^{3}}{3^{6}}\approx 0,2195$

b) $B\left(0\mid 3;\frac{1}{3}\right)=\left(\frac{2}{3}\right)^{3}\approx 0,2963$

c) $B\left(5\mid 10;\frac{1}{3}\right)=\binom{10}{5}\cdot\left(\frac{1}{3}\right)^{5}\cdot\left(\frac{2}{3}\right)^{5}\approx 0,1366$

d) $B\left(0\mid 10;\frac{1}{3}\right)=\left(\frac{2}{3}\right)^{10}\approx 0,0173=1,73\,\%$

Das ist schon Pech, aber eben nicht unmöglich!

e) Achtung! Hier ist die Reihenfolge fest vorgegeben, deshalb entfällt der Binomialkoeffizient:

$$P(\{11000\})=\left(\frac{1}{3}\right)^{2}\cdot\left(\frac{2}{3}\right)^{3}\approx 0,0329$$

82. Es gilt: $p=\frac{1}{2};\ n=5$

$$B\left(k\mid 5;\frac{1}{2}\right)=\binom{5}{k}\cdot\left(\frac{1}{2}\right)^{k}\cdot\left(\frac{1}{2}\right)^{5-k}=\binom{5}{k}\cdot\left(\frac{1}{2}\right)^{5}=\frac{1}{32}\binom{5}{k}\ \text{ für } k=0;1;2;3;4;5$$

k	0	1	2	3	4	5
$B\left(k\mid 5;\frac{1}{2}\right)$	$\frac{1}{32}$	$\frac{5}{32}$	$\frac{10}{32}$	$\frac{10}{32}$	$\frac{5}{32}$	$\frac{1}{32}$

83. a) $B(12\mid 20;\,0{,}25)=0{,}00075$ (aus dem Tafelwerk)

b) $B(25\mid 25;\,0{,}6)=0{,}6^{25}\approx 2{,}843\cdot 10^{-6}$ (im Tafelwerk nicht mehr enthalten, da nur 5 Nachkommastellen berücksichtigt werden)

c) $B\left(50\mid 250;\frac{1}{6}\right)=\binom{250}{50}\cdot\left(\frac{1}{6}\right)^{50}\cdot\left(\frac{5}{6}\right)^{200}\approx 0{,}02431$ (nicht im Tafelwerk)

d) $B\left(1\mid 20;\frac{1}{3}\right)=0{,}00301$ (aus dem Tafelwerk)

84. a) $B\left(3 \mid 10; \frac{1}{6}\right) = 0,15505$

b) $\sum\limits_{k=0}^{3} B\left(k \mid 10; \frac{1}{6}\right) = 0,93027$

c) Das ist das Gegenereignis von Teilaufgabe b: $P_1 = 1 - 0,93027 = 0,06973$

d) Das ist die Wahrscheinlichkeit für das Ereignis von Teilaufgabe c vermehrt um die Wahrscheinlichkeit, dass genau drei Treffer erzielt werden (siehe Teilaufgabe a):
$P_2 = 0,15505 + 0,06973 = 0,22478$

85. a) $P_1 = 0,5^4 = 0,0625$; gleichbedeutend mit $B(4 \mid 4; 0,5)$

b) $B(2 \mid 4; 0,5) = 0,375$

c) Das Gegenereignis sind vier Jungen. Die Wahrscheinlichkeit dafür wurde in Teilaufgabe a bestimmt: $P_1 = 0,5^4$. Demnach gilt:

$P(\text{„mindestens ein Mädchen“}) = 1 - 0,5^4 = 0,9375$

d) $\sum\limits_{k=0}^{2} B\left(k \mid 4; 0,5\right) = B(0 \mid 4; 0,5) + B(1 \mid 4; 0,5) + B(2 \mid 4; 0,5) = 0,6875$

86. Man kann fünf weiße (w) und null schwarze (s) ziehen, in diesem Fall hat X den Zufallswert $5 - 0$, also 5. Zieht man vier weiße und eine schwarze, so ergibt sich $4 - 1 = 3$ usw.

ω	5w0s	4w1s	3w2s	2w3s	1w4s	0w5s
$X(\omega)$	5	3	1	-1	-3	-5

87. Bekanntlich gibt es 36 Ausgänge, wenn beide Würfel unterschieden werden. Wie viele Zufallswerte gibt es?
Bilden der Differenzen führt auf:
$1 - 1 = 2 - 2 = \ldots = 6 - 6 = \mathbf{0}$
$2 - 1 = 3 - 2 = 4 - 3 = 5 - 4 = 6 - 5 = \mathbf{1}$
$3 - 1 = 4 - 2 = 5 - 3 = 6 - 4 = \mathbf{2}$
$4 - 1 = 5 - 2 = 6 - 3 = \mathbf{3}$
$5 - 1 = 6 - 2 = \mathbf{4}$
$6 - 1 = \mathbf{5}$
Den 36 Paaren werden also die Zufallswerte 0; 1; 2; 3; 4; 5 zugeordnet.

88. a) Für jedes der drei Fenster gibt es zehn Möglichkeiten, sodass nach dem Zählprinzip insgesamt $10 \cdot 10 \cdot 10 = 10^3 = 1\,000$ Ziffernkombinationen bestehen.

b) Der Automat zahlt aus, wenn 000; 111; …; 999 erscheint, also in 10 Fällen.

c) $P(\text{„Gewinn"}) = \dfrac{g}{m} = \dfrac{10}{1\,000} = \dfrac{1}{100} = 0,01$

d) Nachdem der Gewinn das 50-Fache des Einsatzes ist, die Gewinnchance aber $1 : 100$ ist, empfiehlt es sich nicht zu spielen.

e) Die Zufallswerte sind -1 € und 49 €. Dabei wurde eine Einzahlung als negativer Gewinn verrechnet.

89. a) Die Differenzen sind schon in Aufgabe 87 aufgelistet worden. Damit erhält man:

(1) $X = 5 \Leftrightarrow \{(6; 1); (1; 6)\}$

(2) $X = 0 \Leftrightarrow \{(1; 1); (2; 2); (3; 3); (4; 4); (5; 5); (6,6)\}$

(3) $X < 2 \Leftrightarrow X = 0$ oder $X = 1 \Leftrightarrow \{(1; 1); (2; 2); (3; 3); (4; 4);$ $(5; 5); (6; 6); (1; 2); (2; 1); (2; 3); (3; 2); (3; 4); (4; 3); (4; 5); (5; 4);$ $(5; 6); (6; 5)\}$

b) Man hat:
$X(ZZZ) = 3; X(2Z1W) = 1; X(1Z2W) = -1$ und $X(WWW) = -3$

(1) $X \geq 0$

(2) $X = 3$

(3) $X \geq -1$

90.

x	1	2	3	4	5	6
$P(X=x)$	$\frac{1}{6}$	$\frac{1}{6}$	$\frac{1}{6}$	$\frac{1}{6}$	$\frac{1}{6}$	$\frac{1}{6}$

Man erkennt deutlich, warum man eine solche Verteilung der Wahrscheinlichkeitswerte **Gleichverteilung** nennt.

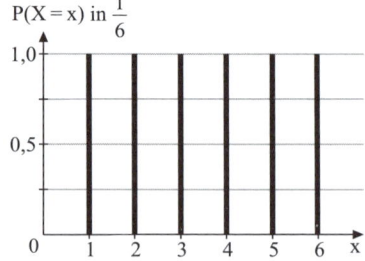

91.

x	1	2	3	4
P(X=x)	$\frac{1}{6}$	$\frac{5}{6}\cdot\frac{1}{6}$	$\frac{5}{6}\cdot\frac{5}{6}\cdot\frac{1}{6}$	$\frac{5}{6}\cdot\frac{5}{6}\cdot\frac{5}{6}\cdot 1$
	0,167	0,139	0,116	0,579

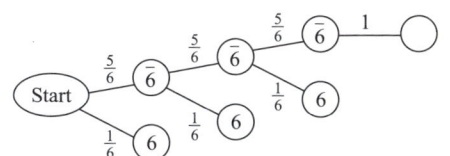

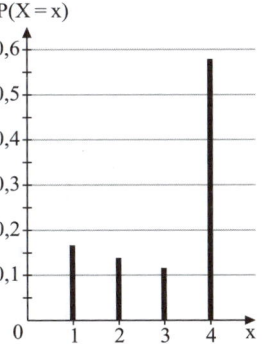

92. a) $\Omega = \{11; 12; 13; 21; 22; 23; 31; 32; 33\}$

b)

ω	P({ω})
11	$\frac{3}{15}$
12	$\frac{1}{15}$
13	$\frac{1}{15}$
21	$\frac{1}{15}$
22	$\frac{3}{15}$
23	$\frac{1}{15}$
31	$\frac{1}{15}$
32	$\frac{1}{15}$
33	$\frac{3}{15}$

c) $P(\{11; 22; 33\}) = \frac{9}{15} = \frac{3}{5}$

d)

x	1	2	3	4	6	9
P(X=x)	$\frac{3}{15}$	$\frac{2}{15}$	$\frac{2}{15}$	$\frac{3}{15}$	$\frac{2}{15}$	$\frac{3}{15}$

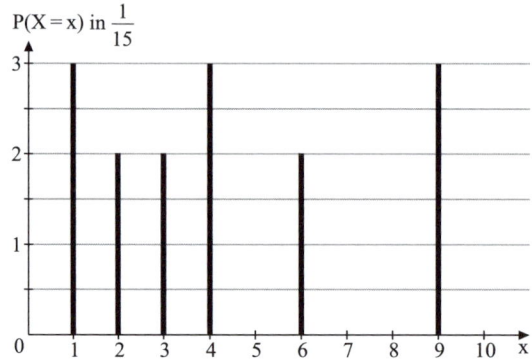

e) $P(X = 2) = \frac{2}{15}$

$P(X \le 2) = P(X = 1) + P(X = 2) = \frac{3}{15} + \frac{2}{15} = \frac{5}{15} = \frac{1}{3}$

$P(X \ge 3) = P(X = 3) + P(X = 4) + P(X = 6) + P(X = 9)$ direkte Berechnung

$= \frac{2}{15} + \frac{3}{15} + \frac{2}{15} + \frac{3}{15} = \frac{10}{15} = \frac{2}{3}$

$P(X \ge 3) = 1 - P(X \le 2) = 1 - \frac{1}{3} = \frac{2}{3}$ indirekte Berechnung

f) $P(E) = 1 - P(X \le 3) = 1 - \left(\frac{3}{15} + \frac{2}{15} + \frac{2}{15} \right) = 1 - \frac{7}{15} = \frac{8}{15}$

E ist das Ereignis, dass das Produkt der beiden Nummern größer als 3 ist.

93. a) (1) Es gibt $m = |\Omega| = 10 \cdot 10 \cdot 10 = 1\,000$ mögliche Ausgänge und
$g = 10 \cdot 1 \cdot 1 = 10$ günstige Ausgänge für drei gleiche Ziffern. Nach
dem Zählprinzip ist die erste Ziffer frei wählbar, die anderen Ziffern
liegen dann fest (vgl. Aufgabe 88 c).
Die Wahrscheinlichkeit für eine Auszahlung von 50 € ist:

$P(\text{Gewinn}) = \frac{g}{m} = \frac{10}{1000} = \frac{1}{100}$

Der zugehörige Zufallswert ist 49 €, weil 1 € eingeworfen worden
ist. Alle anderen Ausgänge ergeben keine Auszahlung. Weil aber
auch in diesen Fällen 1 € einbezahlt werden muss, folgt für die Wahrscheinlichkeitsverteilung:

x	−1	49
$P(X=x)$	$\frac{99}{100}$	$\frac{1}{100}$

(2) Daraus ergibt sich der Erwartungswert:

$E(X) = -1 \cdot \frac{99}{100} + 49 \cdot \frac{1}{100} = -\frac{50}{100} = -0,5\,[\text{€}]$

Ein Spieler, der 100-mal spielt, muss mit einem durchschnittlichen
Verlust von $100 \cdot |-0,5| = 50$ € rechnen.

b) (1) In wie vielen Fällen gibt es genau zwei gleichziffrige Ausgänge, z. B. xxy? Mit dem Zählprinzip folgt: Für die erste Ziffer gibt es 10 Möglichkeiten, die zweite (gleiche) Ziffer liegt dann fest und für die dritte Ziffer sind es noch neun Möglichkeiten, macht $10 \cdot 1 \cdot 9 = 90$ Fälle, bei denen die erste und zweite Ziffer gleich sind und die dritte davon verschieden ist. Entsprechend gibt es dann noch die Fälle xyx und yxx. Für die beiden letzten Konstellationen gibt es ebenfalls jeweils 90 Fälle. Insgesamt sind $3 \cdot 90 = 270$ Ausgänge günstig für genau zwei gleiche Ziffern. Es gilt also:

$m = 1\,000$; $g_1 = 10$ (drei gleiche Ziffern) und $g_2 = 270$ (genau zwei gleiche Ziffern).

Damit hat man die Wahrscheinlichkeiten $P(Y = 18)$ und $P(Y = 2)$. Die restliche Wahrscheinlichkeit ergibt sich als Ergänzung auf 1.

y	−1	2	18
$P(Y = y)$	$\frac{72}{100}$	$\frac{27}{100}$	$\frac{1}{100}$

(2) $E(X) = -1 \cdot \frac{72}{100} + 2 \cdot \frac{27}{100} + 18 \cdot \frac{1}{100} = 0\,[\text{€}]$

Es handelt sich um ein faires Spiel (Nullsummenspiel).

94. Zu Aufgabe 90:

x	1	2	3	4	5	6
$P(X = x)$	$\frac{1}{6}$	$\frac{1}{6}$	$\frac{1}{6}$	$\frac{1}{6}$	$\frac{1}{6}$	$\frac{1}{6}$

$E(X) = \sum x \cdot P(X = x) = 1 \cdot \frac{1}{6} + 2 \cdot \frac{1}{6} + 3 \cdot \frac{1}{6} + 4 \cdot \frac{1}{6} + 5 \cdot \frac{1}{6} + 6 \cdot \frac{1}{6} = \frac{21}{6} = \frac{7}{2} = 3,5$

$V(X) = \sum (x - \mu)^2 \cdot P(X = x)$

$\quad = 2,5^2 \cdot \frac{1}{6} + 1,5^2 \cdot \frac{1}{6} + 0,5^2 \cdot \frac{1}{6} + 0,5^2 \cdot \frac{1}{6} + 1,5^2 \cdot \frac{1}{6} + 2,5^2 \cdot \frac{1}{6} = \frac{35}{12} \approx 2,92$

$\sigma = \sqrt{V(X)} \approx \sqrt{2,92} \approx 1,71$

Zu Aufgabe 91:

x	1	2	3	4
$P(X = x)$	$\frac{1}{6}$	$\frac{5}{6} \cdot \frac{1}{6}$	$\frac{5}{6} \cdot \frac{5}{6} \cdot \frac{1}{6}$	$\frac{5}{6} \cdot \frac{5}{6} \cdot \frac{5}{6} \cdot 1$

$E(X) = \sum x \cdot P(X = x) = 1 \cdot \frac{1}{6} + 2 \cdot \frac{5}{36} + 3 \cdot \frac{25}{216} + 4 \cdot \frac{125}{216} = \frac{671}{216} \approx 3,1$

$V(X) = \sum (x - \mu)^2 \cdot P(X = x)$

$\quad \approx 2,1^2 \cdot \frac{1}{6} + 1,1^2 \cdot \frac{5}{36} + 0,1^2 \cdot \frac{25}{216} + 0,9^2 \cdot \frac{125}{216} \approx 1,37$

$\sigma = \sqrt{V(X)} \approx \sqrt{1,37} \approx 1,17$

Zu Aufgabe 92 d:

x	1	2	3	4	6	9
P(X=x)	$\frac{3}{15}$	$\frac{2}{15}$	$\frac{2}{15}$	$\frac{3}{15}$	$\frac{2}{15}$	$\frac{3}{15}$

$$E(X) = \sum x \cdot P(X = x) = 1 \cdot \frac{3}{15} + 2 \cdot \frac{2}{15} + 3 \cdot \frac{2}{15} + 4 \cdot \frac{3}{15} + 6 \cdot \frac{2}{15} + 9 \cdot \frac{3}{15} = \frac{64}{15} \approx 4,27$$

$$V(X) = \sum (x - \mu)^2 \cdot P(X = x)$$

$$\approx 3,27^2 \cdot \frac{3}{15} + 2,27^2 \cdot \frac{2}{15} + 1,27^2 \cdot \frac{2}{15} + 0,27^2 \cdot \frac{3}{15} + 1,73^2 \cdot \frac{2}{15} + 4,73^2 \cdot \frac{3}{15}$$

$$\approx 7,93$$

$$\sigma = \sqrt{V(X)} \approx \sqrt{7,93} \approx 2,82$$

95. a) Die Summe aller Wahrscheinlichkeiten einer Wahrscheinlichkeitsverteilung muss gleich 1 sein:

$$0,45 + a + 3a + 0,05 = 1 \iff 4a = 0,5 \iff a = 0,125$$

Damit gilt:

x	0	2	4	10
P(X=x)	0,45	0,125	0,375	0,05

$$E(X) = 0 \cdot 0,45 + 2 \cdot 0,125 + 4 \cdot 0,375 + 10 \cdot 0,05 = 2,25$$

$$V(X) = (0 - 2,25)^2 \cdot 0,45 + (2 - 2,25)^2 \cdot 0,125$$

$$+ (4 - 2,25)^2 \cdot 0,375 + (10 - 2,25)^2 \cdot 0,05 = 6,4375$$

$$\sigma = \sqrt{6,4375} \approx 2,54$$

b) Es muss gelten:

$$a + 3b + 2a + b = 1 \iff 3a + 4b = 1 \iff b = 0,25 - 0,75a$$

Ersetzt man b durch diesen Ausdruck, so ergibt sich:

x	1	2	3	4
P(X=x)	a	0,75 − 2,25a	2a	0,25 − 0,75a

Damit wird der Erwartungswert berechnet:

$$E(X) = 1 \cdot a + 2 \cdot (0,75 - 2,25a) + 3 \cdot 2a + 4 \cdot (0,25 - 0,75a) = 2,5 - 0,5a$$

E(X) soll 2,4 sein:

$$2,5 - 0,5a = 2,4 \iff a = 0,2$$

Setzt man a in b = 0,25 − 0,75a von oben ein, so ergibt sich:

$$b = 0,1$$

Damit errechnen sich V(X) und σ analog zu Teilaufgabe a:

$$V(X) = 0,84$$

$$\sigma \approx 0,92$$

96. a) $E(X^2) = 0^2 \cdot 0,45 + 2^2 \cdot 0,125 + 4^2 \cdot 0,375 + 10^2 \cdot 0,05 = 0 + 0,5 + 6 + 5 = 11,5$

Anwendung der Verschiebungsformel liefert:

$V(X) = E(X^2) - E(X)^2 = 11,5 - 2,25^2 = 6,4375$ (vgl. Aufgabe 95 a)

b)

x	1	2	3	4	5	6	7	8	9	10
$P(X=x)$	0,05	0,15	0,1	0,05	0,25	0,2	0,1	0,05	0,04	0,01
$x \cdot P(X=x)$	0,05	0,3	0,3	0,2	1,25	1,2	0,7	0,4	0,36	0,1
$x^2 \cdot P(X=x)$	0,05	0,6	0,9	0,8	6,25	7,2	4,9	3,2	3,24	1

$E(X)$ und $E(X^2)$ ergeben sich einfach durch Addieren der Zahlen in der zugehörigen Zeile:

$E(X) = 4,86$

$E(X^2) = 28,14$

Verschiebungsformel:

$V(X) = E(X^2) - E(X)^2 = 28,14 - 4,86^2 \approx 4,52$

97. a) $|X - \mu| < \sigma$ ist mit den hier vorliegenden Maßzahlen $|X - 7| < 2,41$.

Diese Betragsungleichung wird in eine Ungleichungskette aufgelöst:

$7 - 2,41 < X < 7 + 2,41$

$4,59 < X < 9,41$

Das sind die Augensummen 5, 6, 7, 8 und 9.

b) $P(|X - 7| < 2,41) = P(X=5) + P(X=6) + P(X=7) + P(X=8) + P(X=9)$

$$= \frac{4}{36} + \frac{5}{36} + \frac{6}{36} + \frac{5}{36} + \frac{4}{36} = \frac{24}{36} = \frac{2}{3} \approx 67\,\%$$

In 67 % aller Fälle wird eine Augensumme geworfen, die innerhalb einer Standardabweichung um den Erwartungswert liegt.

c)

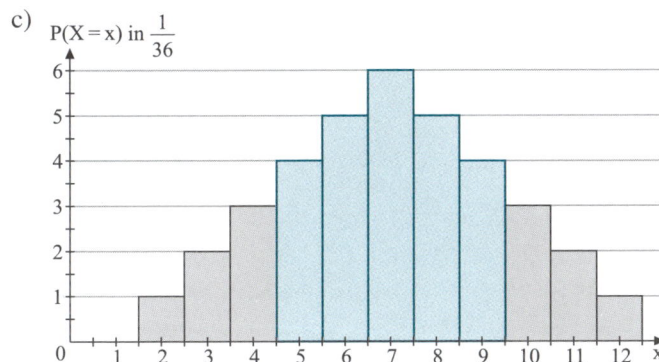

98. a) $|X-\mu|\le\sigma$ bedeutet hier $|X-4,86|\le 2,13$. Daraus erhält man:

$4,86-2,13\le X\le 4,86+2,13 \quad\Leftrightarrow\quad 2,73\le X\le 6,99 \quad\Leftrightarrow\quad X\in\{3;\,4;\,5;\,6\}$

$P(|X-4,86|\le 2,13)=0,1+0,05+0,25+0,2=0,6$

b) Es geht um die Zufallswerte, die mehr als zwei Standardabweichungen vom Erwartungswert entfernt liegen. Das ist nur der Zufallswert 10.

$P(|X-4,86|>4,26)=P(X=10)=0,01$

99. a) B(4; 0,25) siehe Tafelwerk

x	0	1	2	3	4
B(x)	0,3164	0,4219	0,2109	0,0469	0,0039
F(x)	0,3164	0,7383	0,9492	0,9961	1

$E(X)=n\cdot p=4\cdot 0,25=1$
$V(X)=n\cdot p\cdot(1-p)=1\cdot 0,75=0,75$
$\sigma=\sqrt{0,75}\approx 0,87$

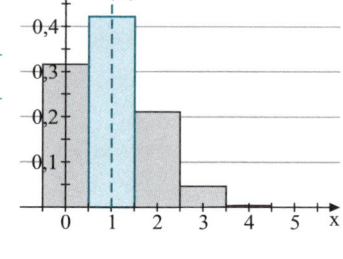

b) B(4; 0,5) siehe Tafelwerk

x	0	1	2	3	4
B(x)	0,0625	0,2500	0,3750	0,2500	0,0625
F(x)	0,0625	0,3125	0,6875	0,9375	1

$E(X)=n\cdot p=4\cdot 0,5=2$
$V(X)=n\cdot p\cdot(1-p)=2\cdot 0,5=1$
$\sigma=\sqrt{1}=1$

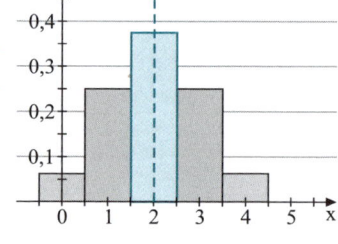

c) B(4; 0,75) siehe Tafelwerk

x	0	1	2	3	4
B(x)	0,0039	0,0469	0,2109	0,4219	0,3164
F(x)	0,0039	0,0508	0,2617	0,6836	1

$E(X)=n\cdot p=4\cdot 0,75=3$
$V(X)=n\cdot p\cdot(1-p)=3\cdot 0,25=0,75$
$\sigma=\sqrt{0,75}\approx 0,87$

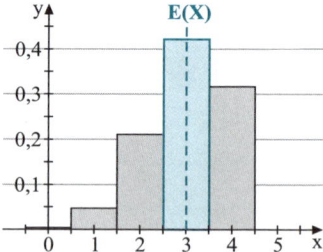

d) B(5; 0,78)

x	0	1	2	3	4	5
B(x)	0,0005	0,0091	0,0648	0,2297	0,4072	0,2887
F(x)	0,0005	0,0097	0,0744	0,3041	0,7113	1

$E(X) = n \cdot p = 5 \cdot 0,78 = 3,9$
$V(X) = n \cdot p \cdot (1-p) = 3,9 \cdot 0,22 = 0,858$
$\sigma = \sqrt{0,858} \approx 0,93$

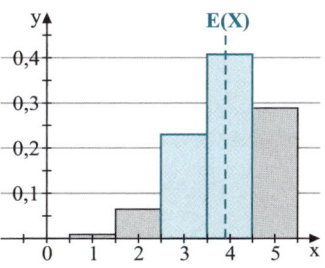

100. a) (1) Da X die Anzahl der eingetretenen B angibt, ist p = 0,4.
Die Berechnung für X = 3 wird mit der Formel vorgenommen:

$$P(X = 3) = B(3 \mid 4; 0,4) = \binom{4}{3} \cdot 0,4^3 \cdot 0,6^1 = 4 \cdot 0,064 \cdot 0,6 = 0,1536$$

Die fehlende Wahrscheinlichkeit P(X = 1) wird berechnet, indem die Summe der Wahrscheinlichkeiten gleich 1 gesetzt wird:
$0,1296 + P(X = 1) + 0,3456 + 0,1536 + 0,0256 = \mathbf{1}$
$\Rightarrow P(X = 1) = 0,3456$

Die vollständige Wahrscheinlichkeitsverteilung lautet damit:

x	0	1	2	3	4
P(X = x)	0,1296	**0,3456**	0,3456	**0,1536**	0,0256

(2) Die kumulativen Wahrscheinlichkeiten ergeben sich einfach durch fortwährendes Aufsummieren.
$F(0) = P(X = 0) = 0,1296$
$F(1) = F(0) + P(X = 1) = 0,1296 + 0,3456 = \mathbf{0,4752}$
$F(2) = F(1) + P(X = 2) = \mathbf{0,4752} + 0,3456 = 0,8208$
$F(3) = F(2) + P(X = 3) = 0,8208 + 0,1536 = 0,9744$
$F(4) = F(3) + P(X = 4) = 0,9744 + 0,0256 = 1$

In Tabellenform ergibt das:

x	0	1	2	3	4
P(X = x)	0,1296	0,3456	0,3456	0,1536	0,0256
F(x) = P(X ≤ x)	0,1296	0,4752	0,8208	0,9744	1

(3) $E(X) = n \cdot p = 4 \cdot 0,4 = 1,6$
(4) $V(X) = n \cdot p \cdot (1-p) = 1,6 \cdot 0,6 = 0,96$; $\sigma = \sqrt{0,96} = \frac{2}{5}\sqrt{6} \approx 0,98$

b) Man geht zunächst vom Gegenereignis aus: Das Gegenereignis zu „A tritt mindestens einmal auf." ist „A tritt überhaupt nicht auf.". Das ist wiederum der Fall, wenn nur B auftritt. Und die Wahrscheinlichkeit, dass B bei n Wiederholungen n-mal auftritt, ist einfach $P(\overline{E}) = 0,4^n$.

Für das Ereignis E ergibt sich damit:

$P(E) = 1 - P(\overline{E}) = 1 - 0,4^n$

101. $n = 10; p = 0,15$

a) $P(X=0) = 0,85^{10} \approx 0,1969$

b) $P(X=3) = B(3 \mid 10; 0,15) = 0,12983$ (Tafelwerk)

c) $P(X \leq 3) = F(3) = 0,95003$ (Tafelwerk, 2. Spalte)

d) Das ist gleichbedeutend damit, dass mindestens vier Personen Linkshänder sind:
$P(X \geq 4) = 1 - P(X \leq 3) = 1 - 0,95003 = 0,04997$ (siehe Teilaufgabe c)

e) $P(3 \leq X < 8) = F(7) - F(2) = 0,99999 - 0,82020 = 0,17979$ (Tafelwerk)

f) Hier ist entscheidend, dass drei Personen Linkshänder und sieben Personen Rechtshänder sind, wobei ihr Auftreten in der Reihenfolge festliegt. Deshalb darf hier der Binomialkoeffizient aus der Bernoulli-Formel nicht auftreten:
$P = 0,15^3 \cdot 0,85^7 \approx 0,00108$

g) Auch hier ist die Bernoulli-Formel nicht direkt anwendbar, weil die drei Linkshänder nur „im Block" auftreten und sich nicht auf $\binom{10}{3} = 120$ Möglichkeiten unter den sieben Rechtshändern verteilen.
Aber anders als bei der eindeutig festgelegten Reihenfolge bei Teilaufgabe f bestehen hier mehrere Möglichkeiten, wie sich der 3er-Block unter den sieben Rechtshändern einreihen kann, z. B. LLLRRRRRRR oder RLLLRRRRRR usw. Die Frage ist, wie viele solche Möglichkeiten es gibt. Nun, man überlegt sich leicht, dass es acht Möglichkeiten gibt. Die drei Linkshänder müssen als eine Einheit betrachtet werden. Damit hat man acht Elemente insgesamt und es gibt $\binom{8}{1} = 8$ Möglichkeiten, diesen 3er-Block unter den sieben Rechtshändern zu platzieren. Es folgt:
$P = 8 \cdot 0,15^3 \cdot 0,85^7 \approx 0,00866$

102. $E(X) = np$
$V(X) = \sigma^2 = np(1-p)$

Die beiden Formeln für Erwartungswert und Standardabweichung werden verwendet.

(1) $np = 20$

Einsetzen der Zahlenwerte

(2) $np(1-p) = 4^2 = 16$

$20(1-p) = 16$

Einsetzen von (1) in (2)

$1 - p = 0,8$
$p = 0,2$

$\Rightarrow \quad n = 100$

Einsetzen von p = 0,2 in (1)

103. Aus dem Text ergibt sich: $n = 20$; $p = \frac{1}{5}$

$E(X) = np = 20 \cdot \frac{1}{5} = 4$

Im Schnitt sind vier richtige Antworten zu erwarten.

a) $P(X \geq 7) = 1 - F(6) = 1 - 0,91331 = 0,08669 \approx 8,67\,\%$ (Tafelwerk)

b) $P(X \geq 10) = 1 - F(9) = 1 - 0,99741 = 0,00259 \approx 0,26\,\%$ (Tafelwerk)

104. Aus der Angabe lässt sich entnehmen: $n = 200$; H_0: $p = 0,04$; H_1: $p > 0,04$; es liegt also ein einseitiger Test vor.

a) Entscheidungsregel: $A = \{0; \ldots; 8\}$; $\overline{A} = \{9; \ldots; 200\}$

Gesucht: α

$\alpha = P(\overline{A}) = P(Z > 8) = 1 - F_{0,04}^{200}(8) = 1 - 0,59257 = 0,40743 \approx 41\,\%$

In rund 41 % der Fälle würde der Großhändler die Lieferung zurückgehen lassen, obwohl sie die zugesagte Ausschussquote einhält! Das ist keine gute Geschäftsbasis.

b) Irrtumswahrscheinlichkeit: $\alpha = 0,05$

Gesucht: A bzw. $\overline{A}$

$P(\overline{A}) \leq \alpha \Leftrightarrow P(Z > c) \leq 0,05 \Leftrightarrow 1 - F_{0,04}^{200}(c) \leq 0,05$

$\Leftrightarrow F_{0,04}^{200}(c) \geq 0,95 \Rightarrow c = 13$

$A = \{0; \ldots; 13\}$; $\overline{A} = \{14; \ldots; 200\}$

Der Annahmebereich ist also wesentlich größer als im Vergleich zu Teilaufgabe a. In weniger als 5 % wird die Lieferung abgelehnt, obwohl sie in Ordnung ist.

c) **Fehler 1. Art:** Die Lieferung ist in Ordnung, die Stichprobe liefert jedoch einen Testwert im Ablehnungsbereich. Die Lieferung wird abgelehnt, obwohl sie in Ordnung ist. Das ist für den Großhändler kein Nachteil, für den Lieferanten aber schon.

Fehler 2. Art: Die Lieferung ist nicht in Ordnung (Ausschussquote ist zu hoch), die Stichprobe liefert aber einen Testwert im Annahmebereich. Die Lieferung wird angenommen, obwohl sie nicht in Ordnung ist. In diesem Fall hat der Großhändler den unmittelbaren Schaden.

105. a) Wenn jedes vierte Los gewinnt, dann ist die Trefferwahrscheinlichkeit $p = \frac{1}{4}$; das ist die Nullhypothese H_0.

Die Gegenhypothese des misstrauischen Käufers ist natürlich H_1: $p < \frac{1}{4}$.

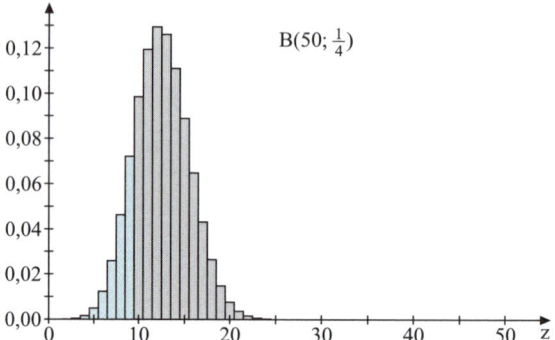

Ferner gilt:

$n = 50$; $\overline{A} = \{0; 1; \ldots; 9\}$; $A = \{10; 11; \ldots; 50\}$

Im Histogramm sind diese Bereiche eingezeichnet.

Das Signifikanzniveau des Tests ist der im Histogramm grün markierte Bereich, dessen Wert jetzt berechnet wird:

$$\alpha = P(\overline{A}) = P(Z \leq 9) = F_{\frac{1}{4}}^{50}(9) = 0{,}16368 \approx 16{,}4\,\% \quad \text{(Tafelwerk)}$$

Das ist ein ausgesprochen niedriges Signifikanzniveau (deutlich über 5 %)! In mehr als 16 % der Fälle würde der Kunde den Losanbieter beschuldigen, dass seine Ankündigung „Jedes vierte Los gewinnt!" falsch ist, obwohl sie in Wirklichkeit zutrifft.

b) Ein 1 %-Signifikanzniveau wird konstruiert:

$$P(Z \leq c) \leq 0{,}01 \;\Leftrightarrow\; F_{\frac{1}{4}}^{50}(c) \leq 0{,}01 \;\Rightarrow\; c = 5 \quad \text{(aus dem Tafelwerk)}$$

Um den Test auf dem 1 %-Signifikanzniveau anzuwenden, darf die Nullhypothese nur bei $Z \leq 5$ verworfen werden. Der Kunde wird dann den Losverkäufer nur noch in höchstens 1 % der Fälle zu Unrecht beschuldigen, dass seine Werbung unwahr ist.

106. Aus dem Aufgabentext entnimmt man: $n = 100$; H_0: $p = 0{,}75$; H_1: $p < 0{,}75$; also einseitiger Test; $\overline{A} = \{0; \ldots; 74\}$; $A = \{75; \ldots; 100\}$

a) Zu berechnen ist: $P(\overline{A}) = P(Z \leq 74) = F_{0{,}75}^{100}(74) = 0{,}44653 \approx 44{,}7\,\%$

Ein viel zu hoher Wert! In fast der Hälfte der Fälle würde das Geschäft nicht eröffnet werden, obwohl die Meldung zutrifft.

b) $P(\overline{A}) < 0{,}05 \;\Leftrightarrow\; P(Z \leq c) < 0{,}05 \;\Leftrightarrow\; F_{0{,}75}^{100}(c) < 0{,}05 \;\Rightarrow\; c = 67$

Entscheidungsregel: $Z \leq 67 \;\Rightarrow\;$ Entscheidung für H_1

$Z > 67 \;\Rightarrow\;$ Entscheidung für H_0

107. Aus dem Text ist zu entnehmen:
$n = 100$; H_0: $p = 0,1$; H_1: $p > 0,1$;
einseitiger Test; $\alpha = 0,2$

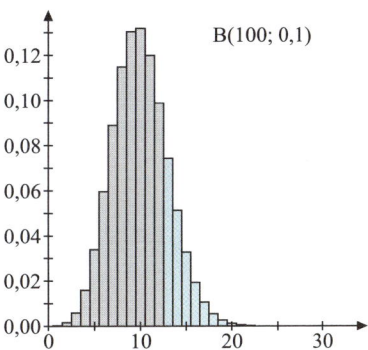

Gesucht: A; $\overline{A}$

$P(\overline{A}) < \alpha \quad \Leftrightarrow \quad P(Z > c) < 0,2$

$\Leftrightarrow \quad 1 - F_{0,1}^{100}(c) < 0,2$

$\Leftrightarrow \quad F_{0,1}^{100}(c) > 0,8$

$\Rightarrow c = 12$

$A = \{0; \ldots; 12\}$; $\overline{A} = \{13; \ldots; 100\}$

Die Zahl 6 darf maximal zwölfmal
geworfen werden.

108. Gegeben: $n = 30$; H_0: $p = 0,1$; H_1: $p > 0,1$ (also einseitiger Test); $\alpha = 0,2$

Gesucht: A

$P(\overline{A}) \leq \alpha \Leftrightarrow P(Z > c) \leq 0,2 \Leftrightarrow 1 - F_{0,1}^{30}(c) \leq 0,2 \Leftrightarrow F_{0,1}^{30}(c) \geq 0,8$

$\Rightarrow c = 4$

$A = \{0; \ldots; 4\}$

Wegen $6 \notin A$ wird H_0 abgelehnt.

109. Gegeben: $n = 200$; H_0: $p = 0,55$; H_1: $p > 0,55$ (also einseitiger Test)

a) Gesucht: A unter der Voraussetzung, dass $\alpha = 0,05$

$P(\overline{A}) \leq \alpha \Leftrightarrow P(Z > c) \leq 0,05 \Leftrightarrow 1 - F_{0,55}^{200}(c) \leq 0,05 \Leftrightarrow F_{0,55}^{200}(c) \geq 0,95$

$\Rightarrow c = 122$

$A = \{0; \ldots; 122\}$

b) Hier geht es um den Fehler 2. Art, dessen Irrtumswahrscheinlichkeit
man normalerweise nicht berechnen kann, weil p unbekannt ist. Man
weiß in diesem Beispiel zunächst nur $p > 0,55$. Hier ist p jedoch gegeben
mit $p = 0,6$. Damit kann β berechnet werden. Der Fehler 2. Art bedeutet,
dass H_1 in Wirklichkeit zutrifft, die Testgröße aber einen Testwert im
Annahmebereich von H_0 annimmt.

$\beta = P(A) = P(Z \leq 122) = F_{0,6}^{200}(122) = 0,63927 \approx 64\,\%$